Lauren Handel Zander

HIER GEHT'S UM DICH

Bleib bei Dir. Stell Dich Deinen Ängsten.
Liebe Dein Leben.

100%
RECYCLINGPAPIER

*Die englische Originalausgabe Maybe it's you
ist 2017 bei Hachette Books Group, 1290 Avenue of the Americas,
New York, NY 10104, USA erschienen.*

© 2017 by The Handel Group, LLC. *All rights reserved.*

*Das Design der Handel Group kennzeichnet die Handel Group; die Handel
Methode, die persönliche Integrität und Design your Life, die in diesem Buch
verwendet werden, sind eingetragene Marken der Handel Group, LLC.
„Maybe it's you" ist ein Markenzeichen der Handel Group.*

Lauren Handel Zander
Hier geht's um dich!
Bleib bei Dir. Stell Dich Deinen Ängsten. Liebe Dein Leben.

Übersetzung: Ingrid Ickler
Lektorat: Anke Schenker
Gestaltung Umschlag: Tina Agard Grafik & Buchdesign
Gestaltung Innenteil: Kerstin Fiebig · ad-department.de
Autorinnenfoto: © Jordan Matter
Druck & Verarbeitung: druckhaus köthen

© Kamphausen Media GmbH, Bielefeld 2018
info@kamphausen.media | www.kamphausen.media

ISBN Printausgabe: 978-3-95883-327-2
ISBN E-Book: 978-3-95883-328-9

1. Auflage 2018

Bibliografische Information der Deutschen Nationalbibliothek
Die Deutsche Nationalbibliothek verzeichnet diese Publikation in der Deutschen Nationalbibliografie; detaillierte bibliografische Daten sind im Internet
über http://dnb.d-nb.de abrufbar.

Dieses Buch wurde auf 100% Altpapier gedruckt und ist alterungsbestän-
dig. Weitere Informationen hierzu finden Sie unter www.kamphausen.media

Lauren Handel Zander

HIER
— Bleib bei Dir.

GEHT'S
— Stell Dich Deinen Ängsten.

UM
— Liebe Dein Leben.

DICH!

AURUM

»In seiner Blindheit ist der Mensch mit sich selbst zufrieden, aber er verabscheut von ganzem Herzen die Umstände und Situationen seines Lebens. Er fühlt sich so, weil er nicht weiß, dass der wahre Grund für sein Missfallen weder in den Umständen noch den Personen liegt, die ihm missfallen, sondern in eben jenem Selbst, das er so gerne mag. Nichts ahnend davon, dass er ‚sich mit dem wahren Bild von sich selbst' umgibt und dass ‚nur er selbst sehen kann, wer er ist', ist er schockiert, sobald er entdeckt, dass es immer schon seine eigene Falschheit gewesen ist, die ihn anderen gegenüber misstrauisch machte.« *[Neville Goddard]*

INHALT

Vorwort von Dr. Mark Hyman 8

Vorwort von Madhavi Guemoes 13

Warnung 16

Einleitung – Kiosk der Möglichkeiten
Ich, mein Selbst und das Warum 18

Kapitel eins – Du träumst wohl
Das Leben gestalten, das du dir wünschst 28

Kapitel zwei – Vielleicht liegt es an dir?
Die eignen Fingerabdrücke am Tatort finden 62

Kapitel drei – Das gelobte Land
Ein Versprechen sich selbst gegenüber einhalten 90

Kapitel vier – Deine Meinung ändern
Ein neues Management einführen 124

Kapitel fünf – Emotionale DNA
Spiel dein Blatt 149

Kapitel sechs – Die Wahrheit übers Lügen
Die Wahrheit über Unwahrheiten sagen 182

Kapitel sieben – Spuk
Deine Vergangenheit entschlüsseln 227

Kapitel acht – Gelöst
Dein Weg aus der Säuberungshölle 264

Kapitel neun – Die große Wäsche
Deine dreckige Wäsche waschen und wegräumen 292

Kapitel zehn – Mission Possible: „Ich bin die Möglichkeit"
Sei du. Nur besser. 345

Anmerkungen/Glossar 372

Voller Dankbarkeit und aus der Fülle meines Herzens 378

Ressourcen 378

Vorwort

WIE MAN SICH SELBST NICHT MEHR IM WEG STEHT
Mark Hyman, MD

Das ist die Wahrheit über mich.
Ich stehe mir selbst im Weg.

Auch in deinem Leben gibt es wahrscheinlich Dinge, die einfach nicht funktionieren: in Beziehungen, in deinem Job, in Bezug auf deine Gesundheit, Geldangelegenheiten, deine Familie etc. Es sei denn, du bist erleuchtet.

Wie gehst du damit um? Wenn du so bist wie ich, dann sind dir diese Punkte sehr wohl bewusst (manchmal allerdings auch nicht). Immer wieder bist du in derselben Situation gefangen, einer Situation, die dich unglücklich macht und ärgert. Vielleicht ist es deine Art zu denken, die dich in Schwierigkeiten bringt, oder Traumata aus der Vergangenheit, Stress oder Kindheitsmuster.

Was auch immer der Auslöser ist, du hast zwei Möglichkeiten. Du kannst damit leben und weiter unglücklich sein oder dich im Spiegel betrachten. Dir selbst ins Gesicht sehen. Wir können unsere Makel nicht erkennen, bis wir uns den Spiegel vorhalten. Anschließend kannst du dich mit dem Ergebnis gerne alleine herumschlagen, aber das Beste, was ich jemals gemacht habe, war die Arbeit mit Lauren Handel Zander. Sie ist Coach, aber noch viel mehr als das. Sie versteht, wie wir Menschen funktionieren – die mentalen, emotionalen und spirituellen Bedienungssysteme, die uns zu dem machen, was wir sind.

Und sie erkennt, wie diese Bedienungssysteme Fehler bekommen und unser Leben durcheinanderbringen können, uns von dem trennen, was wir wollen, oder – noch schlimmer – uns sogar davon abhalten, von unseren Wünschen zu träumen. Lauren und ihr Team haben die Handel Methode® entwickelt, einen Prozess, dein Bedienungssystem aufzuräumen und deine Überzeugungen, Verhaltensweisen und Einstellungen zu entrümpeln, alles, was deinem wertvollen, authentischen Leben im Weg steht.

Es ist ein schwieriger, aber auch befreiender Prozess. Und wenn du dabei die absurden Überzeugungen, Verhaltensweisen und Einstellungen entdeckst, die dich begrenzen, wirst du wahrscheinlich oft über dich lachen müssen.

Wenn meine Patienten in ihrem Prozess feststecken, überweise ich sie oft zu einem Coach. Selbst wenn sie wissen, was sie tun sollen, gelingt es ihnen nicht. Die Arbeit mit Lauren hat mir mehr geholfen als alles andere, was ich unternommen habe, um zu lernen, wie man kommuniziert, sich auf wichtige Dinge fokussiert, aufhört, sich Sorgen zu machen, und sich stattdessen so verhält, dass kein Frust oder Stress entsteht, sondern Glück. Es ist wie eine chiropraktische Behandlung für das Gehirn! Selbst wenn es ein bisschen wehtut und man sich unwohl fühlt, so ist es doch ein angenehmer Schmerz, wie bei einem verkrampften Muskel, den man massieren muss.

Coaching ist keine Therapie. Ein Coaching wirkt schneller, es stellt die Veränderung stärker in den Mittelpunkt als das Gespräch. Für mich ist es wichtig, dass mich jemand davon abhält, nur über meine Probleme zu sprechen. Er sollte mich stattdessen dazu bringen, den Blickwinkel zu verändern. Coaching hilft mir, mit Ernsthaftigkeit, Weisheit, Klarheit und Mitgefühl zu handeln – gegenüber anderen, aber auch mir selbst gegenüber. Es fiel mir schwer, mich auf den Prozess einzulassen, und ich habe mich so lange dagegen gewehrt, bis der Leidensdruck einfach zu groß war. Ich hoffe, du wartest nicht so lange!

Ich habe Lauren Zander das erste Mal während eines Geschäftstermins in New York getroffen. Ein gemeinsamer Freund war der Meinung, dass wir zusammenarbeiten sollten. Wir teilten uns ein Taxi, und binnen kurzer Zeit hatte sie die Knackpunkte in meinem Leben erkannt, unter anderem meine Ehe und bestimmte Bereiche meiner Karriere. In den nächsten Monaten kam sie immer wieder auf mich zu und bot ihre Hilfe an. Ich wich ihr aus, denn ich wusste: Wenn ich ihre Hilfe annehmen würde, müsste ich mich aktiv mit den Problemen in meinem Leben auseinandersetzen. Kurz gesagt, ich müsste mich dem Hindernis stellen, das mich von einem integrierten, glücklichen Leben abhielt: Ich!

In Wahrheit wollte ich der Wahrheit nicht ins Auge sehen. Denn damit waren Veränderungen verbunden, Veränderungen in meiner Beziehung und meiner Arbeit, die ich nicht ansprechen wollte. Ich war gefangen in einer Vorstellung von meinem Leben, die mich davon abhielt zu erkennen, was mir wichtig ist. Trotz meiner Erfolge in vielen Bereichen – meinen Kindern, meiner Mission und Leidenschaft, meiner Gesundheit, meinen Freundschaften – gab es auch Unordnung und Schmerz, Lebensbereiche, in denen ich immer das gleiche Muster wiederholte.

Als meine Ehe schließlich auseinanderbrach, war ich endlich bereit, mich dem zu stellen, vor dem ich mich immer gefürchtet hatte, und rief Lauren an. Sie kam zu mir und gemeinsam legten wir Schritt für Schritt mein Leben frei: meine Glaubenssätze, die Bereiche meines Lebens, die sich nicht entfalten konnten. Lauren verfügt über ein tiefes Wissen, wenn es um Gefühle geht. Schnell erkannte sie die Strukturen, die meinem Glück im Weg standen und mich davon abhielten, meine Träume zu verwirklichen – sowohl persönlich als auch beruflich.

In den letzten fünf Jahren hat mir Lauren dabei geholfen, mir selbst nicht mehr im Weg zu stehen und mich schwierigen Hindernissen mit Humor und Weisheit zu stellen. Sie hat mich dabei unterstützt, Frieden und Glück zu finden. Nicht indem ich die Bereiche meines Lebens vermeide, die nicht funktionieren, sondern indem ich hart arbeite, um diese zu ändern. Vor Kurzem traf ich mich mit einer Freundin zum Abendessen, die ich seit zwei Jahren nicht gesehen hatte. Sie sagte, dass ich heute ganz anders wirke: bodenständiger, zentrierter, glücklicher und ruhiger. Und zu dieser Transformation hat Laurens Coaching wesentlich beigetragen.

Während einer Familienfeier vor ein paar Jahren setzte sich ihre neunjährige Tochter Kiya neben mich und fragte: „Wer bist du und was machst du?" Direkt, ehrlich, aber überraschend für ein kleines Kind. Ich antwortete: „Nun, ich helfe Leuten dabei, die Wurzel ihres Problems zu finden und zu verstehen, wieso es ihnen schlecht geht." Ohne mit der Wimper zu zucken, sagte sie: „Verstehe, das macht meine Mama auch."

Falls du rausfinden willst, wieso es in deinem Leben nicht läuft, wo du feststeckst oder wo du nicht die Wahrheit sagst (zu dir oder zu anderen), dann ist dieses Buch deine Straßenkarte zum Glück. Und was noch wichtiger ist: Es ist dein Wegweiser zu deinem Geist, deinem Herzen und deiner Seele.

Vorwort

ÖFFNE DEINE AUGEN UND DEIN HERZ UND DANN HANDLE

Madhavi Guemoes, Bloggerin und Autorin

Als ich 2011 mein erstes persönliches Life Coaching mit der Handel Group per Skype buchte, wusste ich noch nicht so recht, was mich erwartet. Ich war neugierig, aber auch ein wenig ängstlich. Mein Englisch war völlig in Ordnung, doch würde mir Coaching in einer anderen Sprache und Kultur überhaupt etwas bringen? Würde ich alles verstehen und umsetzen können? Ich wollte etwas an meinem Leben ändern, das war glasklar. Also entschied ich mich, es auszuprobieren. Für mich tat sich eine völlig neue Welt auf. Zweimal im Monat treffe ich mich seitdem mit meinem wunderbaren Life Coach Laurie Gerber per Skype.

Wenn ich zurückblicke, schaue ich auf eine ganz andere Person. Die Methode, die bei der Handel Group angewandt wird, hat mein Leben komplett auf den Kopf gestellt. In allen Bereichen. Im positiven Sinne. Ich lebe meine Integrität, kann heute hervorragend mit Geld umgehen (Jahrzehnte lebte ich mit einem Konto im Minus und schaute nicht hin), habe zwei Bücher veröffentlicht, lebe meinen Traum. Ich führe eine harmonische und ehrliche Ehe (und glaubt mir, das war nicht immer so), habe wundervolle Menschen um mich herum und eine wirklich nährende und nahe Beziehung zu meinen Kindern.

Ich packe mein Leben an, mein Horizont hat sich enorm erweitert. Gewohnheiten, die ich seit meiner Kindheit als selbstverständlich angesehen habe wie das Lügen und Jammern, habe ich komplett im Griff. Ich würde sagen, dass ich es geschafft habe, mein Leben, so wie ich es mir wünsche, durch die Handel Methode® selbst zu designen. Ich wäre heute nicht an dem Punkt, wenn es die Handel Group nicht gegeben hätte. Das Life Coaching bereichert mein Leben ungemein und ich möchte es nicht missen. Deshalb freue ich mich so sehr, dass es *Maybe it's you* jetzt auf Deutsch gibt und für alle zugänglich ist. Dieses hervorragende Buch nimmt dich mit auf eine unglaubliche Reise. Es unterstützt dich, wieder wilde Träume zu träumen – und diese auch wirklich umzusetzen. Aber dafür musst du erst einmal akribisch herausfinden, wer du eigentlich bist. Hier geht's um Dich! ist keines dieser Selbsthilfebücher, das dich in Watte packt, nein, hier geht es an die Substanz. Es öffnet dir deine Augen und dein Herz. Wenn du bereit bist, bringt es dich dazu, wirklich zu handeln und enorm zu wachsen. Und noch wichtiger: keine Zeit zu verschwenden. Das Buch ist wie ein ordentlicher Tritt in den Hintern. Wenn du endlich zum Autor deines Lebens werden möchtest, ist es ein großartiger Anfang.

Hier geht's um Dich! zeigt dir, wie du verschiedene Bereiche des Lebens wieder in den Griff bekommst, die Realität siehst und klug handelst, um ein wirklich erfülltes Leben in Integrität und Liebe führen zu können. Ein lohnenswerter Weg!

Madhavi Guemoes
Autorin von *Makrobiotik – In Fülle leben* und
Stay true – Wie du deine Wahrheit lebst

[www.kaerlighed.de]

WARNUNG

Ich sage es euch gleich: Ich fluche. Außerdem ich bin dafür bekannt, hin und wieder (oft) meine eigene Sprache zu sprechen, eine Art weisheitsvolles Gebrabbel aus Jiddisch und Englisch. Nennen wir es mal Jenglisch. Ich wünschte, ich könnte dir tolle Geschichten darüber erzählen, wie ich über mein eigenes Unglück triumphiert habe, aber es gibt keine. Auch mein Leben war nicht immer leicht (darüber wirst du auf den folgenden Seiten mehr hören, als dir lieb ist). Das ist allerdings nichts im Vergleich zu dem dunklen, tiefen und knallharten Zeug, das einige von euch durchgemacht haben. Meine Geschichten sind anders als eure. Ich weiß das. Aber eins kann ich dir versichern. Seit frühester Kindheit habe ich nur ein Ziel vor Augen: Ich will die Welt heilen.

Schon als kleines Kind wollte ich ständig mit jedem reden und habe die Leute mit meinen Fragen über ihr Leben und ihre Träume genervt. Ich habe meine Eltern zur Verantwortung gezogen, meinen Geschwistern beim Erwachsenwerden geholfen und mit jeder Notlüge aufgeräumt, die ich jemals von mir gegeben habe. Ich habe jeden der hier beschriebenen Schritte selbst erlebt und die Hände der Süchtigen, der Misshandelten, der Bösartigen und der Schwachen gehalten – und sie herausgefordert, dasselbe für andere zu tun. Ich habe den Verirrten geholfen, ihren Weg zu finden, und den Großen, weiter zu wachsen.

Auch wenn ich selbst nicht wie Phönix aus der Asche aufgestiegen bin, hast du einen kämpferischen, hartnäckigen, einfühlsamen, arrogant ehrlichen, krass verpflichteten und warmherzigen Menschen vor dir, der deine Wut über seine privilegierte Situation aushalten wird, um dich darin zu unterstützen, alles zu erreichen, was du in deinem Leben willst.

Darauf kannst du dich verlassen.

Einleitung (auf keinen Fall überspringen!)
KIOSK DER MÖGLICHKEITEN

Ich, mein Selbst und das Warum

Das Wichtigste vorweg: Wenn du nach Mitleid, Taschentüchern und Sympathie suchst, bist du hier falsch. Ich bin nicht so ein Mädchen. Das ist nicht so ein Buch. Aber vielleicht hast du darauf auch keine Lust mehr. Du hoffst, dass das hier das letzte Selbsthilfebuch ist, das du jemals lesen wirst. Du bist nicht nur bereit, sondern auch entschlossen (vielleicht sogar ein bisschen masochistisch) und überzeugt, dass du es kannst. Dann bist du hier richtig.

Die Wahrheit ist: Wir sind nicht glücklich, aber wir wollen es gerne sein. Wir kaufen Bücher. Wir schauen Ratgebersendungen. Wir machen Diäten. Aber eine dauerhafte Veränderung will sich einfach nicht einstellen. Was ist da los?

Meiner Meinung nach stellt einfach niemand die richtigen Fragen. Niemand bringt uns wirklich bei, wie man ein Leben führt, das sich auch zu leben lohnt. Wir sind so damit beschäftigt, auf das Leben zu reagieren, absorbiert davon, etwas über Christoph Kolumbus zu lernen, siebenhundert Bücher zu lesen, deren Inhalt wir sowieso wieder vergessen werden, es auf die Uni zu schaffen, den Studienkredit abzuzahlen und all unsere Ziele zu erreichen, dass wir uns gar nicht die Zeit nehmen, unsere Träume zu gestalten und zu leben. Dabei sind wir so viel großartiger und zu so viel mehr fähig. Aber wir übersehen, dass wir unsere Stimme, unsere Wahrheit und unsere Fähigkeit, ein anderes Leben zu leben als das, in dem wir gerade festsitzen, auf diese Weise nicht finden.

Dieses Buch ist der Anfang von Scheißdrauf (ein Fachausdruck!).

Bei der Lektüre dieses Buches gibt es ein Davor und ein Danach. Danke (seltsamerweise schon im Voraus), dass du die Art von Person bist, die ein Leben will, dessen Existenz du für möglich hältst, das du aber noch nicht lebst. Ich verspreche dir: Wenn du dich auf dieses Buch einlässt, die Geschichten liest und die ganze Arbeit erledigst, wird sich dein Leben verändern. Dann hast du angebissen.

Wie war das bei mir?

Nimm dir noch mal Zeit, die Warnung am Anfang dieses Buches zu lesen. Besonders den Teil darüber, dass es bei mir keine tragischen Geschichten gibt.

Im Sommer vor meinem vierten Semester auf der Uni[1] reiste ich nach Israel. Der besondere Teil dieses Sommerabenteuers war nicht, dass

---

1) *Nur dass ihr es wisst, ich strengte mich später mehr an, wechselte auf die George Washington University und wählte ein neues Hauptfach. Alle meine Credit-Punkte weg. Merke: Gerne hätte ich mich hier etwas weniger genau daran erinnert.*

ich als Jüdin ins Gelobte Land reiste (wir alle machen das), sondern dass ich die Reise selbst bezahlte und das erste Mal in meinem Leben ganz alleine irgendwo hinging, ohne jeden Plan.

Ich fand mich in einem wunderschönen, aber total uncoolen Kibbuz wieder, in dem es nur sehr wenige (etwa zwei) Menschen gab, die Englisch sprachen. Mit einem davon – ein tiefgründiger, kluger und tieftrauriger Mann – freundete ich mich an. Er war mit einer älteren Frau aus dem Kibbuz zusammen, die sich von ihrem Ehemann getrennt hatte, der in der Stadt lebte. Allerdings wollte sie sich keinesfalls von ihm scheiden lassen, geschweige denn von ihrer neuen Beziehung erzählen (auch nicht anderen Leuten in ihrem Leben).

Ergo: Der Mann war traurig.

Wir standen uns nahe. Ich wusste alles über ihn und er über mich. Er war zwar in seiner eigenen Liebesgeschichte gefangen, aber er hatte trotzdem Mitgefühl für die Leiden seiner Freundin und nahm ihr jede einzelne Entschuldigung ab. Ich diskutierte stundenlang mit ihm und stritt mit ihm, um seines Glücks willen. Er sah mich an, als wäre es völlig verrückt, die Welt oder ihn verändern zu wollen. Er glaubte felsenfest daran, dass man sich dem Schicksal und der Welt nicht in den Weg stellt.

Ich aber war sehr glücklich im Kibbuz. Hier herrschte eine Routine, die ich liebte. Ich stand früh auf. Kochte für jeden. Gönnte mir ein Schläfchen zwischendurch. Las Carlos Castaneda. Hörte meine vier Kassetten: Crosby, Stills, Nash & Young, Rickie Lee Jones, Cat Stevens und The The. Immer wieder.

Als ich einmal zu den Freiwilligenunterkünften lief, um mich einen Moment hinzulegen, hörte ich jemanden flüstern: „Schau mal in die Büsche, Lauren." Und obwohl ich die Stimme klar und deutlich gehört hatte – was oder wer auch immer die Stimme war (ein Gedanke, die innere Stimme, Gott/Morgan Freeman?) –, ignorierte ich die Aufforderung. Aber dann hörte ich sie ein zweites Mal.

Ich weiß noch, wie ich mir dachte: Scheiß drauf, Lauren, hör auf deinen Instinkt. Und das tat ich. Und in den Büschen saßen zwei einsame Vogelküken. Ich flippte aus. Nicht wegen der Vögel im Busch (oder des Herzinfarkts, den ich vor Schreck gehabt haben musste), sondern weil ich nicht wusste, was ich machen sollte. Es gab kein Nest. Also tat ich das Einzige, was mir in diesem Moment einfiel, ich rannte in die Küche, um Hilfe zu holen. Und wem begegnete ich? Dem traurigen, selbstgefälligen Mann.

Toll. Ich fragte einen Fatalisten, was ich tun sollte.

Er schaute mich an wie immer, als wäre ich genau die naive, gutgläubige Idealistin, die ich nun mal war. „Lass sie alleine, Lauren. Das wird schon", sagte er. Argh. Vielleicht hatte er in dieser Situation ja recht? Falls ich die Vögel mitnehmen würde und sie mir wegsterben würden, fühlte ich mich für ihren Tod verantwortlich. Wenn ich sie einfach dort lassen würde, wo ich sie gefunden hatte, wahrscheinlich nicht. Ich ging auf mein Zimmer, kam aber nicht zur Ruhe. Ich diskutierte mit mir selbst. 45 Minuten verstrichen, bevor ich aufstand und losging, um die Vögel zu retten. Als ich dort ankam (und ich wusste ganz genau, wo dort war), lag da nur noch ein Vogel, der aber nicht mehr unter uns weilte (der andere war hoffentlich davongeflogen).

Und in diesem Moment hatte ich eine Offenbarung. Ich wusste, dass ich diese Entscheidung nie wieder so treffen würde. Nie wieder würde ich meine Prinzipien zurückstellen, weil ich Angst vor dem Ausgang einer Situation hatte oder auf den Standpunkt einer anderen Person hörte. In diesem Moment hatte ich die Möglichkeit, die viele andere Menschen nicht haben – ein Leben zu retten, und ich hatte sie verpasst.

Das machte mir Angst und ich versprach mir etwas: Mein Lebensziel ist, etwas zu verändern und niemanden zurückzulassen. Falls ich etwas tun konnte, dann würde ich es auch tun.

Das brachte mich in eine noch größere Zwickmühle. Ich musste mich der Tatsache stellen, dass mein Leben eine desillusionierende Veranstaltung war, voller Geheimnisse, voller Tatsachen, die ich nicht akzeptierte oder veränderte, mich selbst eingeschlossen. Ich flog nach New York zurück und räumte auf: Freundschaften, Beziehungen, Ehe. Als mich ein guter Freund fragte, ob er seine Freundin, die ihn betrog, heiraten sollte, sagte ich ihm: Denk erst mal darüber nach, ob sie dir wirklich alles erzählt!

Es klappte etwa so gut, wie ihr euch vorstellen könnt.

Tollkühn? Klar. War schließlich mein erstes richtiges Versprechen. Es lag auf der Hand, dass es einige gerupfte Federn, Spaßbremsen (Verkehrstote) und viele zukünftige Entschuldigungen geben würde. Das war der Anfang vom Ende aller Lügen in meinem Leben, das Ende meiner falschen Ehrlichkeit und meiner Zurückhaltung.

Ich wurde ich.

Meinen Wechsel auf die George Washington University nutzte ich als Möglichkeit, das sinkende Schiff zu verlassen, einen Neustart zu wagen und mich auf die Suche nach einem neuen Freundeskreis zu machen. Ich war frei, glücklich und stolz auf alles in meinem Leben. Bis auf ein klitzekleines Detail. In Sachen Liebe (und Sex!) ging einfach nichts voran. Ein Jahr lang saß ich auf der Ersatzbank. Selbst als ich meine Pechsträhne scheinbar durchbrochen hatte, als ich mich an Halloween in meinen besten „Wen kümmert's"-Catsuit mit Hut geworfen hatte und von einem ziemlich heißen Fußballstar aufgerissen wurde, ließ er mich doch am nächsten Tag tatsächlich sitzen, weil ich Jüdin war. Es war wie verhext. Irgendwas stimmte nicht. Aber ich kapierte einfach nicht, was das Problem war.

Doch dann wurde mir klar: Das Problem war ich.

Solange ich nicht die wurde, die ich wirklich und wahrhaftig sein wollte, in allen Bereichen meines Lebens – in diesem Fall meinem Traum von Liebe –, steckte ich in einer Art Fegefeuer fest, in einer verfahrenen Ausgangssituation, in der ich nur auf meine Vergangenheit reagierte, anstatt so zu sein, wie es mir entsprach. Es gab nur einen einzigen Weg raus aus dem Fegefeuer: Ich musste aus meinem bisherigen Leben ausbrechen. Komplett.

Während der nächsten 25 Jahre erfand ich mich neu und entwickelte, testete und verbesserte kontinuierlich die Handel Methode®. Eine Coaching-Methode, die Schritt für Schritt das eigene Leben ins Visier nimmt und die Basis für dieses Buch liefert. Diese Methode hat das Leben von vielen Tausend Klienten verändert. Sie bringt Menschen das Träumen bei, die Umsetzung ihrer Träume in Taten und wie man in seinem Leben ausmistet (sowohl im übertragenen als auch im wortwörtlichen Sinne), sodass man am Ende mit einem Leben dasteht, auf das man wahrhaftig stolz ist.

Ich traf David Mindell im Jahre 2005. Er war nicht nur ein bekannter Professor am MIT, sondern auch an der Arbeitsgruppe beteiligt, die das Herzstück des Lehrplans des MIT überarbeiten sollte. David war so begeistert von seiner Coaching-Erfahrung, dass er die Methode direkt am MIT etablierte.

Drei Jahre später unterrichteten David und ich ein dreitägiges Pilotseminar für 15 Studenten, das auf der Handel Methode® aufbaute. Das Seminar, das heute „Design Your Life" heißt, war ein so großer Erfolg, dass wir bis 2006 mehr als 60 zusätzliche Bachelor- und Masterstudenten, Doktoranden, Ehemalige und Mitarbeiter unterrichtet hatten. Studenten beschrieben den Kurs als „lebensverändernd" und als „einen der nützlichsten Kurse, an denen sie jemals teilgenommen hatten". 93,2 Prozent gaben an, dass sie den Kurs weiterempfehlen würden, und viele merkten an, dass sie sich wünschten, Familie oder Kollegen könnten das Seminar ebenfalls belegen.

Wie du dir vorstellen kannst, waren diese MIT-Studenten zwar die einfachsten meiner Klienten, aber ohne Zweifel auch einige der klügsten. Ein Chemiestudent sagte beispielsweise über das Seminar:

Bevor ich „Design Your Life" belegte, hielt ich mich für jemanden, der immer die Wahrheit sagt. Ich hasste es, Menschen zu belügen, und war stolz auf meine Ehrlichkeit. Das Seminar zeigte mir, wie wichtig es ist, nicht nur zu seinen Mitmenschen ehrlich zu sein, sondern auch zu sich selbst. (...) Jetzt habe ich das Gefühl, das Schiff selbst zu steuern und nicht nur als Matrose mit an Bord zu sein. Dieses Gefühl gibt mir unglaublich viel Energie, und ich bin überzeugt, dass ich aktiv an der Planung meines Lebens beteiligt sein kann.

Zehn Jahre (und mehr als 500 MIT-Studenten) später hat sich der Kurs zu einer beliebten Institution entwickelt.

Aber wir beließen es nicht bei den Studenten dieses Campus. Das Seminar „Design Your Life" wurde in 35 weitere Bildungsprogramme aufgenommen, in Universitäten und schulischen Institutionen im ganzen Land, zum Beispiel der Stanford Graduate Business School, der Stanford University School of Medicine, der NYU, der Columbia University, der Yale School of Drama, der Wesleyan University und in den Lehrplan der öffentlichen Schulen von New York City. Wir unterrichten „Design Your Life" in Mittelstufen, Oberstufen, Wohnheimen und Postdoc-Programmen und arbeiten mit Lehrern und Universitätsangestellten in ganz Nordamerika zusammen.

Wie viele Selbsthilfe-Coaches können das schon von sich behaupten? Außer mir, der unfreundlichen Person mit zerrissenen Jeans und Federn im Haar?!

Ich weiß noch, dass ich vor langer Zeit überzeugt war, ich hätte das Zeug dazu, einfach so in die Schule zu marschieren und Schülern das echte Leben beizubringen: wie man träumt, wie man die Wahrheit sagt, wie man eine Beziehung führt, wie man seinen Eltern vergibt und seine Geschwister liebt, egal, was passiert. Würde das nicht endlich die Welt verändern?

Die Antwort ist Ja.

Und hier bin ich. Ich halte mich an das Versprechen, das ich mir im Gelobten Land gegeben habe – meinen „Vogelruf". Es gab nur ein oder zwei Momente in meinem Leben, in dem etwas zu mir gesprochen hat. Diese Stimme bekomme ich nur selten zu hören. Etwas in mir. Vertraue mir und höre auf dich selbst.

Natürlich wurde das in diesem Buch beleuchtete Coaching kritisiert und hinterfragt. Aber ich kann mit Sicherheit sagen: Was die Handel Methode® von anderen unterscheidet, sind Ehrlichkeit, Entschlossenheit und ein tiefes Verständnis der menschlichen Natur, um bis in dein Inneres vorzudringen. Die Handel Methode® funktioniert, weil sie keine Idee ist, keine Philosophie und kein Konzept wie andere Programme. Die Handel Methode® ist genau das, wonach es aussieht: eine Methode. Sie gibt klar strukturierte Anweisungen. Struktur und Format von Hier geht's um Dich! sind in zehn Coaching-Sitzungen unterteilt. Am Ende eines jeden Kapitels wirst du eine schriftliche Aufgabe bekommen, welche die Bereiche in deinem Leben anspricht, die dir am wichtigsten sind.

Im Laufe dieses Buches werde ich vier inspirierende Geschichten ehemaliger Klienten vorstellen, um dich auf deinem Weg zu unterstützen. Einige der Aufgaben aus dem Buch sind „doozies", Schläfer, und können hochexplosiv sein. Den Ordner, in dem du die Ergebnisse der Aufgaben speicherst, kannst du nennen, wie du willst, aber gib ihm einen Namen, der dafür sorgt, dass ihn niemand öffnet wie „Zahnarztbesuche 1998-2010". Vielleicht bist du aber auch eher der traditionelle Typ und schreibst deine Aufgaben mit der Hand in ein schickes Tagebuch, verschließbar natürlich. In einer unleserlichen Schrift. Mach das, was zu dir passt. Aber denk immer daran, wenn du der Typ Mensch bist, der einen gehörigen Tritt braucht, um in die Puschen zu kommen: Dein bisheriges Verhalten ist es, das dich an diesen Punkt gebracht hat.

Ich will ehrlich zu dir sein: Hier geht's um Dich! macht es dir nicht leicht. Du und ich, wir machen uns gemeinsam auf den Weg, auf eine Art Road Trip. Du sitzt am Steuer − wer sonst? −, während ich auf dem Beifahrersitz hocke, rummeckere und hierhin und dorthin zeige. Genau, ich bin diese Art von Navi-Frau. Aber dort, wo ich dich hinbringe, wartet dein Glück auf dich − wenn du bereit bist, dich auf den Weg zu machen.

Kommst du mit?

Ich fordere dich heraus, das stimmt. Aber mit mir brauchst du keine zehn Jahre Therapie, um dein Ziel zu erreichen. Ich biete dir zehn Sitzungen an, die auf zwanzig Jahren Erfahrung und 22.000 Versuchskaninchen vor dir aufbauen. Hey, es könnte schlimmer sein!! Du könntest auch mein erster Klient sein.[2]

---

2) Huhu Mama!

Kapitel eins – Du träumst wohl

DAS LEBEN GESTALTEN, DAS DU DIR WÜNSCHST

Die Reise deines Lebens

In jedem von uns steckt die Vorstellung eines perfekten Lebens, der „Polarstern", an dem wir uns orientieren können. Aber was passiert auf unserer Reise dorthin? Wir verlieren das Ziel Stück für Stück aus den Augen und vergessen, wie wir dorthin kommen wollen. Wir lassen uns ablenken, von einem anstrengenden Job, einer gesundheitlichen Krise, einem Kind, einer Netflix-Serie oder von einem der zahlreichen Schlaglöcher, denen wir auf dem Weg begegnen. Und langsam, nach und nach, kommen wir vom Weg ab. Manchmal finden wir nicht einmal heraus, wie unser Weg eigentlich aussieht.

In Hier geht's um Dich! werden du und ich gemeinsam einen neuen Kurs einschlagen und deinen Idealen mit vollem Karacho entgegendüsen. Und wir rasen nicht auf einen oder zwei deiner geheimsten Wünsche zu, nein, wir steuern sie alle an. Schnall dich an! Du fährst, während ich auf dem Beifahrersitz permanent kläffe, wo's langgeht.[3] Ich kenne deine Träume so viel besser als du selbst, dass du keine andere Wahl hast, als den Autopiloten auszuschalten, von dem du nicht einmal wusstest, dass du ihn vor langer Zeit aktiviert hast.

Falls wir unsere Träume nicht vorantreiben, wer dann? Falls wir nicht herausfinden, wie wir unseren Beruf wechseln, gesund essen, auf Dates gehen, uns verlieben und verliebt bleiben, wer wird uns retten? Niemand. Warum auch? Das ist dein Job.

Schließlich geht es doch um unsere Träume, oder etwa nicht? Es macht uns unglaublich stolz, wenn wir das Steuer wieder selbst übernehmen und das in Angriff nehmen, was zwischen dem Jetzt und dem Leben unserer Träume liegt.

Bist du so weit?

Lass uns noch ein paar meiner Klienten kennenlernen, bevor es losgeht. Mit ihnen habe ich viele Jahre gearbeitet, ich habe sie begleitet und jetzt begleiten sie uns. Jeder von ihnen kam mit unterschiedlichen Problemen zu mir und hat sich freundlicherweise bereit erklärt, seine Geschichten und Aufgaben in diesem Buch mit anderen zu teilen. Ihre Namen und gewisse Details wurden geändert, nur Katie hat mich gebeten, ihren echten Namen zu verwenden und alle Details wahrheitsgetreu zu schildern, um das Versprechen zu ehren, sich nie wieder in ihrem Leben zu verstecken.

---

3) *Ähnlich wie ein kleiner, niedlicher, energiegeladener und leicht aggressiver Terrier.*

Donna (44 Jahre) – Hausfrau und Mutter aus Chicago, die ihre drei Kinder über alles liebt, aber keine glückliche Ehe führt. Ihr Magen wusste genau, wie unglücklich sie tatsächlich war. Donna leidet am Reizdarmsyndrom, einer chronischen Verdauungsstörung. Obwohl sie aller Welt absolute Zufriedenheit vorspielte, fand in ihrem Magen das genaue Gegenteil statt. Durch ihre Krankheit war Donna im wahrsten Sinne des Wortes voller Scheiße – in ihrem Inneren.

Stephanie (40 Jahre) – eine hippe, kluge und erfolgreiche Businessfrau, die einfach alles hatte: eine großartige Karriere, ein tolles Gehalt, eine solide Altersversorgung, ein wundervolles Apartment in Manhattan, eine Menge Freunde, aber aus irgendeinem Grund war sie immer traurig. Was zur Hölle fehlte ihr? Wie wäre es mit Liebe, den Eierstöcken einer Dreißigjährigen, netten Kollegen und einer anderen Mutter?

Ethan (35 Jahre) – ein rundum dufter Typ aus Connecticut. Du weißt, was ich meine: ein ganz Netter. Er ist ein toller Vater, ein treuer Ehemann, bei der Arbeit engagiert. Na ja, er schaut hin und wieder Pornos (und hat deshalb Schuldgefühle) und findet sich selbst nicht ganz so toll. Wenn du eine Mutter mit einer bipolaren Störung, einen biologischen Vater, den du nie getroffen hast, einen höllisch üblen Boss und eine heiße Ehefrau hättest, die dir gegenüber ziemlich kalt ist, ginge es dir nicht anders.

Katie (38 Jahre) – Drehbuchautorin aus Los Angeles, deren erstes Werk *Der perfekte Mann* mit Heather Locklear und Hilary Duff im Sommer 2005 verfilmt wurde, das aber nie den gewaltigen Erfolg hatte, wie es Katies Leibesfülle entsprochen hätte.

Bei der Premiere wog Katie 265 Pfund. Ihr Ehemann behauptete, er hätte damit kein Problem. Aber das war nicht seine einzige Lüge. Er war schwul. Katie steckte mitten in einer Scheidung und floh in das Ferienhaus ihrer Schwester in Palo Alto, mit einigen Flaschen Jägermeister im Gepäck.

Hier geht's lang #1: Finde dich in diesen Menschen wieder. Sie sind du. Beim Lesen ihrer Geschichten ist es vielleicht nicht ganz so einfach, dich komplett mit ihnen zu identifizieren. Aber: Inwiefern überschneidet sich dein Leben mit dem ihren, selbst wenn es ein bisschen anders verläuft? Die folgenden Beispiele passen vielleicht besser zu dir:

Du bist glücklich verheiratet, hast tolle Kinder, steckst aber seit der Geburt der Kinder nicht mehr in deinem Traumkörper.

Oder vielleicht:

Du bist Single, genau wie Stephanie. Und auch wenn du nicht in New York lebst, klingt selbst der Big Apple nach einem besseren Dating-Pool als die Stadt, in der du lebst und in der es nur Singles und kein Angebot gibt.

Oder vielleicht:

Genau wie Ethan hast du einen Job, den du nicht über alles liebst, aber das Gehalt ist okay und, na ja, dein Lebensunterhalt, deine Renten- und Krankenversicherung sind eben wichtig.

Oder vielleicht:

Auch wenn dein Ehepartner wahrscheinlich nicht schwul ist (wie bei Katie), kannst du dich nicht mehr an das letzte Mal erinnern (sechs Wochen, vier Tage, sieben Stunden), als im Bett etwas passiert ist.

Du verstehst schon, was ich meine. Ich gebe alles, damit du dich in einem von ihnen wiederfindest, oder von mir aus auch in allen.

Hier geht's lang #2: Vertrau mir. Auf den nächsten Seiten werde ich dir den Anfang des Prozesses erklären, dir zeigen, wie jeder dieser Menschen begonnen hat, die Bereiche zu erkennen, die sie verändern wollten, und wie sie das in die Tat umgesetzt haben.
Und dann wirst du beginnen und deinen Job machen, genau wie sie. Gib nicht auf!! Ich bin an deiner Seite.

Wege zu träumen

Die erste Aufgabe, die ich jedem Klienten aufgebe, ist: Träumen.

Rollst du etwa schon jetzt mit den Augen? Vielleicht wäre das ein guter Zeitpunkt für eine entspannende Atemtechnik – die du noch in petto hast –, denn die Aufgabe wird erst mal noch schlimmer, bevor es besser wird.

Ich werde dich nicht nur auffordern, deine tiefsten Wünsche aufzuschreiben, was viele von uns ohnehin nicht wollen. Ich werde dich außerdem bitten, deine Träume in zwölf Bereichen deines Lebens zu notieren – von deinem Körper bis zu deinem Liebesleben, über deine Karriere hin zu Bereichen, die du wahrscheinlich seit Jahren nicht mehr auf dem Schirm hast wie Spaß, Abenteuer oder Spiritualität.

Glaub mir, ich weiß, wie das ist. Die meisten von uns erlauben sich das Träumen nicht mehr. Okay, vielleicht für ein paar Minuten, wenn wir ein Lotterielos gekauft haben. Aber Träumen und uns dabei darauf konzentrieren, was wir in zwölf Bereichen unseres Lebens erreichen wollen? Und aufschreiben? Ich meine, wie oft will das jemand von uns wissen? Nie.

Dabei waren wir nicht immer schlecht im Träumen, oder?

Wenn ich dich frage (und das werde ich), wie dein Traumkörper aussieht und wie er sich anfühlt oder wie deine Traumpartnerschaft aussieht, bist du wahrscheinlich verwirrt. Es ist sogar sehr wahrscheinlich, dass du mir eher etwas darüber erzählen kannst, was du nicht willst. Das liegt daran, dass wir irgendwann mit dem Träumen aufgehört haben. Vielleicht hat uns jemand gesagt, dass wir uns endlich mal mit der Realität auseinandersetzen und erwachsen werden sollen, oder wir wurden verletzt oder enttäuscht. Danach haben wir unsere Träume verpackt und vergessen.

Je älter wir wurden, desto häufiger entschieden wir, dass es einfacher war, das zu wollen, was realistisch war, anstatt von den Dingen zu träumen, die wir uns wirklich wünschten.

Mit anderen Worten: Wir traten alle Träume in die Tonne.

Aber wie kommt das? Hören wir erst auf zu träumen und schmeißen dann alles raus? Oder hören wir auf zu träumen, weil wir alles rausgeschmissen haben? Oder haben wir alles rausgeschmissen, damit wir nicht mehr träumen müssen?

Es ist bemerkenswert, wie unbeeindruckt wir alles akzeptieren, was in unserem Leben nicht rund läuft. Aber: Falls wir an der Prämisse festhalten, dass wir uns, wenn wir unsere Betten gemacht haben, auch hineinlegen müssen, sind wir dann jemals zu hundert Prozent dafür verantwortlich, die Veränderung anzustoßen, die wir wirklich wollen? Zwingt uns das Zulassen unserer Träume schlussendlich nicht dazu, uns tatsächlich damit zu beschäftigen, was zwischen dem Ist-Zustand und dem liegt, was wir wollen?

Träumen gibt uns ein Bewusstsein für uns selbst. Es zeigt uns, wo es sich zu kämpfen lohnt. Es ist unser inneres GPS, deutet in die richtige Richtung und zeigt uns, dass es die Strecke in sich hat. Das wahre Glück stellt sich ein, wenn du weißt, dass du alles gibst und in deinem ganzen Leben Großartiges tust, nicht nur in den ein oder zwei Bereichen, in denen sich die meisten von uns gerne bewegen, sondern in allen zwölf. Schau dir dazu die Tabelle auf Seite 14 an. Gibt es Bereiche in dieser Tabelle, in denen du dich bereits besonders gut fühlst? Oder solche, über die du besonders unglücklich bist?

Leider sind es gerade die Bereiche in deinem Leben, in denen du dich minderwertig fühlst, die einen Weg finden, alle Teile deines Lebens zu beeinflussen und selbst die Bereiche zu überdecken, in denen du zufrieden bist. Falls du dich in deinem Körper unwohl fühlst, ist das vielleicht der Grund, dass du dich mit Menschen umgibst, die nicht in der Liga spielen, in der du gerne spielen würdest? Vielleicht hält dich das Gefühl davon ab, neue Dinge auszuprobieren oder neue Menschen kennenzulernen? Schließlich sind alle Bereiche deines Lebens miteinander verknüpft.

Du musst kein Mathegenie sein, um zu verstehen, dass es deine gesamte Lebensfreude beeinträchtigt, wenn du dich auch nur in einem Bereich deines Lebens minderwertig fühlst.

Aber es gibt Hoffnung! Jeder von uns hat sich irgendwann in unserem Leben einen Traum erfüllt, ob bewusst oder unbewusst. Wir haben das Rauchen aufgegeben. Wir haben uns von Menschen getrennt, die uns nicht gutgetan haben, und die Liebe unseres Lebens gefunden.

12 Bereiche des Lebens

 Selbst – Selbstbild, Persönlichkeit, Gewohnheiten

 Körper – Gesundheit, Gewicht, Aussehen

 Liebe – Beziehungen, Ehe, Sex & Romantik

 Spiritualität – selbstdefiniert

 Karriere – Business, Arbeit, Schule

 Geld – Einnahmen, Rücklagen, Umgang mit Geld

 Zeit – Beziehung zu Zeit, Pflichten, Zeiteinteilung

 Zuhause – wo du lebst, dein Raum

 Familie – Kernfamilie, erweiterte Familie, Eltern sein

 Freunde – alte & neue Freunde

 Spaß & Abenteuer – Zeit für dich, Ferien, außerschulisches Lernen

 Gemeinschaft – Teilhabe an der Gemeinschaft

Wir haben diesen grässlichen Job gekündigt und uns einen neuen gesucht. Wir sind einen Marathon gelaufen. Wir sind in eine neue spannende Stadt gezogen. Wir haben in unserem Leben großartige Dinge erreicht.

Denk mal drüber nach.

Welchen Traum hast du dir erfüllt? Siehst du ihn gerade vor dir? Nun, dieser Erfolg beweist, dass du dir deinen Traum erfüllen kannst, wenn du willst. Die Schritte, die du gegangen bist, um diesen Traum zu realisieren, bilden jetzt deine Wegbeschreibung zum Erfolg. Wenn du es in einem Bereich kannst, gelingt es dir auch in einem anderen! Ich zeige dir, wie es geht.

AUFGABE FÜR KAPITEL EINS, TEIL EINS

1. Schreibe drei Dinge auf, die du in deinem Leben erreicht hast. Richtig gelesen – ich meine drei.

Achte darauf, ob dir deine innere Stimme gerade sagen will, 1) dass die Leistung, an die du gerade gedacht hast, gar nicht so toll war und deshalb nicht zählt; 2) dass dir gar nichts einfällt; 3) noch schlimmer, dass du dir ziemlich sicher bist, dass du in deinem Leben rein gar nichts erreicht hast, oder 4) dass du zwar ein ziemlicher Überflieger bist, aber nie zufrieden mit dem, was du erreicht hast, dass du dir immer wünschst, noch weiter zu sein, und genau weißt, wer dir voraus ist. Falls du bei der Aufgabe die Stimme überhaupt nicht abschalten kannst, frage einen Freund. Unsere Freunde, besonders die guten, wissen viel besser als wir, wie großartig wir sind.

Wie man träumt

Wir wissen nicht, wie man einen Traum aufschreibt, weil wir bis dato unser Leben nicht innerhalb eines Traums gelebt haben.

Hä?

Ich weiß, das klingt seltsam. Stell dir vor, dein Traum im Bereich Körper wäre es, nächstes Jahr den New York City-Marathon zu laufen (und ins Ziel zu kommen). Dann gäbe es sofort klare Schritte, die du zu gehen hättest, unter anderem der Aufbau eines Trainingsplans, Kauf des richtigen Schuhwerks, gesunde Ernährung, Besuche im Fitnessstudio und natürlich Lauftraining.

Jedes Mal, wenn du nun morgens den Wecker ausschaltest und nach Ausreden suchst, wieso du heute nicht laufen gehen kannst, weißt du, dass du gegen deinen Traum handelst.

Du lebst entweder innerhalb eines Traumes und bleibst ihm treu (durch die entsprechenden Handlungen, zum Beispiel Laufen) oder eben nicht. Und weil niemand zugeben will, dass es eine Kluft zwischen unseren Handlungen und unseren Wünschen gibt, vermeiden wir es lieber, unsere Träume auszusprechen. Weil wir feige sind.

Bis jetzt jedenfalls.

Im Folgenden sage ich dir genau, wie du alle zwölf Träume aufschreiben sollst.

Hier geht's lang #3: Bleib entspannt! Ich werde dir ausreichend Beispiele von gut und weniger gut beschriebenen Träumen geben, sodass du in der Lage sein wirst, selbst welche zu beschreiben. Versprochen.

Sei genau. Sei ehrlich und präzise, wenn du deine Träume entwirfst. Wie sehen deine Träume aus, wie fühlen sie sich an? Je detailreicher du bist, desto besser kannst du sie dir nach dem Aufschreiben wieder vor Augen führen. Dein Traum soll dich inspirieren, dich aufwühlen und dir sogar ein bisschen Angst machen. Es sollte eine Herausforderung für dich sein, aber kein Fantasiegebilde.

Notiere deine Träume in der Gegenwartsform. Indem du schreibst: „Das mache ich jetzt" – zum Beispiel „Ich laufe fünf Kilometer pro Tag" –, übernimmst du selbst die Verantwortung. „Ich werde mit dem Laufen anfangen" oder „Ich werde laufen" klingen so, als würdest du irgendwann in der Zukunft damit anfangen und als müsstest du dich jetzt noch nicht darum kümmern. Wenn du deinen Traum so aufschreibst, als wärst du schon mittendrin, hast du keine andere Wahl: Du musst ihn als Realität anerkennen und dich auch so verhalten.

Sei nett zu dir. Leichter gesagt als getan. Konzentriere dich auf das, was du willst, und nicht auf das, was du nicht willst. Sei positiv, aber übertreibe es nicht. Pass auf, dass sich keine negativen Nebenbemerkungen in deine Träume einschleichen. Ein Satz wie „Mein Ehemann ist kein Arschloch mehr" ist in einem Traum im Bereich Liebe definitiv eine negative Nebenbemerkung. Wähle die positiv formulierte (die bessere) Variante: „Mein Ehemann ist liebenswürdig, hilfsbereit und großzügig."

Sei ehrlich. Auch wenn das für dich vielleicht offensichtlich klingt, sei wirklich ganz ehrlich. Schließlich geht es hier um deine Träume. Wenn du vor dir selbst nicht alles zugeben kannst, was du willst, wie willst du es dann erreichen? Wenn du nicht zugeben kannst, was nicht klappt, wie kannst du es dann ändern?

Atme. Ansage an dein Wecker ausschaltendes, Frühstück genießendes Selbst: Das Aufschreiben deiner Träume soll dich nicht deprimieren. Wirklich. Aber es ist ein Realitätscheck, eine Bestandsaufnahme deiner jetzigen Situation im Gegensatz zu der Situation, die du erreichen willst. Es zeigt dir außerdem, welche Bereiche in deinem Leben funktionieren und welche nicht. Egal wo du gerade bist, ich schwöre dir: Das ist der Anfang einer Veränderung und der erste Schritt, den Blödsinn zu entdecken, den du so verzapfst.

Die Träume anderer Leute

Ist dir schon mal aufgefallen, wie viel einfacher, erhellender und lustiger es ist, die Probleme anderer Leute aufzudecken als deine eigenen? Genau. Dann lass uns mal schauen, was Donna – unsere liebende Mutter von drei Kindern, aber entnervte Ehefrau – bei ihrem ersten Versuch notiert hat, ihren Traum von Liebe niederzuschreiben:

Mein Traum wäre eine Ehe, in der wir durch Intimität näher zusammenwachsen. Ich finde gut, dass wir offen sind und ich mich nicht verstecke oder unehrlich bin. Es befreit, dass ich ganz so sein kann, wie ich bin. Ich liebe es, gemeinsam zu lernen und miteinander zu reden. Ich wünsche mir einen Partner, der mir die Aufmerksamkeit schenkt, die ich verdiene. Blumen, Schokolade, spontane Umarmungen und Zärtlichkeiten. Ich liebe Überraschungen, keine großen wie Partys oder teure Geschenke, sondern kleine Dinge wie Blumen. Ich hätte gerne einen Partner, mit dem ich wirklich intimen Sex haben kann. Ich liebe Leidenschaft und Streicheleinheiten. Ich will kein „Dann lass uns mal Sex haben". Ich liebe Romantik, Dessous, Musik, Öle, alles was mit einer lustvollen sexuellen Erfahrung einhergeht. Ich lege Wert auf Ästhetik, sie hilft mir. Ich mag es langsam, ausdauernd, mit intensiven Küssen und Streicheleinheiten. Voller Liebe!

Schon nicht schlecht, oder? Aber ich habe ein paar Fragen.

Hat Donna die Tipps zum Träumen berücksichtigt? Ist dieser Traum bereit, ihrem Ehemann, ihren Freunden mitgeteilt und (nach ein bisschen Zensur) am Kühlschrank aufgehängt zu werden?
Moment!
Lass uns Donnas Traum erst einmal analysieren. Und denk an *Hier geht's lang #1:* Finde die Donna in dir selbst. Mach dir Donnas Anstrengungen und Fehler zunutze, um die Probleme entdecken zu können, die in deinem Traum lauern.
Das erste Problem in Donnas Traum ist der Modus: Sie hat einige Konditionalsätze formuliert und nicht – wie vorgegeben – nur die Gegenwart benutzt. *Mein Traum wäre eine Ehe ...*

Es ist schwer für uns Neulinge, unsere Träume so aufzuschreiben, als hätten wir sie schon umgesetzt. Es ist viel einfacher, sie als „irgendwann" zu formulieren, als Traum-Wunschzettel. Aber vergiss nicht: Es liegt an dir, deine Träume zu realisieren.

Lass uns noch ein bisschen genauer hinsehen, bis ans Ende von Donnas erstem Satz.

Mein Traum wäre eine Ehe, in der wir durch Intimität näher zusammenwachsen.

Siehst du das „zusammen" und das „näher"? Ehrliche Wünsche, doch sie zeigen aktuelle Probleme auf und stehen im Gegensatz zu einer inspirierten Donna.

... ich mich nicht verstecke oder unehrlich bin.

Wenn Donna sagt, dass sie sich „nicht versteckt" oder „nicht unehrlich" ist, gibt sie damit nicht zu (hüstel, hüstel), dass sie ihren Mann im Augenblick belügt?

Ich wünsche mir einen Partner, der mir die Aufmerksamkeit schenkt, die ich verdiene.

Das „verdiene" ist ziemlich aussagekräftig, oder?

Hier geht's lang #4: Schau genau hin. Erkennst du, wie das Wort „verdiene" den Blickwinkel klarmacht, durch den Donna alles in ihrem Leben sieht und bewertet?

Donna weiß, was sie verdient und was sie will, und wenn sie es nicht bekommt, dann schaut sie auf die anderen, die es ihr nicht geben. Sie gestaltet ihr Glück nicht selbst, ist nicht dafür verantwortlich, sondern bleibt in einer Art Wartezustand. Und auch wenn sie ohne Zweifel „alles richtig macht" und hofft, dass ihr Ehemann das irgendwann merkt, bittet Donna um das, was sie braucht? Und selbst wenn sie ihn fragt und er ihre Wünsche erfüllen würde, würde es ihr etwas bedeuten?

Ich hätte gerne einen Partner, mit dem ich wirklich intimen Sex haben kann. (...) Ich will kein „Dann lass uns mal Sex haben".

Einen inspirierten Traum im Bereich Liebe aufzuschreiben, wenn du dabei deinem Ehemann zwischen die Beine trittst, ist nicht leicht. Und ist Sex nicht eigentlich ein Teamsport? Der arme Typ, oder? Selbst wenn er so selbstsüchtig sein sollte, wie Donna es darlegt, legt sie den Schlüssel für ihr Glück in seine Hände. Und er scheitert immer und immer wieder, ohne zu wissen, dass er etwas Bestimmtes zu leisten hat. Wenn wir nicht über das sprechen, was wir ihm Bett wollen, wie soll unser Partner es wissen?

Am Anfang sehen die Versuche, unsere Träume aufzuschreiben, immer so aus wie die von Donna. Es geht uns allen so. Wir wissen gar nicht, wie prägend unsere gegenwärtigen Blickwinkel und Muster sind und wie sehr wir an ihnen festhalten. Ein Fisch weiß nichts vom Wasser, bis er auf dem Trockenen sitzt, und dann ist es zu spät. Solange wir unsere Träume nicht offen formulieren, können wir nicht mal das schlammige Wasser sehen, in dem wir herumschwimmen, und auch nicht entscheiden, ob wir das auch weiterhin so machen wollen. Wir lassen unsere Verwirrungen, Verletzungen, Enttäuschungen und Urteile in unsere Träume eindringen, sodass wir sie kaum noch beschreiben können. Ein cleverer Plan: Solange wir unseren Traum nicht zu Papier bringen, sind wir nicht für die Veränderung verantwortlich, die wir uns wünschen.

Nach einigen Coaching-Sessions hat Donna ihren Traum umformuliert: John und ich sind verliebt, als wären wir frisch verheiratet. Andere Menschen schauen zu uns auf, wir sind eine Inspiration für andere Paare. Wir sind uns sehr nah. Wir sind offen und ehrlich. Ich liebe es, dass ich so sein kann, wie ich wirklich bin. Ich liebe es, dass wir gemeinsam lernen und tiefgründige, ehrliche Gespräche über das Leben und über Philosophie führen können. John und ich sind romantisch und sorgen für eine magische Atmosphäre im Schlafzimmer, zünden Kerzen an, massieren uns, machen uns liebevolle Komplimente. Wir zeigen uns durch kleine Liebesgaben wie Schokolade oder kleine Geschenke, wie sehr wir uns lieben und schätzen. Ich bekomme häufig Blumen, was ich toll finde.

Wir gehen jedes Wochenende aus, genießen unseren Sex und streicheln uns ausgiebig. Wir entwickeln uns sexuell weiter und lernen, was uns im Bett gefällt. Wir küssen uns leidenschaftlich und sind tief verbunden. Wir sind uns nah, wann immer es geht. Wir lieben uns und können nicht genug voneinander kriegen.

Ich würde mal sagen, das ist etwas zum Einrahmen, etwas, auf das man stolz sein kann. Dafür lohnt sich das Enthaaren, oder? Vielleicht klingt Donnas neu geschriebener Traum in deinen Augen auch ein bisschen unrealistisch. Aber ist dieser Traum nicht viel besser als der, den Donna davor formuliert hat? Und jetzt, da Donna von ihrem Traum inspiriert ist und ihn mit ihrem Ehemann geteilt hat (oh ja!), sind die Dinge, die umgesetzt werden müssen, ziemlich offensichtlich, oder? Ausgehen, tiefgründige Gespräche führen, heißer Sex und Schokolade. Keine Sorge, auch du wirst im dritten Kapitel das Gelobte Land erreichen.

Und wie sieht es mit Stephanies Traum in Sachen Karriere aus? Sie ist unsere sehr beschäftigte Businessfrau aus New York City, die leider immer noch Single ist.

Meine Karriere und meine Arbeit tragen zum Wohl der Allgemeinheit bei. Ich arbeite in einem kreativen und wunderschönen Büro (luftig, hell, kein Neonlicht, natürliche Materialien, tolle Aussicht) mit klugen, motivierten, ehrlichen Menschen, die sich gut verstehen. Meine Arbeit basiert auf ethischen Grundsätzen und nicht auf

Dollarscheinen. Die Struktur, das Budget, die Rollen und die Verantwortungsbereiche sind klar definiert. Die Arbeitszeiten sind realistisch und geben mir die Möglichkeit, nebenbei ein Privatleben zu führen.

Meine Arbeit ist eine intellektuelle Herausforderung und ich steuere sinnvolle Dinge bei. Ich verdiene mindestens genauso viel wie jetzt, wenn nicht mehr. Ich habe einen flexiblen Zeitplan, plane nicht jedes kleinste Detail und werde dazu ermutigt, in meinem Bereich zu wachsen. Meine Karriere ist inspirierend – sie stärkt meine Gesundheit, meinen Mut, meine mentale Wachsamkeit und meine Integrität. Ich gehe jeden Tag früh ins Bett, stolz und zufrieden mit meinen Leistungen.

Kannst du in Stephanies Traum erkennen, was in ihrer jetzigen Firma nicht funktioniert? Ich meine Adjektive wie „luftig". Und ihr Büro scheint mit idiotischen, unehrlichen und uninteressierten Menschen bevölkert zu sein, die sich nicht besonders gut verstehen. Oder? Denk dran, du schreibst deinen Traum so, als sei er schon Realität. Falls Stephanie einen Traumjob hätte, müsste sie dann extra erwähnen, dass die Firma sich ethisch verhält? Wäre das nicht von vornherein klar? Verursachen Ausdrücke wie „nicht auf Dollarscheinen" oder „realistisch" oder „ein Privatleben führen" oder „jedes kleinste Detail" wirklich Gänsehaut (und ich meine nicht die, die du bei Horrorfilmen bekommst)? Klingt Stephanies Einstellung ihrer jetzigen Arbeitsstelle gegenüber nicht ziemlich nach dem kalten und unflexiblen Umgang, den sie so hasst? Schiebt sie die Verantwortung für ihre Gesundheit, ihr Glück und tiefen Schlaf nicht ihrer Arbeitsstelle zu? Ich meine, wenn sie wirklich die Voraussetzungen zu ihrem Glück sind, wer steht dann am Steuer? Stephanie oder der große böse Wolf (= Arbeit)?

Lasst uns mal einen Blick auf Stephanies neu geschriebenen Traum in Sachen Karriere werfen: Ich arbeite für eine großartige Firma. Ich verdiene mehr, arbeite aber weniger! Wir sind für das bekannt, was wir für die Welt leisten und was wir an die Allgemeinheit zurückgeben. Meine Kollegen sind brillant, klug, lustig und witzig. Wir sind offen, ehrlich und unterstützen uns gegenseitig. Wir sind ein echtes Team und geben uns gegenseitig Impulse in Richtung unserer Träume. Ich bin inspiriert, freue mich auf die Arbeit und inspiriere andere. Ich habe meine Heimat gefunden.

Klingt das nicht nach einem Traum, für den man seinen Lebenslauf überarbeiten sollte?

Kommen wir zu Ethans Traum im Bereich Selbst. Zur Erinnerung: Er ist unser netter (zu jedem außer sich selbst) Typ, der unglücklicherweise aus einer Familie kommt, die man auch in einer Reality-Show zeigen könnte, und der unter einem höllisch üblen Boss und einer pingeligen Frau leidet.

Ich bin freundlich und gerecht zu mir selbst. Ich kann mich selbst motivieren und mir verzeihen, wenn ich versage. Ich habe die Kontrolle über meine Gefühle. Selbst wenn etwas schiefgeht, kann ich damit gut umgehen und weiterhin positiv bleiben. Meine innere Stimme ist mein Freund und kein überkritisches Arschloch. Ich bin stolz auf mich und meine Leistungen. Ich fühle mich wegen der Entfremdung von meiner Familie nicht schuldig. Ich bin zufrieden und ein guter Ehemann und Vater. Ich bin selbstbewusst und sehe mich als starke und positive Persönlichkeit. Erfolg oder Misserfolg, Aktivität oder Passivität, sie bestimmen nicht meinen Selbstwert. Ich bin überzeugt von meinen eigenen Fähigkeiten und strebe ohne Schuldgefühle oder Selbstzweifel nach einem beruflichen Aufstieg.

Ich habe gelernt, meinen Ehrgeiz als Ressource zu nutzen und ihn nicht zu unterdrücken oder als Entschuldigung zu gebrauchen, um Dinge aufzuschieben. Ich habe das Gefühl, dass ich den Erfolg verdiene. Ich lebe nicht in dem Glauben, mein Potenzial nicht entfalten zu können, sondern kann mein Potenzial sogar übertreffen. Und ich fühle mich sicher in den Dingen, die ich tue und die ich beitrage, und zweifle nicht an mir selbst. Ich bin zu mir genauso freundlich wie zu anderen. Ich arbeite genauso hart daran, mein eigenes Leben zu verbessern, wie daran, das Leben von anderen besser zu machen.

Der Arme! Kannst du in Ethans Traum erkennen, wie wenig er von sich hält? Wie sehr er jeden seiner Schritte anzweifelt, ständig auf sein Versagen wartet und wie viel Zeit er darin investiert, sein „überkritisches Arschloch" zu beleuchten, anstatt zu träumen? Seine innere, überkritische Stimme ist nicht nur sein bester Freund, sondern sie hat definitiv diesen Traum geschrieben! Umso häufiger er Wörter wie „schuldig", „Versagen", „Entfremdung", „Selbstzweifel", „Aufschub" oder „Selbstsicherheit" (drei Mal) in seinen Traum schlüpfen lässt, umso mehr fühlen wir seine Zweifel, seine Traurigkeit und seine Lähmung. Wenn wir ständig an uns zweifeln, unseren Selbstwert hinterfragen, müssen wir dann JEMALS mutig sein (zum Beispiel mit unserer entfremdeten Familie sprechen?) oder schreiben wir uns damit nicht eigentlich ein Attest, das besagt „Ich darf mich vor dem Handeln drücken, weil ich mich sowieso unwohl fühle oder versagen werde"?

Schauen wir uns doch mal Ethans neuen Traum zum Thema Selbst an. Wenn ich in einen Raum komme, wollen die Leute wissen, wer ich bin. Ich bin der Typ Mann. Direkt, glücklich, nicht zu bremsen. Ich halte immer Ausschau nach dem nächsten Abenteuer. Ich bin stolz auf den Beitrag, den ich in der Welt leiste. Ich bin entschlossen, offen und – habe ich das schon erwähnt? – selbstsicher. Ich schieße immer über das Ziel hinaus und erreiche unvorhergesehene Weiten. Ich bin professionell und sozial. Ich nehme in jedem Bereich meines Lebens eine Führungsposition ein, auch in meiner Familie. Ja, sogar dort! Ich bin der Chef im Ring, ein Stratege, bin stolz auf das, was ich erreiche und wie offen, ehrlich, direkt und entspannt ich mit jedem umgehe. Ich bin sehr glücklich.

Was für ein Unterschied! Ethan kann jetzt auf der Basis der neuen Beziehung, die er durch den Traum im Bereich Selbst zu sich hat, endlich Spaß haben (unglaublich). Im Gegensatz zu seinem ersten Versuch, in dem es die schlaueste (und sicherste) Option ist, sich schlecht zu fühlen (wie gute Typen das eben so machen), zu leiden, sich nie auf bessere (und realistischere) Handlungen einzulassen und sich selbst schlechtzumachen.

Und zum Schluss: Wie sieht es mit dem Traum im Bereich Körper unserer Drehbuchautorin Katie aus?

Mein Körper ist im besten physischen, emotionalen und mentalen Zustand meines Lebens. Endlich sehe ich gut aus. In Jeans wirke ich nicht fett. Ich wiege weniger als 59 Kilo. Meine Kleidung ist feminin und sexy. Ich sehe elegant aus und schaue mich gerne im Spiegel an. Wenn ich in einen Raum komme, drehen sich die Leute nach mir um. Meine Umwelt betrachtet mich als modern, intelligent und stabil. Menschen respektieren mich wegen meines Aussehens. Mein Körper fühlt sich toll an. Ich habe mich von den Traumata und Dramen meiner Vergangenheit gelöst. Ich lebe ehrlich und wahrhaftig und fühle keinerlei Lügen oder Betrug um mich herum. Ich mag mich selbst und fühle mich gut, innerlich wie äußerlich. Ich habe emotionale Stärke und liebe mich und mein Umfeld. Ich habe einen gesunden Lebensstil, achte darauf, was ich meinem Körper zuführe, wie ich mit ihm umgehe, wie sich mein Körper anfühlt und wie ich aussehe. Ich nehme nicht zu und bleibe dünn.

Kannst du in Katies Traum durch Ausdrücke wie „endlich", „sehe nicht dick aus", „elegant" oder „intelligent" erkennen, wie traurig und resigniert sie ist? Es sind nicht die anderen, die solche Sachen über sie denken, es ist Katie selbst. Sie hält sich nicht für klug oder hübsch. Meinst du nicht auch, dass der Satz „von Traumata und Dramen meiner Vergangenheit gelöst" nicht genau das Gegenteil verrät? Damit vergräbt Katie ihre Vergangenheit wieder sicher (wie clever!) ganz tief unten in der Tasche.

Schauen wir uns Katies neu geschriebenen Körper-Traum an: Mein Köper ist sexy, schön, schlank und athletisch. Ich habe Kleidergröße 34/36 und in Jeans sehe ich richtig heiß aus. Ich habe ein mädchenhaftes Six-Pack und trage stolz Bikinis und bauchfreie Oberteile. Meine Beine sehen aus wie die einer Tänzerin und ich liebe abgeschnittene Jeans-Shorts. Meine Arme sind wohlgeformt und ärmellose Oberteile sehen an mir großartig aus. Meine Kleidung wirkt wie maßgeschneidert. Ich freue mich über meine Beziehung zum Essen und darüber, wie gut ich für mich sorge. Meine natürliche Ausstrahlung ist eine Inspiration für andere. Ich bin selbstsicher, stolz in meinem Traumkörper und liebe mein Aussehen und wie ich mich fühle.

Um Meilen besser, oder? Erkennst du, wie dieser neue Traum Katie inspirieren würde, stolz auf sich zu sein, und sie motivieren kann, etwas für ihren Körper und ihre Gesundheit zu tun?

Dein Weg

Tja. Du hast es schon geahnt. Es wird Zeit, dass DU dich mit dem Träumen auseinandersetzt. Denk an die Regeln, die dir beim Aufschreiben der zwölf Träume helfen. Lies noch einmal die ersten Versuche meiner Klienten und die zweite, verbesserte Fassung. Gehen wir es entspannt an. Egal was, egal wie schwierig und unvorstellbar es für dich auf den ersten Blick sein mag, diese Aufgabe wird dir den besten Weg zum Glück zeigen.

AUFGABE FÜR KAPITEL EINS, TEIL ZWEI

2. a) Folge den Anweisungen zum Träumen und schreibe in allen zwölf Bereichen deines Lebens deine Träume auf.
   b) Wähle drei Bereiche aus, um die du dich während der zehn Sitzungen in diesem Buch besonders kümmern willst.

Schätze dich ein

Wenn du alle zwölf Träume aufgeschrieben hast, ist es an der Zeit, deinen Ist-Zustand einzuschätzen. Zum Beispiel: Wenn dein Traum im Bereich Liebe so aussieht, dass du in einer tollen Beziehung und unsterblich verliebt bist, ihr die erste gemeinsame Reise nach Bali plant und du auf der anderen Seite, sagen wir in den letzten vier Jahren, sechs Monaten, zwei Tagen und 17 Stunden kein Date mehr hattest, solltest du dich in diesem Bereich ziemlich niedrig einschätzen.

Verwende dazu die Tabelle auf der nächsten Seite. Vergiss aber nicht, dass die Skala subjektiv ist. Eine Drei oder eine Zehn bedeuten für dich vielleicht etwas anderes als für deinen Partner. Es ist auch wichtig, darauf zu achten, wie du dich bewertest. Bist du die Art von Mensch, die auch das kleinste bisschen Lob für Angeberei hält und die sich deshalb überall niedrig einschätzen würde, selbst wenn es richtig gut läuft? Oder bist du so ein Typ wie die Frauen aus dem Film „Die Frauen von Stepford", für die sowieso alles „easy" und „super" ist, auch wenn sie richtig in der Scheiße sitzen?

AUFGABE FÜR KAPITEL EINS, TEIL DREI

3. Wenn du alle zwölf Träume aufgeschrieben hast, schätze dich in den zwölf Bereichen auf einer Skala von eins bis zehn (siehe Tabelle auf der nächsten Seite) ein. Mit anderen Worten: Wie würdest du den Ist-Zustand jedes Bereiches einschätzen verglichen mit dem Traum, den du aufgeschrieben hast und der dich inspiriert?

Bewertungstabelle

10	Paradiesisch	Momente des puren Glücks und Stolzes.
9	Außergewöhnlich	Die höchste nachhaltige Bewertung für einen Bereich.
8	Glücklich	Anhaltender, verlässlicher und stabiler Zustand von tiefer Zufriedenheit. Darauf bist du stolz.
7	Ziemlich gut	Nicht unbedingt ein Auslöser für Schmerzen, aber auch kein wirklicher Auslöser für Stolz. Meistens verlässlich.
6	In Ordnung	Noch nicht unerträglich, aber ein Bereich, den du aktiv vermeidest und dich dabei häufig rechtfertigst.
5	Lahm	Wird langsam unerträglich und du beginnst, zu resignieren.
4	Enttäuschend	Ein trauriger Zustand mit Momenten der Gleichgültigkeit und im Wechsel mit potenzieller Feindseligkeit.
3	Schlecht	Die Dinge stehen schlecht, noch nicht lebensbedrohlich, du bist noch nicht ganz am Ende, aber es braucht nicht mehr viel.
2	Schmerzhaft	Unerträglich. Hoffnungslos.
1	Unerträglich	Leiden, das nicht anhalten kann und darf. Reserviert für individuelle Katastrophen und schlimme Leidensmomente.

Warum wir unsere Träume jetzt nicht leben

Jetzt, nachdem du alle deine zwölf Träume aufgeschrieben (oder zumindest darüber nachgedacht), dich verbessert, dir Angst gemacht und dich eingeschätzt hast, wird es Zeit zu beschreiben, wie dein Ist-Zustand in jedem Bereich gerade aussieht. Mit anderen Worten: deine gegenwärtige Realität. Zum Beispiel im Bereich LIEBE: Du und dein Partner habt etwa einmal im Monat Sex. Und es verletzt dich, dass dein Gegenüber nicht mehr will, dabei war es doch früher mal alles, was er wollte.

In diesem Teil hast du die Möglichkeit, alle Schwierigkeiten und Erfolge in jedem Bereich detailliert zu beschreiben. Deine Situation klar und deutlich vor dir zu sehen, lässt dir keine andere Möglichkeit, als dich mit der auf den ersten Blick unüberwindbar erscheinenden Kluft auseinanderzusetzen, die zwischen dem liegt, was du willst, und dem, wo du dich gerade befindest.

Außerdem wirst du als Teil dieser Aufgabe jede noch so unwichtige Begründung dafür aufschreiben, warum du diese Bewertung gewählt hast und daran glaubst, dass du in den niedrig eingeschätzten Bereichen deine Träume weder erreichen kannst, willst oder darfst.

Memo an unsere rationale Seite: Auch wenn wir alle große Probleme damit haben, wenigstens fünf Sätze über unsere Träume aufzuschreiben, sind wir doch echte Profis darin, ganz genau zu erklären, warum wir unsere Träume nicht erreichen können. Die Schnelligkeit, mit der wir das „Warum nicht" abrufen können, sollte uns vielleicht zu denken geben. Auf welcher Seite stehen wir eigentlich?

Davon mal abgesehen: Dieses Buch ist deine Möglichkeit, jedes noch so kleine Detail über jeden Bereich in deinem Leben zu erkennen und die damit verbundenen Probleme loszuwerden. Lass nichts ungesagt. Notiere alle Zweifel, Erklärungen, Rechtfertigungen, Beschuldigungen und Wahrheiten. Umso mehr du dich erleichterst, umso besser wirst du dich fühlen. Versprochen.

Hier geht's lang #5: Los geht's! Hab keine Angst. Ich bin da.

AUFGABE FÜR KAPITEL EINS, TEILE VIER & FÜNF

4. Beschreibe kurz, wie dein Ist-Zustand aussieht. Wie ist deine gegenwärtige Realität?

5. Erkläre deine Bewertung in jedem Bereich. Überprüfe deine Glaubenssätze: Kannst du deine Träume in diesem Bereich erfüllen oder nicht?

Um diese Aufgabe etwas leichter zu machen, habe ich auf der nächsten Seite alles Wissenswerte noch einmal zusammengefasst und Beispielantworten für die Teile zwei bis fünf aufgeführt.

KAPITEL EINS: AUFGABE

1. Schreibe drei Dinge auf, die du in deinem Leben erreicht hast.

2. a) Folge den Anweisungen zum Träumen und schreibe deine Träume in allen zwölf Bereichen deines Lebens auf (siehe Beispielaufgaben für Teil zwei bis fünf).

b) Wähle die drei Bereiche aus, um die du dich während der zehn Sitzungen besonders kümmern willst.

3. Wenn du alle zwölf Träume aufgeschrieben hast, bewerte dich in den zwölf Bereichen auf einer Skala von eins bis zehn (siehe Tabelle). Mit anderen Worten: Wie würdest du den Ist-Zustand jedes Bereiches einschätzen verglichen mit dem Traum, den du aufgeschrieben hast und der dich inspiriert?

4. Wie sieht deine gegenwärtige Realität aus?

5. Erkläre deine Bewertung in jedem Bereich. Überprüfe deine Glaubenssätze: Kannst du deine Träume in diesem Bereich erfüllen oder nicht?

 **Zeit**

Der Traum: Mein Leben ist in Balance. Ich freue mich jeden Tag darauf, einem Plan folgen zu können, in dem ich mich wiederfinden kann. Meine Tage spiegeln meine Prioritäten wider. Ich habe genug Zeit, mich beruflich weiterzuentwickeln, Zeit für meinen Partner, Zeit, ein gesundes Leben zu führen und als Person zu lernen und zu wachsen. Ich bin zufrieden und voller Lebensfreude. Ich bewege mich mit Freude und Leichtigkeit zwischen Aktivitäten und Meetings, bin pünktlich, kann mich effizient mit den Dingen beschäftigen, die gerade anstehen (und habe Spaß daran!), und mache mich rechtzeitig auf den Weg zur nächsten Aufgabe. Meine täglichen Aufgaben sind sinnvoll und bedeutsam und ich konzentriere mich auf jede einzelne davon. Ich fühle mich kreativ und einflussreich, wenn ich arbeite. Ich bin der Herr über das, was ich tun muss und tun will. Ich nehme mir Zeit zu planen, zu delegieren und auszuführen. Ich beschließe meine Tage voller Zufriedenheit und Begeisterung. Ich liebe mein Leben.

Bewertung: 5

Gegenwärtige Realität: Mein Leben ist aus dem Takt. Meine Arbeit absorbiert mich. Ich mache viele Überstunden und wenn ich nach Hause komme, schlafen meine Kinder schon. Ich habe keine Energie mehr für Gespräche mit meiner Frau und schaue hirnlose Fernsehsendungen, um runterzukommen. Und dann fängt am nächsten Tag alles wieder von vorne an.

Früher hatte ich Spaß am Leben und spielte Cello in einem lokalen Quartett, aber jetzt habe ich dafür keine Zeit mehr. Auf der Arbeit bin ich immer in Alarmbereitschaft, hetze zwischen Meetings hin und her – wenn eines zu lange dauert, komme ich zu spät zum nächsten.

Begründung meiner Einschätzung: Ich kann mir meinen Traum nicht erfüllen, weil meine Arbeit so anstrengend ist. Die Wirtschaftslage ist schlecht und wir tun alles, um unsere Kunden zu halten. Mein Chef hört nicht auf mich und ich will mich nicht aufdrängen. Meine Mitarbeiter tragen keine Verantwortung, sie sind inkompetent und ich muss ständig ihre Fehler ausbügeln.

Post-TRAUM-atischer Stress

Okay. Alle zwölf Träume sind aufgeschrieben und du bist bereit loszulegen? Oder hast du jetzt Schnappatmung? Oder bist du entnervt und wünschst dir, dass ich endlich den Mund halte? Du willst aussteigen?

Was auch immer es ist, es ist okay.

Stopp, das stimmt nicht ganz. Was auch immer es ist außer Aussteigen, ist okay. Steig nicht aus. Auch wenn diese erste Aufgabe anstrengend war/ist, du kannst stolz auf dich sein. Du hast dir nicht nur dieses Buch gekauft (und liest es gerade), sondern auch zwölf Träume zu Papier gebracht.

Hier ein paar Traum-Kater-Tipps, Erinnerungen und Fragen für den „Morgen danach":

1. Lies deine Träume laut vor. Wie klingen sie für dich, wie fühlst du dich dabei? Bist du den Ratschlägen dieses Buches gefolgt? Bist du aufgeregt und hast gleichzeitig ein mulmiges Gefühl?
2. Hast du drei Bereiche ausgewählt, an denen du arbeiten willst? Es wird dich nicht überraschen, dass ich dir empfehle, dich um die Bereiche zu kümmern, mit denen du dich am wenigstens auseinandersetzen willst. Die Bereiche, in denen du schon aufgegeben hast oder an denen du schon viel zu oft herumgetüftelt hast. Die Bereiche, bei denen du schon „Oh weh" sagst, wenn du nur ihre niedlichen Icons in der Tabelle siehst.

Bist du noch dabei? Sehr gut. Und jetzt der nächste Schritt!

3. Wenn du drei Bereiche ausgewählt hast, lies deinen Traum drei guten Freunden vor. Am besten, während du ihnen gegenübersitzt.

Ist das dein Ernst, Lauren?

Ja, ist es. Überleg mal: Falls du, sagen wir, entschieden hast, den Bereich Körper in Angriff zu nehmen, kein Gluten mehr zu essen, mit dem Kiffen aufzuhören und mit Pilates anzufangen, es aber niemandem sagst, wie groß ist die Wahrscheinlichkeit, dass du irgendwelche Fortschritte machst?

Genau.

Wenn du deinen Traum öffentlich machst, trägst du auch die Verantwortung, ihn zu erfüllen, und darfst über die Dinge, die dir in deinem Leben am wichtigsten sind, nicht mehr nur schreiben.

4. Bevor du deinen Traum vor Freunden und Familie vorträgst, sorge dafür, dass sie sich benehmen werden. Und zwar wirklich. Manche deiner Freunde, egal wie sehr du sie magst, können genauso sarkastisch und pessimistisch sein, wie du es bis jetzt warst oder noch bist, sonst wären sie ja nicht deine Freunde. Wenn du nervös bist, weil der Traum wirklich wichtig für dich ist oder du dich für ihn schämst, dann sag ihnen das auch so. Falls du ihre Kommentare zu deinem Traum noch nicht hören willst, aber vielleicht ein bisschen Applaus brauchst, dann sag ihnen das auch so. Sei in diesem Moment mutiger, offener und verletzbarer, als du es jemals in ihrer Gegenwart warst.

Und jetzt noch ein QUIZ für dich:

Falls du Angst davor hast, dass deine Freunde das alles schon mal gehört haben, dich für komplett verrückt halten oder glauben, dies sei Aufgabe der Anonymen Alkoholiker, solltest du:

A. nichts über deine Ängste sagen und dich von ihnen enttäuschen lassen.
B. ihnen irgendwann (also nie) eine Nachricht schreiben.
C. es ihnen sagen.

Wähle C und alles wird super laufen!

Kapitel zwei – Vielleicht liegt es an dir
DIE EIGENEN FINGERABDRÜCKE AM TATORT FINDEN

Ein Fünkchen Wahrheit

Setz dich. Ich habe eine gute und eine schlechte Nachricht für dich. Du hast es vielleicht schon geahnt. Oder es sogar gewusst: Das Wort „vielleicht" in der Kapitelüberschrift ist eine komplette Lüge, ganz ähnlich wie bei allen anderen Dingen, die in deinem Leben falsch laufen. Da gibt es kein „vielleicht".

Aber wieso ist es dann eine gute Nachricht, dass deine Fingerabdrücke auf allem sind, was in deinem Leben nicht läuft? Überleg mal: Falls die Wirtschaftslage schuld ist oder deine Mutter oder das Alter oder irgendwer oder irgendetwas, nur du nicht, dann kannst du nichts dagegen tun. Aber wenn du der gemeinsame Nenner in all den Dingen bist, die nicht funktionieren, dann kannst du tatsächlich etwas ändern.

Ganz ehrlich, wer sitzt denn sonst am Steuer deines Lebens? Wer ist denn verantwortlich für jede schwierige Situation und jede haarige Lage, in die du dich begibst? Wer erzählt denn die Geschichte deines

Lebens? Wie soll es in deinem Buch eine Geschichte ohne dich geben? Du bist der Schlüssel. Du hast all die Sachen gesagt und all die Sachen getan, die dich an den Punkt gebracht haben, an dem du jetzt bist.

Klar ist es nicht immer die schönste oder die tollste aller Geschichten, aber es ist diejenige, die wir uns ausgesucht haben und die wir immer wieder erzählen. Die meisten von uns allerdings stehen nicht zu dieser Realität. Genauer gesagt sind wir hundertprozentig davon überzeugt, dass wir keine Schuld tragen, besonders nicht für die negativen Dinge. Schließlich würden wir uns das doch niemals antun: den falschen Mann heiraten, mit 40 Single sein, 45 Kilo zunehmen etc. - oder? Blaulicht und Sirenen.

Du liegst damit nicht nur falsch, diese Vorstellung bedeutet auch, dass du, solange du nicht zugeben kannst, selbst an der Misere schuld zu sein, auch keine Macht hast, aus der Misere wieder herauszukommen.

Hier geht's lang #6: Lies den letzten Satz noch einmal und atme tief durch. Auch wenn die Medizin bitter ist, sie ist doch ungemein hilfreich.

Wenn jemand wirklich der Autor seines eigenen Lebens ist, ist er auch, egal an welchem Punkt er sich gerade befindet, verantwortlich für jedes einzelne Detail, zum Beispiel wen er in sein Leben lässt. Leider glauben die meisten von uns nicht, dass wir uns in eine schlechte Situation bringen können, ohne nicht gleichzeitig das Opfer zu sein. Aber, Hand aufs Herz: Wenn du der Autor deines eigenen Lebens bist, gibt es kein Opfer außer dem, das du dir selbst gestattest zu sein.

Was redest du denn da, Lauren? An mir kann es nicht liegen. Mein Vater kann nicht kommunizieren, mein Chef ist ein Narzisst, meine Mutter versteht keinen Spaß, meine Verdauung ist auch nicht mehr das, was sie mal war, meine Kinder sind absolut unerzogen, meine beiden Ex-Partner sind Lügner …

Stopp! Ich meine nicht, dass es nicht stimmt, was du über diese Leute sagst. Natürlich stimmt es. Du hattest jahrelang Zeit, um Beweise zu sammeln und deine Haltung zu festigen. Jahre. Aber: Falls du all diese Lügner, Tyrannen und Monster in dein Leben lässt, aber gleichzeitig auch der Richter und die Geschworenen bist – kommt dir das nicht ein bisschen seltsam vor?

Applaus.

Okay, der Applaus ist hier vielleicht ein bisschen übereilt. Bleib stark. Wenn ich dich so attackiere, ist es nur recht und billig, wenn ich selbst die Hosen runterlasse.

Es liegt vielleicht an mir

Es ist nicht verwunderlich, dass ich in den dunklen Zeiten meiner Vergangenheit (sprich: meiner Jugend) meinen Vater nicht besonders mochte.[4] Genauer gesagt bekam ich riesige Zornfalten auf der Stirn, wenn ich nur an ihn dachte, besonders wenn es um seine Liebe zum Profisport ging. Er ist einer von „denen". Du weißt, was ich meine. Der Typ, der in seinem Leben keine große Leidenschaft zeigt, außer wenn es um Sport geht. Dann wird er zu einem völlig anderen Menschen.

4) *Siehst du Mama, ich spreche darüber.*

Er brüllt den Schiri an, schreit die Spieler an und zetert, als hätte er den Verstand verloren. Wer schreit denn bitte den Fernseher an? Ein Mensch ohne Leidenschaft, der plötzlich leidenschaftlich tut. Lächerlich. Was für ein Heuchler! Und jedes Mal, wenn ich an ihm vorbeilief, während er ein Spiel ansah, schaute er auf und rief mir ein „Hey Kleines" zu. Und in meinem Kopf antwortete ich: Ja, alles klar, Papa.

Aber einmal muss meine Antwort irgendwie zu ihm durchgedrungen sein. Er machte den Fernseher aus, folgte mir in mein Zimmer und fragte mich, ob alles in Ordnung sei. Und in diesem Moment dachte ich mir: So, jetzt sage ich dir mal, was ich wirklich denke.

Oha.

Ich sagte so etwas Ähnliches wie: „Sport ist dir wichtiger als alles andere, du sitzt den ganzen Tag vor deiner blöden Glotze und ziehst dir Sportsendungen rein. Dein ganzes Leben besteht nur aus Sport! Du warst noch nie ein guter Vater. Du interessierst dich doch gar nicht wirklich für mich!"

Häh?[5]

Mein Vater schaute mich verwirrt an. „Stopp. Du interessierst dich für mich? Du willst mit mir abhängen? Du hättest mir einfach sagen müssen: ‚Mach den Fernseher aus', und ich hätte ihn ausgeschaltet. Was willst du machen?"

Was war wohl meine Antwort? Was glaubst du? Überraschung? Erleichterung? Freude? Oh nein. Meine authentische und unglaublich freundliche Antwort war: „Pah. War nur ein Witz. Wieso sollte ich mit dir abhängen? Du bist langweilig, du magst Sport."

5) *Dachtest du etwa, ich sei eine nette Sechzehnjährige gewesen?*

Häh? die Zweite.

Weißt du, das Problem an meiner Beziehung mit meinem Vater war ... ich. Der einzige Unterschied zwischen uns beiden war, dass ich den Fernseher innerlich anmeckerte und er ihn laut anschrie. Der Sport, den ich letztendlich betrieb, war einer, den viele von uns kennen: jemand anderem die Schuld zuschieben. Wir entscheiden uns, traurig, wütend oder verurteilend zu bleiben, anstatt uns unsere Fingerabdrücke am Tatort genauer anzuschauen. Wir isolieren uns wegen Kleinigkeiten und meckern ununterbrochen.

Kennst du das auch?

Wolkig mit Aussicht auf Donuts

Ist dir schon mal aufgefallen, dass viele von uns über ihr Leben sprechen, als ob wir gar keine Kontrolle darüber haben? Besonders in Bereichen, auf die wir nicht besonders stolz sind. Wir sprechen über uns, als ob wir den Wetterbericht präsentieren, stecken uns mit Aussagen wie „Ich kann mit Geld nicht umgehen" oder „Ich bin sehr schüchtern, wenn ich neue Leute treffe" oder „Ich bin kein Frühaufsteher" in eine Schublade. Ich nenne diese Stimme den „Wettermann". Es ist die Stimme der Passivität und der Hilflosigkeit. Sie berichtet über unser Leben, als ob wir keine Verantwortung dafür tragen, als ob wir sagen: „Morgen wird es an der Ostsee heftig schneien, zieht euch warm an." Und da der Wettermann keine Macht über das Wetter hat, kann er nichts weiter tun, als die Situation zu beschreiben, Vorkehrungen zu treffen und Daumen drückend aufs Beste zu hoffen.

Wir glauben gerne an unsere eigenen „Wettervorhersagen". Wir sind überzeugt, dass wir an Tief Katie oder Tief [hier Namen einfügen] nichts ändern können, nicht mehr tun können, als uns für 70 % Aufschub mit Aussicht auf 30 % Chips und schlechte Laune zu wappnen. Kennst du nicht auch diesen kompletten Schwachsinn, den wir uns ständig erzählen?

Vertrau mir. Falls du, sagen wir mal, drei Mal in deinem Leben versucht hast, auf Donuts zu verzichten, und es drei Mal nicht geschafft hast (hüstel, hüstel), was würde wohl passieren, wenn jemand auf der Straße auf dich zukommt, dir eine Pistole an den Kopf hält und sagt: „Noch ein Donut und du stirbst!"[6] Könntest du jetzt verzichten?

Natürlich könntest du und du würdest es auch.

Wenn dir selbst nicht auffällt, dass du über dein persönliches Wetter berichtest, als hättest du keinen Einfluss darauf, wenn du Sachen sagst wie: „Ich kann mir nicht helfen. So bin ich eben", dann kannst du deine Macht nicht zurückholen. Wenn du aber anfängst, deinem eigenen Blödsinn zuzuhören, bist du in einer hervorragenden Ausgangssituation. Jetzt musst du etwas ändern. Den Donut weglegen, ins Fitnessstudio gehen, nach zwanzig Jahren wieder großartigen Sex haben, Italienisch lernen, endlich nach der Beförderung fragen oder aufstehen, wenn der Wecker klingelt. Im letzten Fall bist du ein echter Held.

Oh weh.

---

6) Okay, klingt ziemlich unrealistisch, aber du warst noch nie in Portland bei Voodoo Doughnut und hast zwei Stunden in der Schlange gestanden.

Ja, diese Kontrolle haben wir über uns, aber wir erkennen uns nicht als die Urheber unseres Wetters. Das ist ja auch viel bequemer. Natürlich gibt es Fakten, bei denen du wirklich nichts an deinem „Wetter" ändern kannst, zum Beispiel wenn du ein Mädchen und 1,58 Meter groß bist und für die New York Knicks Basketball spielen willst (angefeuert von meinem Vater!). Aber außer solch offensichtlichen Beispielen bist schlicht und ergreifend allein du für die Richtung und Ausgestaltung deines Lebens verantwortlich.

Wenn du wirklich der Autor deines eigenen Lebens bist und über ALLES die Kontrolle hast, egal ob gut oder schlecht, dann kannst du die Ärmel hochkrempeln und endlich etwas an dir ändern.

Und zwar alles.

Verstecken und Geheimniskrämerei

Jeder von uns hat eine innere Stimme, die ständig unser Leben kommentiert.

Die meisten von uns sind aber zu beschäftigt oder zu sehr neben der Spur, dass wir nicht einmal merken, wie diese Stimme unser Leben steuert und für uns entscheidet. Wir gehen mit dieser Stimme im Ohr durchs Leben, auch wenn wir nicht wissen, wo sie eigentlich herkommt und was sie motiviert. Die meisten von uns denken sogar, dass diese Stimme wir selbst sind.

Die gute Neuigkeit: Stimmt nicht.

Diese Stimme ist kritisch, untergräbt deine Träume und entschuldigt alles, was in deinem Leben nicht läuft. Zwei der lautesten Stimmen in deinem Kopf sind der Angsthase und das Balg. Mit Sicherheit haben beide schon sehr unschöne Sachen gesagt, als du in Kapitel eins deine Träume aufgeschrieben hast. Indem du diese Stimmen unterscheiden lernst, sie lokalisierst und benennst, kannst du sie besser hören, ihren negativen Einfluss auf dein Leben erkennen und sogar einen gewissen Sinn für Humor für sie entwickeln.

Der Angsthase

Wer hätte das gedacht: Der Angsthase ist die Stimme deiner Angst. Er ist ständig besorgt. Er meldet sich nicht in den Bereichen, in denen du gut bist oder in denen du gegen deine Angst ankämpfen kannst, wohl aber in den Bereichen, in denen du Angst hast, besorgt bist oder zweifelst. Dann hat der Angsthase einen Plan, um dich zu beschützen. Es ist seine Aufgabe, dafür zu sorgen, dass du immer einen Fluchtweg oder eine Notfall-Luke hast. Er sieht alle potenziellen Probleme.
Im Laufe deines Lebens hat er Daten gesammelt, um seine angsterfüllten Theorien zu untermauern. Auch wenn er ein verqueres Verständnis deiner Lebensgeschichte hat, kann dir der Angsthase in jedem Moment eine alte Geschichte präsentieren, die aufzeigt, wie gefährlich deine gegenwärtige Situation ist – wie die Freude auf ein Date, die Frage nach einer Gehaltserhöhung, deinem Partner zu sagen, was du im Bett willst, etc.
Der Angsthase ist nicht nur dumm, seine Haltung ist vor allem verhängnisvoll. Er passt sich an, will niemanden verletzen und ist bereit, deinen Traum verschwinden zu sehen oder Entschuldigungen zu for-

mulieren, sobald auch nur das kleinste Risiko oder Unwohlsein involviert sein könnte. Der Angsthase ist konservativ, pessimistisch und keinesfalls der Realist, der er gerne sein würde.

Sein primärer Job ist es, alle Optionen abzuwägen und dich zu beschützen, unabhängig von der Tatsache, dass ein behütetes Leben weniger Spaß, weniger echtes Glück oder ein Leben ohne Stolz bedeuten kann. Die Heerschar an Entschuldigungen des Angsthasen erscheinen intelligent, weise und ziemlich vernünftig, aber er ist und bleibt das, was er nun mal ist: ein Angsthase.

Das Balg

Auch das ist keine Überraschung: Das Balg ist die Stimme in deinem Kopf, die nach einem unleidlichen, aufmüpfigen und verzogenen Kind klingt. Es ist die Erwachsenenversion eines ausrastenden Vierjährigen. Das Balg ist stur, manipulativ und will dich hereinlegen, entweder um das zu bekommen, was es will, oder um dich von etwas abzuhalten. Der Lieblingstag des Balgs ist „morgen". Manchmal kämpft er härter um einen Oreo-Keks als um eine Promotion. Dein Balg mag sogar schlechte Tage, glaub's mir. Ich meine, an einem schlechten Tag hast du dir diesen Martini doch verdient, oder?

Ist dir schon mal aufgefallen, dass du an schlechten Tagen nie einen Salat verdient hast? Wie lange glaubst du würde deine schlechte Laune wohl anhalten, wenn du deinen Balg nur mit Sellerie fütterst? Wie viele schlechte Tage würde er wohl aushalten, wenn er nicht immer mit einem Cocktail, einer Zigarette oder einer ganzen Netflix-Serie belohnt würde?

Eben.

Das Wetter anderer Leute

Es ist viel einfacher, uns die Probleme anderer Leute anzuhören und sie auseinanderzunehmen, als unsere eigenen zu betrachten. Schauen wir mal, wie sich einige meiner Klienten in Schritt drei und vier ihrer Hausaufgabe von Kapitel eins geschlagen haben.

Fangen wir mit Katie an, unserer Drehbuchautorin aus Los Angeles, die mitten in einer schlimmen Scheidung steckt, sich in Palo Alto vergräbt und furchtbar enttäuscht ist, dass sie die letzten (36) Kilo nicht abnehmen kann.

Falls du die zweite Hälfte von Kapitel eins schon komplett vergessen hast, hier noch mal eine Wiederholung von Teil vier der Aufgabe und Katies Antwort für den Bereich Körper (Gesundheit, Gewicht, Aussehen), in welchem sie sich in Aufgabe drei mit einer Zwei bewertet hat.

1. *Beschreibe kurz, wie dein Ist-Zustand aussieht. Wie sieht deine gegenwärtige Realität aus?*

   Ich habe viel Gewicht verloren und ich bin auf dem besten Weg, mein Traumgewicht zu erreichen. Danach werde ich mich einer Operation unterziehen, um die sichtbaren Zeichen meines Fehlverhaltens der letzten Jahre verschwinden zu lassen. Im Moment kann ich keine Bikinis tragen, meine gesamte Garderobe ist eine

Katastrophe. Ich will mit Hilfe eines Styling-Beraters meinen Stil radikal verändern. Ich habe mir vor Kurzem die Haare gefärbt und neues Make-up gekauft. Ich stecke mitten in der Transformation meines Aussehens und meiner Ausstrahlung, aber es gibt noch viel zu tun. Ich muss mädchenhafter werden, intelligenter und femininer wirken. Ich bin noch im Prozess. Ich freue mich darauf, eine 10 zu sein.

2. *Erkläre dann deine Bewertung in jedem Bereich. Überprüfe deine Glaubenssätze: Kannst du deine Träume in diesem Bereich erfüllen oder nicht?*

Im Moment habe ich 36 Kilo Übergewicht. Nach der Trennung von meinem Mann strich ich Kohlenhydrate aus meiner Ernährung und aß weniger, woraufhin ich 25 Kilo abnahm. Das fühlte sich sehr gut an, aber ich begann schnell wieder zuzunehmen. Dieses Auf und Ab begleitet mich schon mein ganzes Leben. Ich nehme ab und dann wieder zu. Ich scheine ein niedrigeres Gewicht nicht halten und dünn bleiben zu können. Ich weiß nicht, wo das Problem liegt. Ich habe alles versucht. Ich fühle mich gefangen. Außerdem habe ich einen schlechten Stoffwechsel und wahrscheinlich auch Hormonprobleme. Meine Mutter hatte ab den Dreißigern Probleme mit ihrem Gewicht und auch mein Vater ist ziemlich stämmig. Die Gewichtsprobleme liegen in der Familie.

Da du mir ja schon in Kapitel eins dabei zugeschaut hast, wie ich die ersten Versuche meiner Klienten auseinandergenommen habe, kennst du dich mit dem Prozess schon ein bisschen aus (und ahnst, was jetzt kommt). Aber mal im Ernst: Das ist der Plan. Umso mehr ich dich auf das „Wetter" meiner Klienten aufmerksam mache, umso mehr will ich dein Wetter hören und sehen. Wenn du deine inneren Stimmen nicht sofort wahrnehmen kannst, ist das kein Problem. Das wollen sie auch nicht. Wieso auch? Sie haben Jahre daran gearbeitet, dass du sie für dich selbst hältst und nicht mitbekommst, welche Hindernisse sie dir in den Weg legen.

Okay. Zurück zu Katie. Was denkst du über ihre Antworten?
Für ungeübte Ohren klingen Katies Gründe relativ vernünftig. Niemand zweifelt daran, dass Katie ernsthafte Probleme mit ihren alten Klamotten bekam, nachdem sie 25 Kilo abgenommen hatte. Schließlich ist es ewig her, seit sie sich das letzte Mal mit sich selbst beschäftigt hat, und es ist super, dass sie sich überhaupt Gedanken um den schlechten Zustand ihrer Haare, Schminke und Kleidung macht, oder? Absolut.

Wenn du allerdings Katies Beschreibung und die Erklärungsversuche ihres Ist-Zustandes aus der Perspektive betrachtest, dass sie tatsächlich die Autorin ihres eigenen Lebens ist, dass sie wirklich das Zepter in der Hand hält und die Kontrolle über ihr „Wetter" hat, steht Katie dann wirklich am Steuer? Oder sagt sie nicht eher eine Flut voraus, die eine 90%ige Chance von unerklärlicher Gewichtszunahme nach sich zieht?

Lass uns ein bisschen tiefer eintauchen und uns anschauen, wie sich Katie im zweiten Teil der Aufgabe geschlagen hat, in dem sie erklärt, warum sie sich in diesem Bereich eine Zwei gegeben hat.
Dieses Auf und Ab begleitet mich schon mein ganzes Leben.

Hier erleben wir Wetterfrau Katie in Aktion. Es steht außer Frage, dass Katies Gewicht ihr ganzes Leben lang geschwankt hat. Dieser erste Satz ist eine präzise Beschreibung. Genauso präzise wie: In Alaska ist es im Winter kalt. Aber was hat das mit Katie zu tun? Würde sich eine wirklich ehrliche, noch präzisere und verantwortungsbewusste Beschreibung nicht eher so lesen: Manchmal halte ich mich an Diäten, manchmal nicht. Verstehst du den Unterschied? Nummer zwei zieht Katie für ihr Gewicht zur Verantwortung, Nummer eins beschreibt ihre Gewichtszunahme, als ob es gar nichts mit ihr zu tun hätte. Dabei ist sie es doch, die sich das ungesunde Essen in den Mund schiebt. Oder wie wäre es hiermit?

Ich nehme ab und dann wieder zu.

Gleicher Mechanismus, oder? Wo beschreibt Katie ihre Hand in der Keksdose? Denk dran, der Wettermann kann nur das beschreiben und berichten, was passiert ist oder vielleicht passieren wird. Es hat 28 cm geschneit, der Schnee schmilzt und dann schneit es wieder. Ganz zufällig taucht Katies eigene Rolle in ihrem „Wetter" – jeden Abend habe ich nach 10 Uhr zu Abend gegessen und das Essen mit Jägermeister runtergespült – in ihrer Beschreibung nicht auf.

Ich scheine ein niedrigeres Gewicht nicht halten und dünn bleiben zu können. Ich fühle mich gefangen.

Genau wie wir alle hat Katie ihre ganz eigenen Vorstellungen, warum ihr Leben, ihr Verhalten und ihre Persönlichkeit so sind, wie sie sind. Im Moment ist das: „gefangen". Sie gibt ihr Bestes in der gegebenen Situation. Wenn der Wettermann Regen voraussagt, kannst du einen Regenschirm mitnehmen. Mehr geht nicht! Katie hat zwar jeden ihrer Sätze mit „Ich" begonnen, aber glaubst du, sie denkt wirklich, sie hätte irgendetwas mit den Kilos zu tun, die sie zu- oder abnimmt? Antwort: Nicht wirklich. Woher ich das weiß? Schauen wir uns noch mal die letzten Eilmeldungen zu Sturmtief Katie an:

Außerdem habe ich einen schlechten Stoffwechsel und wahrscheinlich auch Hormonprobleme. Meine Mutter hatte ab den Dreißigern Probleme mit ihrem Gewicht und auch mein Vater ist ziemlich stämmig. Die Gewichtsprobleme liegen in der Familie.

Hallo?!
Laut Wetterfrau Katie sieht es so aus, als ob es ihr restliches Leben lang „regnen" würde. Es gibt nichts, was sie dagegen tun kann, außer auf ihre Eltern zu deuten, eine weiße Flagge zu hissen und die Idee von der dauerhaften Gewichtsabnahme ziehen zu lassen.
Frage: Ist Katies Wettervorhersage nicht ein Freibrief dafür, weiter das zu essen, was sie will, weil sie sowieso nichts an ihrem Gewicht ändern kann? Eben.

Wir sind ziemlich clever. Wenn wir die Möglichkeit haben, die Schuld für unsere Probleme etwas oder jemand anderem zuzuschieben, müssen wir selbst keine Verantwortung übernehmen. Wir können in unserer Komfortzone bleiben, vom Wetter berichten und unsere Träume ziehen lassen. Als Katie endlich verstand, dass sie sich selbst dick machte – nicht ihre Mutter, nicht ihre Hormone, nicht ihr Ex-Mann, sondern ihre Hand, die sich Essen in den Mund stopfte –, veränderte sich alles. Sie war erleichtert, im wahrsten Sinne des Wortes. Ich bin mir sicher, dass manche von euch mittlerweile etwas ungehalten sind. Ich versichere euch: Es ist mir durchaus bewusst, dass es Menschen gibt, die echte Gesundheitsprobleme haben, durch die Gewichtsabnahme fast unmöglich ist. Natürlich gibt es das. Aber Katie gehört glücklicherweise nicht dazu. In ihrem Fall hatten die Gewichtsprobleme und die ihrer Familienmitglieder nichts mit Krankheit zu tun. Sie ernährten sich ungesund und trieben keinen Sport. Sie hatten es selbst unter Kontrolle. Und obwohl dies anfänglich ein erschreckendes Eingeständnis war, befreite es Katie doch ungemein, nachdem sie verstanden hatte, dass sie tatsächlich die ganze Zeit selbst verantwortlich gewesen war.

Schauen wir uns doch mal an, wie einige der anderen ihre gegenwärtige Realität und deren Bewertung erklärt haben.

Zum Beispiel Stephanie, meine karrierebewusste Klientin, die Angst hat, die Liebe für ihre Karriere geopfert zu haben. Das ist Stephanies Beschreibung ihrer gegenwärtigen Realität in Sachen Karriere:

GEGENWÄRTIGE REALITÄT: Meine Arbeit ist unglaublich intensiv und chaotisch. Ich arbeite ununterbrochen, fünfzehn Stunden am Tag, sechs Tage die Woche. In der Firma fehlt es an Führung und der Arbeitsplatz wird durch Geschäftspolitik und Instabilität belastet. Oft fühle ich mich ausgegrenzt und ignoriert (Altherrenclub), obwohl ich ständig für meine Initiativen und Fähigkeiten gelobt werde. Ich weiß nicht, wie lange ich noch dortbleiben werde. Dieses Arbeitsmodell ist problematisch und ich würde gerne in einer Organisation arbeiten, die eine klar definierte Mission hat und deren Produkte und Dienstleistungen einen echten Wert für die Kunden haben. Ich bin überkritisch gegenüber jeder Entscheidung, die ich treffe, und wenn es schiefgeht, suche ich den Fehler entweder bei mir oder versuche mich von der Schuld der anderen zu überzeugen.

Ich mache mir außerdem Sorgen, dass ich Zeit verschwende und dass mein Fokus auf die Arbeit das Privatleben verdrängt.

Wenn du genauso karrierebewusst bist wie Stephanie, dann kannst du dich gut in ihrer gegenwärtigen Realität wiederfinden, oder? Es liegt auf der Hand, wieso Stephanie erfolgreich (und absolut gestresst) ist. Niemand würde in dieser Verfassung gerne mit ihr arbeiten, aber wir würden uns darauf verlassen, dass sie alles alleine wuppt.
Lasst uns das „Wetter" in Stephanies Realität genauer unter die Lupe nehmen. Kannst du anhand von Stephanies Beschreibung ihrer gegenwärtigen Realität − „unglaublich intensiv", „ununterbrochen arbeiten", „chaotisch", „fehlt es an Führung", „Instabilität" − erkennen,

wie wenig Verantwortung sie für ihr eigenes Glück empfindet? Sie rattert die Fakten herunter, als ob ihr die Hände gebunden wären und sie nichts anderes tun könnte, als zu meckern, sich zu stressen und schließlich zu kündigen.

In der Sekunde, in der wir dem „Wetter" alles in die Schuhe schieben und die Verantwortung abgeben, müssen wir nichts anderes mehr tun. Der Angsthase und das Balg haben gewonnen. Mal sehen, ob wir das Getrappel von Stephanies Angsthasen und das Gemecker ihres Balgs in der Begründung wiedererkennen können, die sie für ihre Bewertung aufgeführt hat (eine Sechs).

BEGRÜNDUNG: Wenn es möglich wäre, mein jetziges Arbeitsumfeld umzustrukturieren, wäre es schön, so lange dort bleiben zu können, bis wir wissen, ob wir an die Börse gehen oder nicht. Im Moment kann ich nicht objektiv beurteilen, ob das geht. Falls ich auf der Suche nach meinem Ideal den Job wechseln muss, bin ich diesen Weg noch nicht weitergegangen, weil ich keine Ahnung habe, was ich eigentlich machen will. Die Wirtschaftslage ist schlecht und ich habe Angst, meine jetzige Position zu verlassen, ohne genau zu wissen, was als Nächstes kommt. Ich möchte mir außerdem darüber klar werden, ob mein Verhalten auf meinen negativen Gefühlen gegenüber meiner Arbeitsstelle beruht. Ich habe das Gefühl, dass mir die nötige emotionale Objektivität fehlt, um diese Frage zu beantworten.

Stephanies Angsthase hat die Ziellinie als Erster überquert! Kannst du an ihrem „Wenn es möglich wäre" erkennen, dass ihr Angsthase nicht bereit ist, auch nur einen Schritt von seiner Position abzuweichen?

Sie will auf Teufel komm raus etwas ändern, hat aber zu viel Angst, um es wirklich durchzuziehen. Und was soll diese Warterei auf den Börsengang? Auch wenn ich es nachvollziehen kann, wie lange soll sie noch warten? Wenn sie wirklich nur wegen des Geldes in der Firma bleibt, gleichzeitig aber mit dem Finger auf ihre Kollegen zeigt und ihr unmoralisches Verhalten bejammert, schau noch genauer hin. Hier spricht das Balg. Genauso wie ich mir meine zickigen Ausbrüche in der Beziehung mit meinem Vater eingestehen musste, gibt es vielleicht Situationen, in denen du eine ähnliche Rolle einnimmst. Ob Stephanies Arbeitsumfeld perfekt ist oder nicht, steht hier nicht zur Debatte. Ich bin mir sicher, dass es das nicht ist. Aber wenn Stephanie nur auf den bösen Wolf zeigt, gibt sie die Verantwortung für Veränderung komplett ab. Sobald Stephanie einen Einblick in ihre eigene Mittäterschaft bekommt, in ihre eigene Version eines Mädchen- und keines Altherrenclubs, kann sie neue Hypothesen über ihren Ruf anstellen und sich dann daranmachen, diese zu beweisen. Sie könnte erkennen, wie zickig sie sich über die Stelle und den Altherrenclub geäußert hat und dass keiner dieser alten Herren die Chance bekommen hat, mit ihr zu arbeiten. Sie könnte erkennen, dass sie selbst einen Plan machen könnte, wenn sie nur aufhören würde, auf „sie" zu zeigen. Einen Plan über das, was sie in ihrem Clubhaus sehen will und wie sie diese Veränderungen umsetzen kann. Sie könnte endlich nach ihren Wünschen fragen, Ideen äußern und verstehen, dass sie auch mehr bekommt, wenn sie mehr fragt.

Es gab wirklich nichts, was sie nicht für sie getan hätten. Und wenn sie mit ihrer Firma Frieden geschlossen hätte, würde sie ganz zufällig mehr Zeit für ihr Liebesleben haben. Scheint so, als ob Meckern und Jammern ziemliche Zeit- und Energiefresser sind. Wer hätte das gedacht? Dein Angsthase auf jeden Fall.

Wo wir gerade beim Fingerzeigen sind, werfen wir einen Blick auf den vierten Teil von Ethans Traumaufgabe:

GEGENWÄRTIGE REALITÄT: Meiner Meinung nach kann ich mein Potenzial nicht voll entfalten. Ich glaube, dass ich mehr kann und Größeres und Besseres mit meinem Leben anfangen sollte. Ich fühle mich mittelmäßig, nicht nur in der Art, wie ich Dinge tue, sondern auch bei meinen Entscheidungen. Das Problem ist, dass ich nicht weiß, was ich will, und deshalb auch keine Vorstellung davon habe, wie ich dorthin kommen soll. Ich bin sehr hart zu mir selbst. Ich mache mir immer noch Vorwürfe wegen Dingen, die ich als Kind gemacht habe. Ich habe Stimmungsschwankungen und bin häufig grausam zu mir selbst. Das wirkt sich auf meine ganze Familie aus. Ich führe eine glückliche Ehe, kann aber schlecht über meine Probleme sprechen. Wenn wir uns streiten, neige ich dazu, mit unfairen Waffen zu kämpfen. Meinen Eltern fühle ich mich nicht besonders nahe, aber unsere Beziehung hat sich deutlich verbessert. Ich wäre ihnen gerne näher, körperlich und emotional, aber irgendwie habe ich auch Angst vor ihnen. Ich schäme mich häufig für meine Mutter und meine Geschwister. Ich bin immer noch sehr misstrauisch gegenüber meinen Schwiegereltern und ihren Ansprüchen. Ich traue ihnen nicht zu, sich vernünftig oder freundlich zu verhalten.

Wow. Ziemlich raues Wetter bei Ethan, was? Das klingt alles nach stark bewölkt mit Orkanböen. Aber was macht Ethan anderes, als mit Aussagen wie „mittelmäßig", „hart zu mir selbst", „Stimmungsschwankungen" und „nicht besonders nahe" sich selbst schlechtzureden? Solange Ethan das stürmische Wetter auf sein Misstrauen, Schamgefühl und seine Stimmungsschwankungen schieben kann, muss er dann wirklich die Verantwortung für sein eigenes Glück übernehmen? Nein.

Schauen wir uns Ethans Erklärung für seine Bewertung drei im Bereich Selbst an. Pass genau auf, wo der Wettermann, der Angsthase oder das Balg ihren Auftritt haben.

BEGRÜNDUNG: Ich bin nicht dort, wo ich hinwill, weil ich nicht weiß, was „dort" eigentlich ist oder wie ich dort hinkommen soll. In den vergangenen zehn Jahren habe ich mich nicht weiterentwickelt, und wenn ich mich umorientieren würde, dann würde ich zehn Jahre hinterherhinken. Im Moment habe ich eine sichere Position und finanzielle Stabilität. Aber meine Aufstiegschancen sind gering, selbst wenn ich mich richtig anstrenge, außer ich habe

Glück oder es passiert etwas Unvorhergesehenes. Es ist schwierig für mich, meine Komfortzone zu verlassen, obwohl sie mich in Sachen Potenzialentfaltung nicht weiterbringt. Familien haben immer ihre Schwierigkeiten, keine Familie ist perfekt. Ich glaube, dass wir unser Bestes geben und uns unterstützen müssen, und hoffentlich wird dann alles so gut wie möglich.

Alles klar. Merkst du, wie stolz Ethans Angsthase darauf ist, dass ihm die Pfoten gebunden sind?

Wenn Ethan nirgendwo aufzeigt, dass der wahre Grund für seinen „verkrüppelten" Zustand seine Abneigung ist, Entscheidungen zu treffen, wird er dann JEMALS die Verantwortung dafür übernehmen, aus seinem Leben etwas Großes zu machen? Oder kann er einfach auf das Beste hoffen, während er so inspirierte Wörter wie „herausfordernd", „Zweifel" und „Potenzial" ausspuckt?

Hinweis an all eure klugen Angsthasen: Nichts mögen Angsthasen lieber als Worte wie „hoffentlich", „versuchen", „unser Bestes geben" oder „so gut wie möglich".

Würdest du Geld in jemanden investieren, der „auf das Beste hofft", oder in jemanden, der wirklich etwas tut und dadurch deutlich produktiver ist?

Nachdem Ethan seinen Wettermann in Aktion gesehen hat (oder besser in Nicht-Aktion), konnte er sich selbst in flagranti erwischen. Er konnte erkennen, dass sein Selbsthass nur Tarnung war. Ziemlich raffiniert. Damit hielt er sein Umfeld auf Abstand. Ethan konnte außerdem verstehen, dass der Grund für seinen Selbsthass nicht seine verachtenswerte Persönlichkeit war, sondern seine verachtenswerte Integrität. Und nachdem er das erkannt hatte, konnte Ethan seinem ewig jammernden Balg Hausarrest erteilen.

Ethans trauriger Angsthase musste leider feststellen, dass es ziemlich schwer ist, sich schlecht zu machen, wenn man tatsächlich an der Verwirklichung seines Traums arbeitet.

Vertrau mir

Andere Faktoren, die deinen inneren Dialog beeinflussen, sind deine Überzeugungen und Konzepte. Die gute Nachricht: Weder deine Überzeugungen noch deine Konzepte sind in Stein gemeißelt. Du hast sie entwickelt. Sie basieren auf Erfahrungen, Beobachtungen und Lernerfahrungen seit dem Kindesalter.

Ein Konzept ist eine Meinung oder Hypothese zu einem bestimmten Thema. Du sammelst unterbewusst Beweise für seine Richtigkeit, wie zum Beispiel „Single sein mit 40 ist hart" oder „Du musst dich zwischen Karriere und Familie entscheiden, du kannst nicht beides haben". Diese Konzepte beeinflussen deine Handlungen in den Bereichen Liebe und Karriere. Wenn wir unsere Konzepte einmal bei Licht betrachten, können wir ihre wahre Natur erkennen: Sie basieren auf mangelnder Logik und ziemlich viel Blödsinn.

Meinst du nicht?

Okay, sagen wir mal, du hast das Konzept, dass alle Männer was mit jüngeren Frauen anfangen wollen, doch du bist leider in der anderen

Kategorie: ALT. Wie wird sich wohl dein Dating-Leben entwickeln? Musst du überhaupt von der Couch aufstehen? Und wenn du dich dann tatsächlich mal aufraffen kannst, musst du dich überhaupt richtig zurechtmachen? Oder duschen? Musst du den Kerl überhaupt richtig mögen, mit dem du dich triffst? Und wenn du ihn über Telefon und SMS schon nicht ausstehen kannst und bereits weißt, dass daraus sowieso nichts wird, kannst du wenigstens noch etwas trinken, bevor du losgehst, oder eine E-Mail beantworten. Es ist sowieso egal, ob du zu spät bist. Er wird dich sowieso nicht mögen. Schließlich bist du alt.

Siehst du, wie sehr ein Konzept, egal wie hanebüchen es auch sein mag, deine gesamte Weltsicht beeinflusst? Es lenkt dein Denken, deine Wahrnehmung, deine Handlungen und – wie im oben genannten Fall – deine Beziehungen.

Eine Überzeugung unterscheidet sich von einem Konzept in dem Sinne, dass sie über eine lange Zeit anhält und für dich feststeht. Zum Beispiel: „Ich glaube an Gott." Du musst nicht erklären, warum du an Gott glaubst. Es ist eben so. Und nach langer Zeit, mit genug Beweismaterial, wird aus einem Konzept eine Überzeugung.

Frage: Was kommt zuerst, das Konzept/die Überzeugung oder der Beweis?

Obwohl es sich vielleicht so anfühlt, als ob zuerst etwas passiert und dann daraus das Konzept oder die Überzeugung entsteht ... denk noch mal darüber nach. Wir konzipieren alles. Wir glauben, dass etwas wahr ist, und beweisen es danach. Dabei realisieren wir allerdings nicht, wie ermüdend es ist, an Dinge zu glauben wie „Wir können nicht alles haben" oder „Es ist unmöglich, sich in meinem Alter noch mal zu verlieben" oder „Ich werde niemals einen Job finden, der so gut bezahlt ist wie mein jetziger" etc.

Merkst du, wie brillant diese Konzepte sind und was sie für Konsequenzen haben?

Die Frage nach dem „Huhn oder Ei" können wir viel öfter auf uns übertragen, als wir ahnen. Wir verbringen nicht nur die meiste Zeit unseres Lebens damit, Beweismaterial zu sammeln, sondern wir drehen die Beweise auch so, dass damit unsere traurigen, wenig attraktiven und feigen Überzeugungen und Konzepte unterstützt werden. Klar, es gibt auch positive Überzeugungen und Konzepte. Schau dir die Bereiche deines Lebens an, in denen du erfolgreich bist. Dort hast du geniale Überzeugungen und Konzepte. Versprochen.

Du hast daran geglaubt, dass du dein Ziel erreichen wirst (zum Beispiel das Jurastudium abschließen, Chefin werden, den Krebs besiegen, den Triathlon schaffen, schwanger werden trotz der Meinung des Fruchtbarkeitsexperten, heiraten trotz der Meinung deiner Mutter etc.), und voilà, du hast es geschafft. Aber in den Bereichen, in denen du Misserfolge wegstecken musst, passen sich deine Überzeugungen und Konzepte nicht nur an, sondern präsentieren dir auch noch Beweismaterial für die negativen Resultate und beleben deinen inneren Dialog.

Deshalb solltest du deine Träume in Kapitel eins so klar definieren. Denn nachdem du klar und deutlich sehen kannst, was du willst, kannst du viel mutigere und bessere Fragen stellen als „Was stimmt nicht mit der Welt, dass ich meine Träume nicht erreichen kann?".

Es bleiben die Fragen, die mit dir zu tun haben: Wie sieht die Realität aus, die du erschaffen willst, die Realität, in der du deine Träume erreichen wirst?

Auf diese Weise übernimmst du allein die Verantwortung für deine Realität. Du bist ab jetzt für all deine Wünsche zuständig und für alles, was nötig ist, um deine Träume zu verwirklichen. Es geht immer um dich. Da gibt es kein Vielleicht.

Wenn du dich änderst, dann ändert sich deine Sicht auf die Welt.

Bist du dabei?

Dein Greenscreen

Du ahnst es schon: Es ist Zeit für Hausaufgaben. Ärgerst du dich, stöhnst oder verziehst du das Gesicht? Hörst du dein Balg meckern? Hört sich deine innere Stimme nicht genauso an wie die deiner Kinder (wenn du welche hast), wenn es um Hausaufgaben geht?

Die Aufgabe für Kapitel zwei ist deutlich einfacher als die für Kapitel eins. Ich kann dir nicht versprechen, dass es immer so sein wird, aber Hier geht's lang #7: Genieße es, solange du noch kannst!

Die Aufgabe gibt dir die Chance, tief in deinem eigenen Blödsinn zu wühlen, in deinem ganz persönlichen „Wetter" zu graben. Welche Wahrheit hast du dir über dich zurechtgelegt? Welche Tatsachen wie Unentschlossenheit, Unpünktlichkeit bis hin zu deiner Unfähigkeit, X oder Y zu tun, gehören in deinen Augen zu dir? Hier kannst du endlich das Getrappel des Angsthasen oder das Gemecker deines Balgs hören oder herausfinden, wie oft du Dinge über dich selbst behauptest, die du mit Beweisen untermauerst und die du (günstigerweise) selbst konzipiert hast.

Mithilfe dieser Hausaufgabe wirst du plötzlich alle Entschuldigungen erkennen, die du benutzt, um vor unangenehmen Situationen zu flüchten (siehe: *Balg*) oder Dinge zu vermeiden, vor denen du Angst hast (siehe: *Angsthase*).

Los geht's.

AUFGABE FÜR KAPITEL ZWEI

1. Schau dir alle Aufgaben aus Kapitel eins noch einmal an und markiere, wo der Angsthase, das Balg oder der Wettermann ihren Auftritt haben. Glaube mir, sie kommen alle vor! Markiere ihre Lieblingssätze und -wörter.

2. Mach eine Liste für jede Stimme und stelle die Bereiche zusammen, in denen du ein Angsthase, ein Balg oder ein Wettermann warst. Auf diese Weise kannst du jede Stimme sofort in Aktion sehen: wie du jammerst, nörgelst und über dich sprichst, als wärst du selbst machtlos.

3. Schreibe deine gegenwärtigen Konzepte auf: die Wahrheiten über dich, andere, die Welt, Liebe, Monogamie etc. Mit anderen Worten, Konzepte für alle zwölf Bereiche aus Kapitel eins, in denen du nicht zu deinen Idealen stehst, zum Beispiel „Mein Boss ist selbstsüchtig", „Meine Kinder schätzen mich nicht", „Online-Dating ist Blödsinn" etc.

4. Suche dir aus der Liste der Konzepte drei negative Beispiele aus den Bereichen aus, an denen du arbeiten willst, und ersetze jedes Konzept durch ein neues, das sich mit deinem Traum vereinbaren lässt. Suche Beweismaterial zur Unterstützung. Zum Beispiel ersetzt du im Bereich Liebe den Satz „Liebe zu finden in New York ist schwierig" durch „Solange ich daran glaube, dass ich Liebe finden kann, werde ich sie finden. Es gibt mich, also gibt es auch die passende Person".

Wenn es dir schwerfällt, negative Theorien für Schritt drei zu finden, kein Problem. In Kapitel acht werde ich dir beibringen, wie du eine „Säuberung" durchführst. Du wirst dann alle negativen Gedanken zu einem schwierigen Thema (Person, Situation, Lebensbereich etc.) notieren und deine Konzepte in Aktion erleben.

Wetterwechsel

Wenn du die Aufgaben in diesem Kapitel erfüllt und deinen Angsthasen, dein Balg und deinen Wettermann gefunden hast, kannst du die drei in flagranti beim Sprechen erwischen. Du kannst das Tiefdruckgebiet untersuchen, dass laut deiner eigenen Aussage über deinem Leben hängt, und anfangen, an die Veränderung deiner Realität zu glauben.

Schließlich stehst du vor deinem eigenen Greenscreen. Der beste Weg, um das Wetter zu verändern, ist, in den Bereichen Versprechungen zu machen, auf die du nicht besonders stolz bist. Keine Sorge, ich kümmere mich um dein An-Versprechen-Halten (oder das Gegenteil!) in Kapitel drei.

Wie sieht es mit dem nächsten QUIZ aus?

Falls du etwas verärgert bist, dass ich dich im Bereich Karriere gerade als Angsthase und Balg entlarvt habe, solltest du:

A. in deinen Wahrheiten über die Wirtschaftslage, deine Arbeitsstelle, deinen Chef, dein Gehalt etc. nach den Konzepten forschen, die dir dein innerer Dialog vorgibt.
B. einen Keks essen. Du weißt ja, wie du dich bei Konfrontationen verhältst.
C. bei ein paar Drinks mit deinem besten Freund lästern, der zufällig auch seinen neuen (oder zehn Jahre alten) Job hasst.

Richtig. Wähle A – wie „alte Ansichten kennen".

Kapitel drei – Das gelobte Land
EIN VERSPRECHEN SICH SELBST GEGENÜBER EINHALTEN

Freund oder falscher Freund

Uns allen sollte an dieser Stelle klar sein, dass wir ständig Ausreden erfinden, meckern, jammern, über das Wetter sprechen und Konzepte entwickeln. Aber Achtung: Wir haben ein weit größeres Problem. Wir geben vor, netter zu sein, als wir tatsächlich sind. Das ist zwar nicht mein Problem (und ich habe ziemlich viele), aber sicherlich ein großes Problem in unserer Welt.

Wir lernen von klein auf, dass wir, wenn wir uns nicht an Versprechen halten (zum Beispiel Hausaufgaben) oder wenn wir bei verbotenen Sachen erwischt werden (zum Beispiel, wenn du die Lieblingsschals deiner Mutter zerschneidest, um Klamotten für deine Barbies zu nähen)[7], ein trauriges Gesicht machen, uns schlecht fühlen und entschuldigen (ob ernst gemeint oder nicht) müssen, um wieder ein

7) *Hallo Mama!*

guter Mensch zu werden. Selbst als Erwachsene glauben wir, dass es in Ordnung ist, unsere Mutter nicht anzurufen, solange wir einen guten Grund dafür haben und uns schuldig fühlen.

Frage: Machen uns diese Schuldgefühle wirklich zu guten Menschen? Oder machen sie uns, ehrlich gesagt, nicht eher zu einem wohlmeinenden Lügner? Selbst wenn wir vermeintlich gute Gründe für unser Handeln haben?

Persönliche Integrität

Ist dir schon mal aufgefallen, dass wir uns sehr gut an Versprechen halten können, die wir anderen Leuten geben? Wenn wir unseren Kindern sagen: „Ich hole dich um drei Uhr ab", dann meinen wir nicht „Wenn wir Lust haben" oder „Falls uns nichts dazwischenkommt". Wenn wir uns selbst etwas versprechen, wie zum Beispiel: „Ich werde jeden Tag Sport treiben", sind wir eher bereit, eine Ausrede zu finden, solange wir – du hast es erfasst – uns dafür schlechtmachen und schuldig fühlen.

Wir sind uns gegenüber niemals so rücksichtsvoll wie anderen gegenüber. Wir würden uns niemals zum Kino mit unseren Freunden verabreden und dann einfach nicht auftauchen. Wir halten uns an eine Deadline, weil wir unsere Chefin beeindrucken wollen, aber wir bleiben in einer Position, die wir hassen; trinken einen Cocktail, wenn wir auf Diät sind, und gehen mit jemandem aus, von dem wir ahnen, dass er uns nicht guttut.

Die Fähigkeit, uns ein Versprechen zu geben, das mit unseren Träumen einhergeht, und es einzuhalten, nennt man persönliche Integrität. Sie ist die Ausrichtung deines Herzens (deiner Wünsche), deines Kopfes (deinem Plan) und deines Körpers (deinen Handlungen).

Dein Traum startet richtig durch.

Aber − Überraschung!! − wirf mal einen Blick auf den Warnhinweis. Auch wenn die meisten von uns nur selten Versprechen sich selbst gegenüber einhalten, tun wir so, als ob wir persönliche Integrität leben. Wie könnte es anders sein? Wir fühlen uns so oft so schuldig, da müssen wir gute Menschen sein!

Zuzugeben, dass man keine persönliche Integrität hat, zeugt bereits von Integrität. Der Schlüssel, um mit der eigenen Menschlichkeit umzugehen und sich besser zu fühlen, ist die eigene Unehrlichkeit zuzugeben.

Ganz einfach. Ganz ohne Feenstaub.

Wenn du dir gegenüber ein Versprechen halten kannst, dann bist du nicht nur stolz auf dich, sondern weißt auch, dass du dir vertrauen kannst. Daraus entstehen Glück, Selbstbewusstsein und Stolz. Das Rezept für tiefe Glückseligkeit, Stolz und Selbstbewusstsein ist ziemlich simpel.

Bist du bereit?

Setze das um, was du sagst, und sage das, was deinen Traum voranbringt.

Um die Träume in den drei Bereichen zu erfüllen, die du dir ausgesucht hast, gibt es einige Regeln, denen du folgen musst. Du erinnerst dich hoffentlich noch an die Bereiche? Es waren die, die dich im ersten

Kapitel traurig, müde und krank gemacht haben. Es sind die, die für dich am wichtigsten sind, aber auch diejenigen, die du schon längst aufgegeben hast. Du und ich werden gemeinsam einen Plan entwickeln, um deinen Angsthasen zu verbannen und deinem Balg auf ewig Hausarrest zu verpassen.

Auch diesmal wäre es gut (oder zumindest fair), dir meine eigenen Probleme mit den Versprechen vor Augen zu führen.

Lauf, Lauren, Lauf

In der Oberstufe war ich eine ziemliche Sportskanone. Meine Schule war klein, und deshalb wurde ziemlich jeder in die Schulmannschaft aufgenommen. Und wenn du nicht allzu schlecht warst, kamst du auch in die Unimannschaft. Ich habe im Fußballteam, im Softballteam und im Volleyballteam der Uni gespielt. Mir ist damals gar nicht aufgefallen, wie viel Sport ich trieb. Bis ich schließlich aufs College kam und keinen Sport mehr machte. Da nahm ich plötzlich, wie so viele andere Erstsemester auch, ein 7-kg-Souvenir mit nach Hause.

Wenn dir dein Opa mütterlicherseits (und dazu nicht gerade nett oder subtil) mitteilt, dass du „gesund" aussiehst, solltest du dir Sorgen machen. Und das ist genau das, was ich tat (und ich meine, genau das). Ich machte mir Sorgen. Ich suchte die Schuld bei anderen Dingen: bei der Mensa am College, der enormen Arbeitsbelastung (glatt gelogen), beim fehlenden Sport. Und dann war da der logischste aller Gründe: Ich war Vegetarierin. Und die Nahrungsoptionen (vor allem im Wohnheim) waren eher einseitig.

In meinen wirren Erklärungsversuchen, warum ich zugenommen hatte, tauchte wie bei Katie kein einziges Mal der Gedanke auf, den Fehler bei den Lebensmitteln zu suchen, die ich mir in den Mund schob (Stichwort Bagel). Und nicht nur ein Bagel, zwei Bagel am Tag. Aber das war es nicht. Nicht allein.

Ich aß nichts anderes außer hin und wieder einen riesigen Salat zum Abendessen, mit reichlich Bohnen und, Überraschung, Käse (Protein und Calcium, verstehst du?) und ein bisschen Dressing. Nicht dieser Balsamico-Blödsinn, sondern vier Esslöffel vollfettes Ranch-Dressing. Und das war das Problem. Manchmal gab es dazu noch gebackene Kartoffeln, weil wir Vegetarier, nun ja, einfach mehr Kohlenhydrate brauchen. Ich schwöre, ich dachte wirklich, ich würde mich gesund ernähren. Glücklicherweise erkannte ich nach einer Weile, wie dumm meine Erklärung war und wozu sie mir diente. Daraufhin wandte ich meine Methode an mir selbst an und tat etwas, was ich noch nie vorher getan hatte.

Bist du bereit?

Ich versprach mir selbst, fünf Mal in der Woche 30 Minuten zu laufen (zwei Tage laufen, einen Tag Pause). Die Schwierigkeiten begannen, wenn morgens der Wecker klingelte. Ich lernte die faule Lauren kennen. Sie war richtig anstrengend. Es gab Tage, an denen ich vor dem Wecker aufwachte, im Bett lag, hellwach, und trotzdem nach Ausreden suchte, um nicht laufen gehen zu müssen. Und falls dir das noch nicht verrückt genug klingt: Es gab Tage, da hatte ich meine Laufklamotten schon an, putzte mir die Zähne und versuchte mich trotzdem davon zu überzeugen, wieder ins Bett zu gehen. Echt! Turnschuhe geschnürt. Kontaktlinsen in den Augen. Kopfhörer am Ohr. Und mein Kopf dachte immer noch, er hätte eine Chance.

Dem Kopf war es egal, dass ich mich nach dem Laufen glücklich, gesund und attraktiv fühlte. Es interessierte ihn kein bisschen. Zum ersten Mal fiel mir auf, wie mein innerer Dialog für das falsche Team arbeitete. Und was passierte an den Tagen, an denen mein Kopf gewann und ich nicht laufen ging? Ich regte mich nicht nur über mich selbst oder mein Gewicht auf. Nein, wenn ich nicht laufen ging, dann durfte ich auch mein Lieblingsdessert nicht mehr essen, Eisbecher. Meine Bagel hatte ich schon verbannt, jetzt wollte ich nicht auch noch das verlieren.

Oh weh.

Hier stand ich, die Karotte direkt vor meiner Nase, um mich dazu zu zwingen, mit meiner wenig unterstützenden Haltung umzugehen.

Klar, das ist eine witzige Geschichte. Aber ich habe auf diese Weise gelernt, wie wichtig es ist, unser Gehirn mit Versprechungen und Konsequenzen zu steuern, sich mit unserem Balg auseinanderzusetzen und unseren Angsthasen hinter Gitter zu bringen.

Ich erkannte mich in meinen Schuldzuweisungen, in den sinnlosen Entschuldigungen meines Balgs, das den Atem anhielt und alles dafür tat, damit ich im Bett blieb und mich nicht um meinen Traum kümmerte.

Entschuldigungen

Unser Repertoire an Entschuldigungen ist echt riesig! Wenig überraschend sind viele davon eine Variation der Entschuldigungen unserer
Eltern. Wir benutzen sie, um uns zu erklären, uns zu verteidigen
und/oder uns ein Limit zu setzen, weshalb wir bestimmte Dinge nicht
tun können. Es ist der Grund, warum wir keine Gehaltserhöhung bekommen. Der Grund, warum wir jemandem nicht die Wahrheit sagen.
Der Grund, warum wir uns auf kein erstes Date mehr freuen.
Weißt du, wie du sofort erkennen kannst, dass du dir selbst Ausreden
auftischst? Mit dem Geld-Test. Frage dich selbst: Wenn ich dir eine,
zwei oder fünf Millionen Euro gebe (welche Zahl auch immer für dich
am besten funktioniert), wärst du in der Lage, langsamer Auto zu
fahren, dich weniger aufzuregen, netter zu deinem brüllenden Nachwuchs zu sein mitten in der Nacht, einen neuen Job zu finden, keinen
Zucker mehr zu essen, deinen Lover zu verführen (öfter) etc.?
Natürlich könntest du.
Würdest du? Nun, das ist eine ganz andere Frage (Stichwort Balg).
Plötzlich, mit der richtigen Motivation (in diesem Falle Geld), könntest
du alles in deinem Leben ändern. Da stellt sich doch die Frage: Wieso
sind du und dein Traum allein es nicht wert? Du musst für jeden Bereich, in dem sich deine Wünsche nicht mit der Realität decken, deine
Lieblingsausrede finden. Wenn du deine Lieblingsausreden erst mal
ausgemacht hast, kannst du ihre wahre Natur erkennen: Es geht ihnen
um Traumvernichtung.

Ich habe herausgefunden, dass es etwa acht typische Ausreden gibt. Hören sich manche davon bekannt an? Was meinst du?

1. **Die „Es ist mir egal"-Ausrede.** Du überzeugst dich davon, dass du die Sache sowieso nicht wolltest oder brauchtest. Die neue Stelle zum Beispiel wäre sowieso zu viel Arbeit gewesen.
2. **Die Passivitäts-Ausrede.** Das Leben passiert dir. Es liegt außerhalb deiner Kontrolle. Der Fernseher hat dich einfach eingesogen und du weißt gar nicht, wie der Abend so schnell verstreichen konnte.
3. **Die Gen-Ausrede.** Du kannst dich einfach nicht anders verhalten, eine Familie ist nun mal so: Dein Vater ist asozial, deine Mutter ist überkritisch. Das liegt in den Genen.
4. **Die Opfer-Ausrede.** Es ist nicht deine Schuld, du kannst nichts dagegen tun, du musst deine Kunden bespaßen, und wenn sie trinken, musst du eben mitmachen; du warst zu spät, weil du mit deinen Freunden rumgehangen hast etc.
5. **Die „Alle anderen auch"-Ausrede.** Es ist okay, weil alle anderen es auch machten, oder eben nicht. Alle anderen deiner verheirateten Freunde haben auch keinen Sex mehr etc.
6. **Die Vergangenheits-Ausrede.** Du hast es noch nie geschafft. Du hast es schon so oft versucht, aber nichts hat funktioniert. Wieso sollte sich das jetzt ändern? Du gehst nicht gerne ans Telefon, vergisst ständig Geburtstage, hast kein gutes Zeitmanagement etc.
7. **Die „Es ist nun mal so"-Ausrede.** Es ist unmöglich, das zu bekommen, was du willst, weil du eine traurige Kindheit hattest, darüber nicht hinwegkommst und in diesem Bereich niemals ein tolles Leben führen wirst etc.

8. **Die „Ich habe genug getan"-Ausrede.** Niemand sollte mehr als das verlangen, was du bis jetzt schon getan hast. Noch mehr Druck würde dich zerstören. Du hast 25 Jahre Ehe überlebt, deine Kinder erzogen, was sollst du denn noch alles tun etc.

Jeder hat seine Lieblingsausrede, und machen wir uns nichts vor: Ausreden sind super. Schließlich können wir so Dinge vermeiden, die wir nicht machen wollen, und haben eine Erklärung, wieso wir nicht [hier Traum einfügen]. Wir haben eine permanente „Wir machen keine Fehler"-Versicherung und − besonders hilfreich − die Ausrede ist schuld, nicht wir selbst. Doch am Ende leiden dein Glück, dein Selbstbewusstsein und dein Stolz darunter.

Wie man sich selbst ein Versprechen gibt

Wir wissen alle, wie man ein Versprechen gibt. Aber wissen wir auch, wie man sich an eines hält, das man sich selbst gegeben hat? Das ist eine ganz andere Geschichte. Um die kümmern wir uns gleich. Hier schon mal ein paar Regeln, wie man Versprechen gibt. Diese Tipps unterscheiden sich kaum von den Ratschlägen zum Träumen aus Kapitel eins. Wieso eigentlich? Was sagt das Kleingedruckte über uns Menschen? Wir sind ziemlich clever. Sofern etwas nicht festgelegt ist, sind wir viel zu schlau, um präzise zu sein.

1. **Sei realistisch.** Gib ein Versprechen, von dem du glaubst, dass es umsetzbar ist. Also nicht, mal eben im Lotto zu gewinnen. Dir zu versprechen, dass du morgen einfach so mit dem Rauchen aufhören wirst – nach dreißig Jahren Qualmen –, ist zwar toll, aber auch nicht besonders realistisch. Es ist viel sinnvoller, dir zu versprechen, langsam aber sicher den Zigarettenkonsum zu reduzieren und für die unausweichlich auftauchenden Entzugserscheinungen einen Plan parat zu haben.

2. **Wachse über dich hinaus.** Achte darauf, dass deine Versprechen für dich eine Herausforderung sind. Das Versprechen, dir täglich die Zähne zu putzen (außer du hasst Zähneputzen), ist ziemlich lahm und keine besondere Herausforderung. Aber das Versprechen, eine gewisse Menge Wasser zu trinken; den Termin für deine Mammografie zu machen; deinen Bruder anzurufen, den du gemieden hast; die neue Wohnung deiner Eltern anzuschauen, die sie vor Kurzem (über einem Jahr!) gekauft haben[8], etc., ist ein gutes Versprechen. Tu endlich das, was du die ganze Zeit vor dir hergeschoben hast. Tu die Dinge, die dir sofort in den Sinn kommen, wenn ich von Versprechen rede. Du weißt, welche (oder die 12 anderen).

3. **Noch einmal, sei präzise.** Deine Versprechen dürfen keine Schlupflöcher zulassen. Beantworte folgende Fragen, wenn du ein Versprechen gibst: Wie oft? Wie lang? Bis wann? Wie viel? Versprechen wie „Ich werde meinen Assistenten besser behandeln, meine Pendelstrecke weniger hassen, meine Ausgaben nachvollziehen" haben alle eine gute Basis, aber was bedeuten sie konkret?

8) Hallo Mama und Papa! Sie ist wunderschön!

4. **Deine Versprechen dürfen keine Schlupflöcher haben.** „Ich werde meinen Bruder bis Sonntag anrufen und mindestens 20 Minuten mit ihm sprechen. Ich werde diese Woche fünf Lebensläufe verschicken und drei Menschen pro Tag von meinem Karrieretraum erzählen. Ich werde jeden Abend drei potenzielle Dating-Kandidaten anschreiben" etc. Siehst du den Unterschied? Sie lassen dir keinerlei Freiraum, um dir zu überlegen, ob du dich an das Versprechen hältst oder nicht. Du sagst entweder Ja oder Nein.

5. **Machtvolle Sprache.** Wenn du gut gemeinte, aber auch ausweichende Wörter wie „hoffen", „versuchen" oder „wünschen" verwendest, wird es schwieriger, Versprechungen einzuhalten. Versprechen wie „Ich werde einmal pro Woche eine ganze Partie Monopoly (oder ein anderes Gesellschaftsspiel) mit meiner Tochter spielen" ist ein ganz anderes Versprechen als „Ich werde versuchen, eine Beziehung mit meiner Tochter aufzubauen".

6. **Gestalte deine Lebensumstände.** Wie viele von uns haben die Fluggesellschaft oder den Flughafen (als man dort noch essen konnte) dafür verantwortlich gemacht, dass wir uns nicht an eine Diät halten? Plane in die Zukunft. Wenn du zum Beispiel weißt, dass du am Samstag auf eine Party gehst, dir aber versprochen hast, nur ein Dessert pro Woche zu essen, dann spare dir das klugerweise für die Party auf. Wir Menschen wissen, was wir tun. Hör auf, dich dumm zu stellen.

6. **Erkenne, was Sache ist.** Je mehr du dich dagegen sträubst, ein bestimmtes Versprechen zu geben und einzuhalten, desto mehr brauchst du es in deinem Leben.

Wahrheiten und Konsequenzen

Bevor wir loslegen können, müssen wir erst verstehen, wie weit unten wir auf unserer eigenen Liste stehen. Wir sollten uns tatsächlich darüber ärgern, dass wir Versprechen einhalten können, solange wir sie nicht uns selbst geben müssen, und wie das unser Glück sabotiert.

Das ist ja alles schön und gut, Lauren, aber leichter gesagt als getan. Ich kann ein Versprechen mir selbst gegenüber schon eine Weile einhalten – zum Beispiel gute Vorsätze zum neuen Jahr, meistens bis Mitte Februar –, aber dann passiert etwas Unausweichliches, das Leben eben, und ich komme vom Weg ab. Das Ganze beginnt von vorne.

Immerhin solltest du inzwischen erkennen können, wenn du lediglich dein Wetter vorliest. Aber es gibt noch einen weiteren Grund, weshalb wir es nicht schaffen, langfristige Versprechen uns selbst gegenüber einzuhalten: Wir erkennen die Konsequenz für das gebrochene Versprechen nicht sofort. Wenn du zum Beispiel mit dem Rauchen aufhören willst, aber immer wieder „noch eine letzte Zigarette" rauchst, dann wird diese eine Zigarette wohl nicht die sein, an der du stirbst. Falls es so wäre, würdest du sie nicht rauchen. Du würdest deine Diät nicht ständig unterbrechen, wenn du wüsstest, dass du über Nacht 5 Kilo zunehmen würdest. Weil die Konsequenzen nicht sofort sichtbar sind, ignorierst du sie.
Die Wahrheit (puh) ist: jedes Mal, wenn du ein Versprechen dir selbst gegenüber brichst, dann verlierst du einen Teil von dir, den man nicht

gleich sieht: das Vertrauen in dich selbst. Jedes Mal, wenn du dein Versprechen an dich nicht umsetzt, dann bleibt ein Teil deines Lebens unausgefüllt, und auf deinen Grabstein könnte man „Ruhe in Fast-Frieden" eingravieren. Das ist die große Konsequenz für dein Leben.

Hier geht's lang #8: Nimm's leicht. Vielleicht hast du deinen Sinn für Humor in Kapitel zwei verloren, als ich dir gesagt habe, dass du selbst das Problem bist? Hole ihn zurück.

Die passende selbst auferlegte Konsequenz ist eine Möglichkeit, die Verantwortung für deinen eigenen Traum zu übernehmen. Wenn du dir ein Versprechen gibst und eine Konsequenz damit verbindest, dann machst du dir die Bewertung deines Versprechens und schließlich auch deine persönliche Integrität bewusst. Beide Richtungen schaffen Integrität, egal ob du dich nun an das Versprechen hältst oder die Konsequenz akzeptierst. Es schafft Balance. Es ist stärker als sinnlose Schuldgefühle oder dauerhafte Ausreden.

Der Schlüssel liegt in der perfekten Konsequenz.

Aber Lauren, Konsequenzen klingen nach Bestrafung. Ein Belohnungssystem ist doch viel besser. Fühle ich mich mit so einer Konsequenz nicht noch schlechter? Ich habe wegen des gebrochenen Versprechens sowieso schon kein gutes Gefühl, oder?

Schon gut. Vertrau mir (*Hier geht's lang #2*). Der Kampf, dein Versprechen einzuhalten, ist viel besser als der, den du gerade führst. Wenn ein Belohnungssystem für dich funktionieren würde, hättest du es längst gemerkt.

Sind nicht der Körper, die Gesundheit, die Karriere, das Liebesleben, die Gemeinschaft und das Bankkonto, von denen du immer geträumt hast, deine Belohnung? Hat es bisher funktioniert? Nein.

Ich habe das Belohnungssystem ausprobiert. Es funktioniert nicht. Scheint so, als ob wir Menschen tatsächlich ganz gut ohne das auskommen, was wir wollen. Wenn wir es bisher ohne das neue iPhone 20, die Kreuzfahrt, das Kleid oder das Pony geschafft haben, dann schaffen wir das wohl auch die nächsten zehn Jahre, oder?

Wenn man uns aber etwas wegnimmt, an das wir gewöhnt sind, nach dem wir süchtig sind oder das wir erwarten – das ist eine ganz andere Geschichte. Ohne unser abendliches Glas Wein, die Saisontickets, das tägliche Eis, unser weiches Bett oder Alkohol auf einem Junggesellenabschied?! Vorsicht! Plötzlich gibt es fast nichts, was wir nicht tun würden, um das Versprechen einzuhalten.

Und genau das ist der Punkt.

Genau deshalb funktionieren die selbst auferlegten, amüsanten, empörenden, ekligen und ärgerlichen Konsequenzen, die wir für uns ausgesucht haben. Konsequenzen sollten wehtun, damit du zweimal darüber nachdenkst, ob du dein Versprechen links liegen und dir eine Ausrede für dich selbst einfallen lässt. Sie sollten eine Prise Humor haben, aber deinen Angsthasen und deinen Balg so richtig ärgern. So sehr, dass du dich an dein Versprechen hältst. Auch wenn du glaubst, dass ich sadistisch bin: Es geht mir nicht darum, dass du deine Konsequenzen tragen musst (außer die ganz lustigen vielleicht). Ich will, dass du das tust, was du sagst. Schließlich ist es doch dein Traum, für den wir kämpfen.

Aber Lauren, glaubst du wirklich, dass das funktioniert? Wir bestrafen uns, damit wir unsere Versprechen einhalten? Ist das nicht ein bisschen zu einfach?

Die Antwort ist: Ja. Es funktioniert. Lass mich dir eine Frage stellen. Was, wenn es wirklich so einfach ist? Wenn wir wirklich so leicht zu durchschauen und zu verändern sind? Wäre das nicht großartig? Versprechen und Konsequenzen sind die Schlüssel zu unserem Königreich. Was, wenn es wirklich so einfach ist, aus unserem selbst auferlegten Gefängnis auszubrechen? Wenn wir den Schlüssel die ganze Zeit in unserer Hosentasche hatten?

Toll, oder?

Und ja, auch diesmal wäre es nur fair, dir ein paar von den Konsequenzen aufzuzeigen, die ich für mich ausgesucht habe, wenn ich dir so auf die Pelle rücke.

Fernsehen und Chillen

So sehr ich meinen Ehemann David auch liebe, wenn ich mir nicht sehr viel Mühe gebe, ist die Chance, dass ich ihn verführe, nicht besonders groß. Immerhin sind wir 19 Jahre verheiratet, haben drei Kinder unter 14 Jahren und es gibt eine ganze Menge guter Shows im Fernsehen (allerdings liebe ich auch schlechte Fernsehshows, um ehrlich zu sein). Nicht weil Sex nicht großartig ist, sondern einfach weil wir (siehe das Kleingedruckte in der Gebrauchsanweisung für Menschen) faul und geizig sind, wenn wir uns nicht gerade schuldig fühlen, verstecken, Ausreden erfinden und sonstigen Blödsinn reden. Um mein ziemlich faules Balg in den Griff zu bekommen, habe ich mir selbst versprochen, dass ich zweimal mit meinem Ehemann schlafe. Nicht zweimal im Monat. In der Woche! Und klar weiß er darüber Bescheid. Ich liebe es, wenn meine Klienten mich fragen, ob er das Versprechen kennt. Und weißt du warum? Es zeigt, dass sie es ihren Partnern bestimmt nicht erzählt hätten. Nicht weil sie sich dafür schämen, sondern damit es ihre Partner nicht gegen sie verwenden können (oder sie daran erinnern).

Falls ich mein Versprechen nicht halte, verzichte ich auf eine Episode der Serie, die ich gerade auf HBO schaue. Endgültig. Genau. Kein Amazon-Video. Kein Netflix. Kein YouTube. Ich werde sie niemals sehen. Punkt. Und klar: Ich breche das Versprechen nicht.

Rate mal, wer jetzt glücklicher ist? David. Logisch, oder? Aber weißt du was? Ich bin es auch. Nicht nur, weil ich mich dann nicht schuldig fühle und noch dazu Sex habe, sondern weil ich gegen mein Balg kämpfe – und gewinne. Und selbst wenn ich nicht gewinne und das Versprechen nicht einhalte, gewinnt mein höheres Selbst trotzdem. Weißt du, warum? Weil mein fernsehliebendes[9], geiziges Balg auf spannende Folgen von Game of Thrones verzichten muss.

Aber Lauren, ist dein Ehemann nicht traurig, dass du dir versprechen musst, mit ihm zu schlafen? Solltest du es nicht einfach wollen?

---

9) *Ich bin mir sicher, dass du die Ironie der Parallelen zwischen Vater und Tochter schon entdeckt hast. Keine Sorge, wie schauen uns in Kapitel fünf auch* **deine** *Eltern an.*

Klar wäre es super, wenn wir alle automatisch großzügig, liebenswert, selbstlos und selbstreguliert wären. Aber hast du dir uns schon mal genau angesehen? Es ist egal, dass ich jedes Mal eine spirituelle Erfahrung habe, wenn ich Laufen gehe und mich mit Gott und der Natur verbinden kann − gehe ich deshalb automatisch jeden Tag laufen? Eben.

Oder ist es nicht eher so, dass ich morgens meine Laufklamotten anziehe, im Anschluss den ganzen Tagen Klienten coache und male und gar nicht Laufen gehe?

Genau.

Mein Versprechen in Sachen Sex zwingt mich dazu, die Partnerin und die Person zu sein, die ich sein will. Dort, wo meine physische Integrität (meine Handlungen, wie zum Beispiel meinen Mann zu verführen) zu meiner emotionalen Integrität (wie ich fühle, zum Beispiel voller Liebe) und zu meiner spirituellen Integrität (meine Gedanken, zum Beispiel tief verbunden) passt. Das richtige Versprechen zu finden, es dann einzuhalten oder für das Brechen des Versprechens die Konsequenzen zu tragen, ist die geheime Zutat für Glück.

Die Versprechen anderer Leute

Und wie haben sich Donna, Ethan, Stephanie und Katie mit ihren Versprechen und Konsequenzen geschlagen?

Erinnerst du dich an Donna, unsere Hausfrau aus Chicago, die sich für eine Märtyrerin hält? Um ihren Traum von mehr Intimität in der Ehe zu verwirklichen, versprach sie sich selbst (und mir), Sex mit ihrem Ehemann anzustoßen und täglich mit ihm zu kommunizieren, anstatt sich nur stumm über ihn zu beschweren. Was wäre wohl eine gute Konsequenz, falls sie nicht einmal pro Woche mit ihm schläft? Donna geht gerne (und heimlich) shoppen. Aus diesem Grund haben wir uns auf eine Konsequenz geeinigt, die einen wunden Punkt trifft: ihren Kleiderschrank. Falls Donna ihr Versprechen nicht hält, muss sie eine ihrer geliebten Handtaschen (ihr Ehemann darf die entsprechende aussuchen) in die Kleiderspende geben.

Bist du noch da?

Und nein, sie darf nicht noch einmal das gleiche Modell kaufen. Genau wie bei meinen „Game of Thrones"-Folgen gibt es kein Zurück mehr, weder für Ned Stark noch für Donnas Louis Vuitton.

Weg ist weg.

Schauen wir auf Donnas komplette Versprechenstabelle. Diese Tabelle hilft dir, dich an die Versprechen (und Konsequenzen) zu halten, denn du hast alles direkt vor Augen und nicht mehr nur im Kopf. Dein Balg und dein Angsthase mögen es nämlich sehr gerne, wenn du alles nur im Kopf hast. Dann kann man es leichter vergessen.

Donnas Versprechentabelle

Versprechen	Mo	Di	Mi	Do	Fr	Sa	So	Ausrede	Konse-quenz	Einge-halten?
Einmal in der Woche Sex anstoßen				E					Hand-tasche in die Kleider-spende geben	
Keine Ausgaben für Dinge, die wir nicht brauchen, extra Ausgaben mit John absprechen	E	E	E	E	E	N	E	Schuhe, die ich schon ewig wollte, waren runtergesetzt, konnte nicht widerstehen	Ware zurück-geben	Ja
Kein stilles Leiden od. leises Gemecker, alle Probleme innerhalb von 5 Minuten klären	E	N	E	E	E	E	E	John kam schlecht gelaunt von der Arbeit, sah eine Einkaufstasche und dachte, es sei ein unnötiger Kauf. Er hatte zwar Recht, hätte sich aber deswegen nicht wie ein Arsch aufführen müssen.	Blowjob	Ja!

E = Eingehalten / N = Nicht eingehalten

Ja, du hast diese letzte Konsequenz ganz richtig gelesen. Der Vorschlag kam zwar von mir, aber als Donna auf der anderen Seite des Telefonhörers ganz still wurde, wussten wir beide, dass die Konsequenz genau richtig ist. Der Schlüssel zum Erfolg ist, dass man nicht die Konsequenz bezahlt, sondern das Versprechen einhält.

Falls es dich abstößt, dass Donna als Konsequenz für ein gebrochenes Versprechen Sex mit ihrem Ehemann hat, hast du dieses Kapitel noch nicht verstanden. Kein Problem. Damit kämpfen die meisten.

Donna hat ja nicht versprochen, mit einem Mann intim zu sein, den sie nicht mag. Sie hat versprochen, dafür Verantwortung zu übernehmen, dass sie ihren Mann attraktiv findet. Sie hat versprochen, Probleme zwischen ihnen innerhalb von fünf Minuten zu klären, sich ein Herz zu fassen, ihre Meinung zu äußern und nichts unausgesprochen zu lassen. Oder? Ihr Balg wurde zum Duell aufgefordert. Donna darf nicht mehr einfach entnervt flüchten und dann behaupten, es sei alles okay. Sie darf ihren Ärger nicht mehr runterschlucken.

Oh ja, das habe ich genau so notiert.

Und rate mal, was passierte, als Donna ihre Stimme gefunden und Verantwortung für Intimität, Romantik und Kommunikation in ihrer Ehe übernommen hat? Genau, es wurde HEISS. Und zwar nicht beim Streiten, sondern im Schlafzimmer.

Wo wir gerade beim Stimmefinden sind (um von diesem heiklen Thema wegzukommen): Was hat eigentlich Ethan für Handlungen/ Versprechen notiert, um seinen Traum von mehr Selbstbewusstsein und weniger Grübeln zu erfüllen?

Ethans Versprechentabelle

Versprechen	Mo	Di	Mi	Do	Fr	Sa	So	Ausrede	Konsequenz	Einge-halten?
Kein Sarkasmus oder Gemecker, wenn ich gestresst bin	E	E	N	E	E	E	E	Schwieger-mutter stand im Weg, als ich einen schweren Stuhl ge-tragen habe	5 Min. Fuß-massage für ein Familien-mitglied	Ja!
Nicht gemein sein und dann schmollen, weil ich gemein war („Schmollidiot")	E	E	E	E	E	E	E		Eine gan-ze Partie Gesell-schafts-spiele mit den Kindern spielen und Spaß daran haben	
Täglich 3 mutige Aktio-nen auf der Arbeit	E	E	E	E	E	E	E		Mit der Schwie-germutter Totem-pfähle (wirklich!) anmalen	

E = Eingehalten / N = Nicht eingehalten

Veränderung ist wirklich nicht so schwer, glaub mir. Du musst nur bereit sein, deine dunkle Seite ein bisschen ins Licht zu rücken. Stell dir mal vor, wie wunderbar unsere Welt aussehen würde, wenn unsere Eltern – und ihre Eltern und deren Eltern – ihr eigenes Verhalten akzeptieren und mit einer originellen Konsequenz bezahlen würden?

Du hast vielleicht über Ethans Fußmassage-Konsequenz geschmunzelt. Nun, für ihn war es die perfekte Konsequenz, weil er Füße furchtbar eklig findet. Nach nur einer einzigen Fußmassage wollte Ethan nie wieder schnippisch zu seiner Schwiegermutter sein und er übernahm selbst die Verantwortung für seine Handlungen und Reaktionen.

Der Schlüssel ist, die perfekte gemeine und verrückte Konsequenz für dich zu finden. Egal wie kreativ du in anderen Situationen bist, dein Balg und dein Angsthase werden sich sofort dumm stellen, wenn es um die Suche danach geht. Du musst bereit sein zu erkennen, was dir dein Kopf wirklich verkaufen will. Was er über dich sagt, über mich, über dieses doofe Versprechen, das du gemacht hast, und dass das sowieso nicht so wichtig ist. Du musst dich von dir lösen und auf die andere Seite kommen. Dort kannst du erkennen, wie es sich anfühlt, für deine eigenen Gedanken verantwortlich zu sein, für deinen Traum, aber auch dafür, wenn es darum geht, ein Versprechen nicht einzuhalten.

Wie sieht es mit Stephanies Versprechen aus? Stephanie wünscht sich nichts sehnlicher, als sich zu verlieben. Deshalb habe ich sie dazu gebracht, nicht nur Versprechen über ihren Job zu machen, sondern auch übers Daten und darüber – jetzt setz dich –, ob sie ihre Eizellen einfrieren lassen soll.

Was ist wohl passiert, als Stephanie ein bisschen mehr getan hat, als sich nur über die Dating-Situation in Manhattan zu beschweren? Wie viele Karaoke-Abende hat sie ertragen müssen? ZWEI (vergiss nicht, sie ist ein großes Mädchen). Und auch wenn die Darbietung von Journey's „Don't Stop Believin" sowohl peinlich als auch ziemlich witzig war, hat Stephanie ihre Versprechen sinnvoll dafür genutzt, ihrem Balg einen Maulkorb anzulegen und keine Rechtfertigung mehr zu haben, alles immer auf „die anderen" zu schieben. Männer, Kollegen, ihre Schwester, ihre Mutter. Ihr fiel auf, dass es eine ganze Menge „die anderen" in ihrem Leben gab. Sie hörte auf, sich zu fragen, wieso die tollen Männer an ihr vorbeigingen, wenn sie selbst auch nicht gerade toll war, und übernahm die Verantwortung für ihr Sozialleben.

Stephanies Versprechentabelle

Versprechen	Mo	Di	Mi	Do	Fr	Sa	So	Ausrede	Konse-quenz	Einge-halten?
Bei Match.com anmelden, Profil aufhübschen (bis Mo.), um meinem Traum LIEBE zu entsprechen	E								Falls bis Mo. nicht erledigt, f. Speed-Dating-Event anmelden und hingehen	
Mindestens 3 Stunden pro Woche entspannt Profile bei Match.com lesen		E		E		E			Einen Kollegen, den ich nicht mag, zum Mittagessen einladen, die Zeit genießen	
Pro Woche auf ein Date gehen und sich darüber freuen	N	N	N	N	N	N	N	Keiner der beiden Männer auf Match hat geantwortet	In einer Karaoke-bar für jedes verpasste Date ein Lied singen	Argh!
Jeden Morgen Traum LIEBE lesen	E	E	E	E	E	E	E		Morgen keine Sahne im Kaffee	

E = Eingehalten / N = Nicht eingehalten

Stephanies Versprechentabelle (Fortsetzung)

Versprechen	Mo	Di	Mi	Do	Fr	Sa	So	Ausrede	Konsequenz	Einge-halten?
Keine Beschwerde übers Online-Dating	E	E	E	N	E	E	E	Konnte mich nicht zurückhalten. Entweder lesen sie die Profile nicht od. haben kein Interesse an meiner Altersgruppe	Der Person € 5 pro Beschwerde schenken u. Grund nennen	Ja
Recherche über Einfrieren von Eizellen, Kosten, Ärzte, bis Ende des Monats eine Entscheidung treffen							E	Habe nicht nur recherchiert, sondern einen Termin für das Einfrieren meiner Eizellen gemacht. Ich werde meiner Mutter aber nichts davon erzählen	Meine Mutter nach ihrer Meinung fragen u. bis zum Ende freundlich bleiben	

E = Eingehalten / N = Nicht eingehalten

Wo wir gerade von Angsthasen sprechen (die in der Pfanne und die in unserem Inneren): Wie sieht es mit Katies Versprechen und Konsequenzen in ihrem Körper-Traum aus?

Katie brauchte klare Regeln bezüglich ihrer Ernährung, ihrer fehlenden Bewegung und ihres Alkoholkonsums. Wie du an Katies Versprechen und Konsequenzen sehen kannst, ist ihr Balg ziemlich faul. Der beste und einzige Weg für Katie und all jene von euch, die sich mit Katie und ihren klaren Grenzen identifizieren können, ist neben klaren und messbaren Versprechen auch ein besonderes Augenmerk auf die Laster zu richten. Koffeinkonsum, Red Bull Light, ihre Schlafgewohnheiten, all das sind nützliche Karotten, die vor Katies Augen baumeln.

Katies Versprechentabelle

Versprechen	Mo	Di	Mi	Do	Fr	Sa	So	Ausrede	Konse-quenz	Einge-halten?
Diät halten (kein Brot/Pasta/Reis/Zucker/frittiertes Essen)	E	E	E	N	E	E	E		Mit dem Hund um 6 Uhr morgens Gassi gehen	
Notieren, was ich gegessen habe und jeden Abend an Lauren schicken	E	E	E	N	E	E	N	War auf einer Party und spät zu Hause. Habe E-Mail vergessen	Für jede vergesse-ne E-Mail eine Übung mehr	Argh!
3 x die Woche Sport treiben, 40.Min. Cardio (Joggen, Fahrrad, Laufband) auf Level 8	E			E		E			2 Tage kein TV	
3 Mahlzeiten am Tag nach Diätplan (Frühstück bis 10 Uhr, Mittagessen bis 14 Uhr, Abendessen bis 20 Uhr	3	3	3	2	3	3	3	Donnerstag Mittagessen ausgelassen	30 Min. mehr Workout	Ja
5 alkoholische Getränke pro Woche	1	0	0	0	2	1	0		Keinen Alkohol für 2 Wo.	

E = Eingehalten / N = Nicht eingehalten

Ist es nicht traurig, dass wir uns, um uns zu einer Veränderung zu bewegen, unsere Laster vor Augen führen müssen und nicht unsere
Träume? Allerdings. Aber so ist es eben. Die meisten von uns würden
für den Joint, die Fernsehshow und das Glas Wein verbissener kämpfen als für ein attraktives Sexleben. Dann spricht auch nichts dagegen,
das Schlechte zu verwenden, um das Gute zu erreichen!

Wie zu erwarten war, wuchs Katies Stolz, je mehr sie sich an ihre Versprechen hielt. Selbst wenn es mal nicht so gut lief und sie Versprechen brach, so war sie doch stolz, wenn sie sich an die Konsequenzen
halten konnte. Sie befand sich in einer produktiven Auseinanderset-
zung mit ihrem Balg und war auf dem Weg, ihren Angsthasen zu bra-
ten, der vieles runtergeschluckt hatte, anstatt etwas zu sagen.

Die Straßenkarte zum Gelobten Land

Es ist wieder so weit: Du bist dran.

Zeit für dich, Versprechen in den drei Bereichen zu machen, an denen
du arbeitest, und dir die passenden Konsequenzen auszudenken, die
dein Balg und deinen Angsthasen im Zaum halten. Ich verspreche dir,
du weißt oder kannst wenigstens erahnen, was du nicht tun wirst.
Wirklich. Falls dein Angsthase dich davon überzeugt hat, dass du gar
nicht so genau weißt, welche Versprechen gut für dich sind, kannst du
den Telefonjoker einsetzen. Deine Freunde und deine Familie werden
keine Schwierigkeiten damit haben, dir zu sagen, was du tun sollst.

Fast hätte ich etwas Wichtiges vergessen: Such dir sofort einen Kumpel mit Verantwortung. Das ist kein Kumpel für eine Kneipentour, sondern jemand, dem du zutraust, dass er dich für deine Versprechen zur Rechenschaft zieht. Jedenfalls so lange, bis du bemerkst, wie toll es sich anfühlt, sich auf sich selbst zu verlassen, um Versprechen zu erfüllen oder Konsequenzen einzuhalten. Vorher kann man dich noch nicht auf eigenen Füßen stehen lassen.

Hier geht's lang #9: Sei vorsichtig. Diese Warnung ist ähnlich wie in Kapitel eins, als ich dir den Ratschlag gegeben habe, wann du Freunden deine Träume vorlesen solltest.

Viele unserer Freunde sind nur deshalb unsere Freunde, weil wir ähnliche Einstellungen, Konzepte, Persönlichkeiten, Ausreden und innere Dialoge haben. Aber wenn du jetzt plötzlich anfängst, verantwortungsbewusster mit Alkohol umzugehen, glaubst du, dass deine wodkaliebenden Lass-uns-ein-paar-Flaschen-exen-Kumpels von deinem neuen Versprechen begeistert sein werden?

Oder werden sie, damit sie sich ihren eigenen Problemen nicht stellen müssen, dieses neue „Du" lautstark verurteilen?

Traurig, aber wahr.

Okay. Es ist ziemlich ernüchternd herauszufinden, wer deine wahren Freunde sind, aber gleichzeitig ist es für die Erfüllung deiner Träume notwendig, besonders wenn du dir einen Traum im Bereich Gemeinschaft erfüllen willst (egal, ob du gerade daran arbeitest oder nicht).

AUFGABE FÜR KAPITEL DREI

1. Was sind deine Lieblingsausreden? Schreibe drei davon auf, und zwar die drei, die dich von den Dingen abhalten, von denen du genau weißt, dass du sie unbedingt umsetzen solltest. Konzentriere dich besonders auf die drei Bereiche, an denen du mithilfe dieses Buches arbeiten willst.

2. Entwickle deine ganz persönliche Versprechenstabelle. Sie sollte die drei Bereiche beinhalten, an denen du arbeitest; eine Spalte für jeden Wochentag, in die du eintragen kannst, ob du dein Versprechen eingehalten hast; eine (breite!) Spalte für Ausreden und eine Spalte für deine Konsequenzen.

3. Überlege dir mindestens zwei spezifische Versprechen für deine drei Bereiche.

4. Überlege dir eine originelle und lästige Konsequenz für jedes dieser Versprechen.

5. Suche dir einen Kumpel mit Verantwortung und zeige ihm deine (ausgefüllte) Versprechenstabelle. Vereinbare eine Zeit, um mit ihm deine Versprechen durchzugehen, entweder täglich oder wöchentlich, je nachdem wie viel Kontrolle du brauchst, um dich an deine Versprechen zu halten. Das ist ganz individuell. Katie zum Beispiel brauchte einen täglichen Termin mit mir.

Emotionales Feng-Shui

Versprechen einzuhalten oder Konsequenzen zu tragen soll deine To-do-Liste nicht noch länger machen, als sie sowieso schon ist (und an die du dich sowieso nicht hältst).

Falls es sich so anfühlen sollte, schicke dein doppelzüngiges Balg und deinen Angsthasen auf die stille Treppe. Du hast einen Traum. Du bist selbst für Versprechen und Konsequenzen verantwortlich. Ich habe nicht gesagt, dass du joggen sollst, wenn du lieber ruderst, oder dass du nicht zum Zahnarzt gehen sollst, bis du eine Wurzelbehandlung brauchst. Sich Versprechen zu überlegen, sich an sie zu halten oder die Konsequenzen zu tragen, ist wie ein neuer Muskel. Die Wahrscheinlichkeit ist sehr hoch, dass du am Anfang leiden wirst. Es wird etwa einen Monat dauern, bis du dich daran gewöhnt hast. Während dieser Zeit wirst du mich täglich verfluchen.
Ich bereite Klienten gerne auf diese unangenehme erste Zeit vor, indem ich ihnen Newtons erstes Gesetz der Bewegung erkläre. Newton sagt, dass jedes ruhende Objekt gewöhnlich in Ruhe bleibt und ein sich bewegendes Objekt in Bewegung, solange es nicht durch äußere Umstände angehalten wird. Stellen wir uns einmal vor, dass du das Objekt bist, das sich gerade in einem Zustand der Untätigkeit befindet, besonders in den Bereichen, an denen du gerade arbeitest.[10]

---

10) *Für diejenigen, die sich angegriffen fühlen: Denkt daran, ich habe euch schon Schlimmeres an den Kopf geworfen.*

Jetzt üben wir Kraft aus. In diesem Kapitel sind das die Versprechen, die du deinem jetzigen Status hinzufügst. Aber es braucht ziemlich viel davon, um dich aus diesem Ruhezustand in einen Zustand der Bewegung zu bringen.

Wenn du erst einmal in Bewegung bist – in diesem Fall Versprechen zu geben und sich daran zu halten –, wird das Einhalten dieser Versprechen (oder das Tragen der Konsequenzen) immer einfacher. Es kostet schon ein bisschen Kraft, dich in Bewegung zu bringen. Wenn dem nicht so wäre, hättest du es schon längst getan. Der Wunsch war da, nur die Handlung fehlte.

Wird es am Anfang Widerstand geben?

Natürlich. Aber auf der anderen Seite warten Stolz, Selbstbewusstsein, Glück und ein hohes Selbstwertgefühl. Selbst wenn du das Versprechen brichst (das bleibt nicht aus), dich aber an die Konsequenzen hältst, wirst du immer noch stolz sein. Es ist zwar so, dass dein Balg oder dein Angsthase diese Runde gewonnen haben, weil du dich nicht an dein Versprechen gehalten hast, aber durch die Konsequenz haben sie trotzdem einen auf den Deckel bekommen.

Es gibt nur noch einen Sheriff in der Stadt: dich.

Falls dir die Beispiele meiner Klienten nicht reichen, habe ich hier noch ein paar weitere schaurig-schöne Konsequenzen für dich:

1. Konsequenzen, die nerven

- Geld aus dem Fenster werfen oder die Toilette herunterspülen.
- Keine Schokolade (nicht mal zartbitter).
- Keinen Wein (oder irgendetwas anderes Entspannendes).
- Keinen Kaffee (oder Kaffeesahne). Oh ja, ein Latte Macchiato ist auch Kaffee.
- Kein Internet.
- Kein Fernsehen oder deine Lieblings-Fernsehserie.
- Anonym Geld an eine Partei spenden, die du absolut schrecklich findest. Zugegeben, eine ziemlich miese Konsequenz, aber auch eine besonders wirksame.
- Kein Handy, Laptop etc.
- Keine Maniküre.

2. Konsequenzen, die peinlich sind

- Eine bestimmte Anzahl von fremden Menschen grüßen.
- Einer bestimmten Anzahl von fremden Menschen ein Kompliment machen.
- Der Person hinter dir den Kaffee oder das Busticket bezahlen und den Grund erklären.
- Auf einer Bühne singen.
- Auf der Straße ein Ständchen singen.

3. Konsequenzen, die ehrlich sind

- Jemandem, dem du es absolut nicht erzählen willst, gestehen, dass du ein Versprechen gebrochen hast.

4. Beziehungs-Konsequenzen

- Deine Schwiegereltern oder andere Familienmitglieder anrufen, mit denen du nicht gerne sprichst.[11]
- Deinen Partner nach einer passenden Konsequenz fragen.
- Deinen Partner massieren.
- Umsonst Kinder hüten.

5. Allzweck-Konsequenzen

- Liegestütze.
- Dein Ausdauer- oder Gewichtstraining 15 Minuten verlängern.
- Einen Treppenabsatz zehnmal hoch- und runterrennen.
- Draußen Laufen gehen anstatt im Fitnessstudio.
- Eine Sockenschublade oder einen Werkzeugkoffer aussortieren.
- Dein Auto waschen und saugen.

Okay, ich denke, du hast jetzt genug Informationen, um aufs Schlachtfeld zu ziehen und für die richtige Seite zu kämpfen. Und nein, du musst keine Angst haben (kannst du natürlich schon), um die Stimmen in deinem Kopf kümmern wir uns im nächsten Kapitel.

---

11) *Hallo, Oma! Nur ein Witz.*

Wie wäre es vorher mit einem QUIZ?

Falls du ziemlich raffiniert bist, wenn es um Ausreden geht, solltest du:

A. eine Liste von Versprechen machen, die du noch nie eingehalten hast – so viele, wie dir einfallen. Vermeide von heute auf morgen eine stark süchtig machende Substanz.

B. jemandem in deinem nahen Umfeld, der dich (und deine Ausreden) sehr gut kennt, von deinen Versprechen und Konsequenzen erzählen. Frage sie/ihn freundlich, ob sie/er dein Kumpel mit Verantwortung sein will.

C. niemandem von dieser Masse an Versprechen erzählen, weil du nicht möchtest, dass sie/er sich genauso schuldig fühlt wie du. Denn du wirst dich nicht daran halten und ein schlechtes Gewissen haben, was du ihr/ihm ersparen willst.

D. dir einen Keks nehmen. Du weißt ja, wie du dich nach solchen Aktionen fühlst.

Antwort: B – wie „beherzt handeln" (nicht „Backwaren essen")

Kapitel vier – Deine Meinung ändern
EIN NEUES MANAGEMENT EINFÜHREN

Stimmen im Kopf

Ist dir schon einmal aufgefallen, dass wir in unseren Köpfen die ganze Zeit mit uns selbst sprechen? Wir glauben nicht nur die Gedanken anderer Leute zu kennen, sondern auch ihre Antworten und sogar, was sie wirklich mit ihrer Aussage gemeint haben. Scheinbar sind wir alle Gedankenleser, allerdings ohne überprüfbare übersinnliche Fähigkeiten.

Unsere Gedanken haben einen starken Einfluss auf uns, ob wir es merken oder nicht. Unsere Gedanken begleiten uns das ganze Leben lang, und weil niemand anders sie hören oder fühlen kann, glauben wir, dass sie ohne weitreichende Konsequenzen bleiben, bis wir sie in die Tat umsetzen. Aber stimmt das?

Wenn es darum geht, die Stimmen in unserem Kopf wirklich zu hören, sind wir ziemlich ignorant, ganz nach dem Motto: „Was, ich? Mit mir selbst reden? Echt?"

Klar, zu einem gewissen Grad können wir zugeben, dass wir viel Zeit in unserem Kopf verbringen. Aber sind wir uns dessen wirklich bewusst, was wir zu uns sagen, wenn wir in den Spiegel schauen? Oder neben unserem Lover liegen? Oder zur Arbeit fahren? Oder das Haar unserer Tochter kämmen, die mit einem riesigen Knoten (ich meine RIESIG) auf der Hinterseite ihres[12] Kopfes herumläuft und so gar keine Lust aufs Entfitzen hat?

Niemals.

Wir haben diese Illusion (oder Desillusion), dass in der finsteren Disco unserer Gedanken, Theorien und inneren Dialoge nichts Wichtiges herumtanzt. Aber in Wahrheit sind wir als Türsteher gescheitert.

Wenn ich anfange, mit Klienten an ihren Gedanken zu arbeiten, verstehen viele nicht, was ich meine. Sie wissen nicht, wie ihr innerer Dialog ihr Leben kontrolliert hat, haben ihn niemals benannt, ihn niemals erkannt. Aber wie kann er keinen Einfluss haben? Wir hören ihm die ganze Zeit zu. Er ist wie ein Radio oder ein Fernseher, der ständig im Hintergrund plappert und an den wir uns schon so sehr gewöhnt haben, dass wir ihn gar nicht mehr richtig wahrnehmen. Niemand hat jemals unsere Gedanken angepfiffen und auf die stille Treppe geschickt – und diesen Kreislauf als das erkannt, was er ist.

Es gibt einen großen Bereich unseres Bewusstseins, den wir nicht anzapfen können oder, noch schlimmer, den wir nicht anzapfen wollen; in dem unser Balg, unser Angsthase und unser Wettermann sitzen, gemeinsam mit unserer Persönlichkeit und unseren Theorien, und der für uns unerreichbar bleibt. Dieses Buch will dich genau dorthin

12) *Okay, es geht um meine Tochter. Hi, Daisy!*

bringen. Dorthin, wo du Kontrolle über deine eigenen Gedanken und deine Geschichten hast. Wo du das organisierst, was in deinem Gehirn passiert, damit du dich verändern kannst, wenn du willst.

Unsere Gedanken können gemein sein. Nachtragend. Übertrieben. Wütend, faul oder irrational. Sie lügen. Überreagieren. Sie sind überkritisch, zynisch, doppelzüngig oder traurig. Sie sind ein Süchtiger, ein Perverser, ein Rassist, ein Alkoholiker, ein Anwalt, ein Komiker, Gedankenleser, Ernährungsberater, Fitnesstrainer (ein dicker, fauler), Polizist (es ist doch ganz klar, dass du mit der richtigen Geschwindigkeit fährst). Und sie sind der Chef, weil sie der Meinung sind, du kannst alles besser als die anderen.

Ich könnte ewig so weitermachen. Unsere Gedanken haben ihre ganz eigenen Gedanken. Wir können nur nicht zugeben, dass wir nicht der Boss sind.

Kein Wunder, dass wir in manchen Bereichen nicht träumen können. Schließlich fehlt uns die Kontrolle.

Bis jetzt jedenfalls.

Das Beherrschen deiner Gedanken basiert auf der erlernten Fähigkeit, das zu wählen, was für dich am besten ist. Keinen Blödsinn zu reden, sondern deine Gedanken und deine Wünsche aneinander anzupassen. Damit du die Fernbedienung deines Lebens wieder selbst in der Hand hältst und deine Gedanken stumm schalten kannst, wenn sie das beeinflussen wollen, was für dich wichtig ist.

Der Weg nach innen ist dein Fluchtweg.

In den Bereichen, in denen du bereits erfolgreich bist, hast du auch deine Gedanken unter Kontrolle. Wenn du einen super Job hast, einen attraktiven und gesunden Körper, eine tolle Familie, dann hast du auch herausgefunden, wie du dein Balg und deinen Angsthasen in die Wüste schicken kannst. Du kannst am herrlich duftenden Brot in einem schicken Restaurant schnuppern, aber den Brotkorb zurückgehen lassen und stattdessen Grünkohl bestellen. Du kannst in Meetings deine Macht ausspielen, auch wenn deine Periode im Anmarsch ist. Du weißt, wie du deine Gedanken unter Kontrolle bringst und sie davon abhältst, dich kleiner zu machen, als du bist. Du hast sogar herausgefunden, dass deine innere Stimme ganz verstummt, wenn du ihr nicht mehr zuhörst.

Aber in allen Bereichen deines Lebens, in denen du (noch) nicht gewinnst, hast du dich noch nicht mit deinen Gedanken auseinandergesetzt. Du hast dich noch nicht von deinem inneren Dialog, deinen Gedanken und deinen Theorien getrennt. Denn wem außer dir fallen sie schon auf?

Antwort: Niemandem.

Aber jetzt wirst du dich von ihnen trennen. Du wirst ein höheres Selbst erfinden und dich von deinen Gedanken und von deinem niederen Selbst distanzieren. Dein höheres Selbst wird nun deine Gedanken betrachten, sie bewerten, ihnen Namen geben und sie organisieren. Du wirst dich wundern und darüber amüsieren, was dein Kopf über den Mann, die Frau, den Partner, Boss, deinen Körper oder den Fahrer im Auto neben dir zu sagen hat. Dein höheres Selbst wird dein niederes Selbst fragen: „Bin ich das wirklich? Ich meine, wirklich?" Und du wirst sehen, jedes Mal, wenn du dich fragst, ob du das wirklich bist, hast du die Kontrolle übernommen.

Gedanken außer Rand und Band

Wenn wir wirklich darauf achten würden, was unsere Köpfe so zu sagen haben, würde uns klar werden, was für einen hinterlistigen und unnötigen Blödsinn unsere innere Stimme verzapft. Niemals würden wir unseren Kindern diese Gedanken über uns selbst verraten. Die einzige Möglichkeit, unseren Kopf und sein Herumgerenne zu stoppen, ist ihn auf frischer Tat zu ertappen. Und dazu musst du aufschreiben, was du täglich zu dir sagst. Dafür brauchst du ein Gedankenlogbuch. Nur du hast die Fähigkeit, deine Gedanken stumm zu schalten. Der erste Schritt ist, diese negativen inneren Gespräche zu hören. Wenn du sie hören kannst, kannst du sie stoppen.

Jeder von uns hat einen endlosen Strom an positiven und negativen Gedanken. Positive Gedanken sind natürlich die, mit denen wir uns motivieren. Sie klingen etwa so: Ich freue mich schon so sehr auf die Ferien; ich bin gespannt, was mein Boss zu diesem großen Auftrag sagt, den ich gerade reinbekommen habe, etc. Alles, was uns ein gutes Gefühl vermittelt, wenn wir darüber nachdenken, ist ein positiver Gedanke. Ein negativer Gedanke klingt eher so: Oh nein! Ob mein Chef wohl mit dem Bericht unzufrieden ist? Was passiert, wenn ich in den Ferien keinen Spaß haben werde? Was passiert, wenn [hier einfügen]. Eine Reihe ungezügelter negativer Gedanken nenne ich einen Zug der negativen Gedanken.

Wir alle steigen hin und wieder ein. Ob unser Zug nun ein Schnellzug ist oder nicht, liegt an uns. Können wir nicht an einem Bahnhof früher aussteigen? Unsere Gedanken arbeiten gegen unsere Träume. Trotzdem behandeln wir negative Gedanken, als wären sie real, als kämen sie aus unserem tiefsten Herzen. Wir glauben, dass diese Gedanken richtig, rational und wichtig sind, nur weil wir so oft darüber nachdenken.

Aber sind sie das wirklich?

Wenn wir davon ausgehen, dass unsere negativen Gedanken real sind und unser wahres Ich beinhalten, müssen wir dann an ihnen zweifeln? Verantwortung übernehmen? Mit ihnen umgehen?

Nein.

Solange unseren negativen Gedanken erlaubt wird, ständig in unserem Kopf herumzuspuken, umso wahrhaftiger werden sie uns erscheinen.

Wenn du deine innere Stimme als einen Zug der negativen Gedanken erkennst und diesen Zug beim Namen nennst, liegt die Entscheidung, ein- oder auszusteigen, wieder ganz bei dir. Ich verspreche dir, dass du mehr Kontrolle über ihn hast, als du glaubst. Wenn ich dir 1000 Euro geben würde, damit du den Zug der Gedanken anhältst, würdest und könntest du es tun, oder? Aber wieso ist dein Glück nicht Anreiz genug?

Vieles von dem, was eine Person bedrückt, hat mit ihrer inneren Stimme zu tun. Ein geeigneter Ort, um dir selbst einmal zuzuhören, ist dein Weg zur Arbeit, das Badezimmer, die Dusche oder der Blick in den Spiegel. Orte, an denen dein Kopf nicht mit einer To-do-Liste beschäftigt ist, sondern wo du an deiner Haltung arbeiten kannst.

Ein Gedankenlogbuch ist der einzige Weg, um deinen inneren Dialog wahrzunehmen und herauszufinden, wie du mit dir selbst sprichst, womit du dich im Auto ablenkst, über was du nachdenkst, wenn du Lieder singst, etc. Erinnert dich ein Lied an eine schlechte Phase? An Streitigkeiten in der Vergangenheit? Was sich während deiner ungenutzten Zeit in deinem Kopf abspielt, ist etwas, dem du dich stellen, das du beim Namen nennen und neu vernetzen musst.

Ab dem Zeitpunkt, an dem du die passenden Versprechen (und Konsequenzen) festgelegt hast, wird deine innere Stimme ziemlich hektisch werden, das kann ich dir garantieren. Dein Kopf wird versuchen, dich von allem abzuhalten, was dir auf deinem Weg zur Erfüllung deiner Träume Angst macht. Er wird alles genau durchsprechen. Er versucht dich dazu zu bewegen, die andere Richtung einzuschlagen, er wird dir raten, nicht ans Telefon zu gehen und dieses Buch ins Regal zurückzustellen. Um in deinem Zug die Notbremse zu ziehen, musst du bereit sein zu verstehen, wie sehr deine innere Stimme dich manipuliert.

Du wirst außerdem bemerken, dass deine innere Stimme ein Muster hat. Wir verschwenden ziemlich viel Zeit mit den gleichen, wenig originellen Gedanken. Diese Gedankenmuster können dir viel über dich erzählen und darüber, worin du einen großen Teil deiner Energie investierst. Die meisten dieser Muster kommen aus derselben Quelle.

Bist du bereit? Es ist weder besonders revolutionär noch besonders originell, dafür aber ziemlich vorhersehbar: Es geht um die sieben Todsünden – Stolz, Gier, Lust, Neid, Völlerei, Zorn und Trägheit. Wenn ich dich schon mit deiner inneren Stimme nerve, ist es nur fair, wenn ich dir erzähle, wie mein eigener Zug aussah.

Herr in meinem Kopf

Während ich früher die Straßen in New York City entlangging, stylte ich Menschen um. In meinen Gedanken schnitt ich ihnen das Haar, half ihnen beim Abnehmen, missbilligte ihre Farbauswahl und gab ihnen einen neuen Stil. Meine Gedanken hatten einen richtigen Vollzeitjob, scheinbar den von Stylist Tim Gunn! Ich frage mich, warum ich damals nicht ständig gestolpert bin. Meine Gedanken waren so sehr damit beschäftigt, andere zu verurteilen. Ich war arrogant. Bis es mir eines Tages auffiel. Ich blieb stehen und begann mein Verhalten zu hinterfragen. In diesem Moment konnte ich meine Stimme hören. Mir wurde klar, wie unglaublich peinlich und oberflächlich mein Verhalten war. Es öffnete mir die Augen, wie viele Dinge in meinem Kopf vorgingen, ohne dass ich sie unter Kontrolle hatte.

Das war nicht gerade der glorreichste Augenblick meines Lebens. Mir wurde klar, wie viel Zeit ich mit diesen Gedanken vergeudet hatte – den größten Teil meines Lebens –, und ich wusste, dass ich wieder Herr über meine Gedanken werden und meinen Kopf dazu bringen musste, das zu tun, was ich wollte. Ich entschied, dass ich meinen Gedanken dieses wilde Herumgerenne niemals mehr erlauben würde. Nie wieder würde ich mir erlauben, die Straße entlangzulaufen und das Aussehen jedes einzelnen Menschen zu beurteilen. Falls meine Gedanken etwas zu tun brauchten, dann würde ich ihnen etwas vorgeben. Wenn ich nun die Straßen entlangspazierte, dachte ich über meine Firma nach, meine Klienten, neue Ideen und wo und was ich unterrichten wollte. Ich verwendete meine Zeit und meine Gedanken sinnvoll und produktiv.

Wenn du anfängst herauszufinden, was du mit deinen Gedanken anfangen solltest oder, noch besser, was sie mit dir anfangen, hast du die Möglichkeit zu entscheiden, was du eigentlich mit ihnen machen willst. Und es ist hoffentlich etwas Sinnvolleres und Inspirierendes als das, was du gerade damit machst. Klar, die Ansage, deinem Kopf bessere Gedanken zu verpassen, klingt für den bekennenden Zweifler vielleicht etwas banal, aber glaube mir, so ist es nicht, so dumm es auch klingt.

Es wird dein Leben verändern, wenn du dir erlaubst, kurz innezuhalten, dir zuzuhören, herauszufinden, wie du dich zum Schweigen bringst und diese unkontrollierten Gedanken durch Dinge ersetzt, über die du nachdenken willst. Die meisten von uns schieben unser Verhalten auf „unsere Persönlichkeit", obwohl wir so viel bewusst entscheiden können, was unseren Charakter und unseren Alltag betrifft. Um ehrlich zu sein, wir können alles entscheiden.

Die Talentagentur in deinem Kopf

Es gibt in unserem Kopf zwei Kräfte, die ständig miteinander wetteifern und gegen die wir antreten müssen, wenn wir unseren Träumen folgen wollen: der Agent und der Doppelagent. Dein Agent hat gute Absichten, er kämpft für deine Träume, aber er verbringt einen Großteil seiner Zeit damit, gegen den Doppelagenten zu kämpfen. Dein Doppelagent (ein guter Freund deines Angsthasen) bekämpft deine Träume, dabei gibt er vor, dass er dich beschützen will. Er spekuliert. Er beruhigt dich, wenn du besorgt bist, und hat immer eine Ausrede für dich parat.

Der Doppelagent glaubt, dass er dich vor Verletzungen bewahrt, und versucht, die Scham darüber zu verkleinern, wenn etwas nicht so klappt, wie du es dir vorgestellt hast. Falls du gerade in einer neuen Beziehung bist, rät er dir, noch mal genau anzuschauen, wie begeistert du wirklich von deinem neuen Partner bist. Er ist ein Fan von Aussagen wie „So weit, so gut", er klopft gerne auf Holz, hält die Daumen gedrückt und hofft auf das Beste. Aber stimmt das überhaupt? Will er dich nicht eher vor dem Misserfolg schützen?

Er macht beides. Klar, er bewahrt dich vor Verletzungen, aber genau diese Abwehrhaltung hält dich davon ab, das zu lernen, was du brauchst. Er hält dich davon ab, das im Namen deines Traumes zu riskieren, was du riskieren musst. Er lässt dich in dem Glauben, dass du dein Bestes gibst, obwohl du in Wirklichkeit nur dein Zweitbestes gibst. Dein Doppelagent, egal wie clever er auch sein mag, strebt nur nach der Silbermedaille.

Siehst du den potenziellen Misserfolg? Die „Im-Fall-der-Fälle"-Falle? Die Ratschläge sind zwar vernünftig und klingen weise, aber sie halten dich davon ab, eine Verbindung mit deinen tiefsten Wünschen einzugehen.

Und zwar nicht, weil du das, was du willst, nicht erreichen kannst, sondern weil dein Doppelagent gegen dich arbeitet, an deinem Erfolg zweifelt und dir zuflüstert, dass du aufpassen und lieber umkehren sollst – nur für den Fall, dass du es doch nicht schaffst.

Wieso es dann überhaupt versuchen?

Ein genialer Schachzug. Deine Chancen steigen, obwohl du gegen dich selbst wettest. Du wettest, dass du falsch liegst und damit recht hast. Wenn es hart auf hart kommt, hast du entweder deinen Traum erfüllt oder du hattest recht damit, dass du es nicht geschafft hast. Wenn es hart auf hart kommt, hast du gelernt, nicht dein ganzes Glück an einen Traum zu hängen. Du hast die Erfahrung gemacht, ohne jemals wirklich enttäuscht gewesen zu sein. Du hattest die besten Absichten, du hast es wieder versucht, deinen Traum zu verwirklichen, aber ...

Dein Doppelagent ist nicht blöd und das ist das Problem. Diese Art von Angst-Spekulation führt nämlich auch zu Verhaltensweisen, die für uns förderlich sind: Wir kaufen Regenschirme, wir schließen Versicherungen ab, wir sind früher am Flugplatz, trotz unseres faulen Balgs. Klar, manches davon ist klug und hilfreich, aber für deine Großartigkeit kämpft der Doppelagent leider nie so richtig. Falls du ihn jemals hinterfragst, hat der Doppelagent ein paar Beispiele parat, in denen du verletzt wurdest, um zu beweisen, dass er recht hat. Er hat ein verzerrtes Verständnis von Geschichte und Logik, um seine Ideen und Handlungsvorgaben zu unterstützen und zu untermauern.

Immerhin hat er einen ziemlich wichtigen Job in deinem Leben: Er ist für deine Sicherheit verantwortlich.

In dem Moment, als du begonnen hast, auf deine innere Stimme zu hören – in diesem Fall deinen Doppelagenten –, hatte dein Traum keine Chance mehr. In dem Moment, als du gegen ihn gewettet hast, war er verloren. Die einzige Möglichkeit, einen Traum zu erfüllen, ist 100%ig an ihn zu glauben.

Verdammt.

Deine Träume müssen so zwingend sein, dass du sie unter keinen Umständen aufgeben willst. Egal, was alle sagen, besonders deine eigenen Gedanken! Du musst bis ans Ende der Welt für sie gehen. Du wirst den Doppelagenten ausschalten. Es liegt an genau dieser Dynamik: das Recht, gegen dich selbst zu wetten, dass dein Traum unerfüllt bleibt. Wenn der Doppelagent aus dem Weg geräumt ist, kann dein wahres Ich – die Stimme, der du vertrauen kannst – zum Tragen kommen, und gemeinsam werdet ihr eure Stimmen für ein einziges Ziel einsetzen: deinen Traum zu verwirklichen.

Ein Schalldämpfer für deine Gedanken

Um die Kontrolle über deine Gedanken zu übernehmen und die Meuterei in deinem Inneren niederzuschlagen, musst du erst einmal verstehen, was deine Gedanken eigentlich in ihrer Freizeit treiben. Du musst hören, was dein innerer Dialog wirklich zu dir sagt. Er gibt dir Ratschläge. Er sagt dir, was du tun sollst. Er sagt dir, was du nicht tun sollst. Er sagt dir, in was für einer Stimmung du bist. Er erlaubt deinem laktoseintoleranten Selbst, Milch zu trinken. Er steuert alles, was du tust. Aber du, sein Dirigent, kannst ihn kaum hören.

Du und ich werden deinen inneren Dialog gemeinsam entwickeln. Du wirst lernen, wie man die negativen Gedanken verstummen lässt und wie man die positiven verstärkt. Du kannst das. Vor allem aber musst du es tun. Schließlich haben negative Gedanken nur negative Resultate, positive dagegen positive.

Klingt logisch, oder?

Du hast die Kontrolle darüber, was du in deinen eigenen Gedanken hörst. Du bist schließlich mit ihnen alleine. Du handelst oder bist inaktiv. Deine Handlungen haben klare Folgen. In den Bereichen deines Lebens, in denen du glücklich und unglücklich bist, sind deine Gedanken sehr lange der Dirigent deiner Handlungen und Inaktivität gewesen. Du und ich werden deinen alltäglichen negativen Dialog unterbrechen und ihn durch die Dinge ersetzen, an die du denken willst und die du machen willst, damit du die Träume erreichen kannst, die du in Kapitel eins aufgeschrieben hast.

Schau dir einmal die Bereiche an, in denen du deine Träume erreicht hast. In denen du dich deinen Gedanken gestellt und schon entsprechend gehandelt hast. In denen die Versprechen, die du dir gegenüber gegeben hast, Einfluss hatten. In denen du auch das gemacht hast, was du angekündigt hast. Egal wie schwer es war. Egal was für einen vernünftigen, sinnvollen oder beschützenden Blödsinn dir dein Kopf auch erzählt hat. Du hast es zwar gehört, aber nicht daran geglaubt. Du bist trotzdem nach vorne gestürmt. Und voilà, du hast das bekommen, was du wolltest.

Auch in den Bereichen deines Lebens, in denen du Schwierigkeiten hast, in denen du kämpfst oder feststeckst, passen deine Gedanken zu den Resultaten. Das ist eine Tatsache.

Hier sind fünf einfache Schritte, um dir deine Gedanken zurückzuerobern. Gib nicht auf, ohne es ausprobiert zu haben. Und dann probiere es so oft, bis du es kannst.

1. **Beobachten.** Als Erstes musst du deine Gedanken beobachten. Du solltest ein Gedankenlogbuch führen, um all die Dinge aufzuschreiben, die du so denkst, und zwar in der Sprache, in der du mit dir selbst sprichst. Sollte einer der Bereiche, in denen du etwas verändern willst, der Körper-Traum sein, dann hör besonders den Gedanken aufmerksam zu, die etwas über deinen Körper zu sagen haben, zum Beispiel wenn du in den Spiegel schaust, dich anziehst, wenn du einkaufen gehst oder das Einkaufen vermeidest, wenn du auf die Speisekarte schaust. Was sagst du selbst zu dir? Hör zu und schreibe es auf.

2. **Benennen.** Überlege dir, welche Gedankenmuster du abbauen willst. Du wirst sehen, dass du ständig über eine ganz bestimmte Sache mit dir sprichst, die negativ ist und dir ein schlechtes Gefühl gibt. Finde die negativen Gedankenmuster, die nicht zu deinem Traum passen, und benenne sie (zum Beispiel Styling). Achte darauf, dass dein Zug der negativen Gedanken tatsächlich den passenden Namen hat, sodass du gleich hören kannst, wenn er den Bahnhof verlässt.

3. **Beenden.** Wenn du den negativen Gedankenzug hörst, krempIe die Ärmel hoch und sieh zu, dass du ihn anhältst. Du wirst herausfinden, dass du dir befehlen kannst, an etwas anderes zu denken. Wie banal das auch klingen mag. Du hast deinem inneren Dialog dein ganzes Leben lang freien Lauf gelassen, deshalb kannst du gar nicht wissen, dass du ihn einfach verändern kannst, wenn du seine Stimmungen nicht mehr tolerierst und ein Machtwort sprichst. Du kannst sein Gemecker unterbrechen, das Katz-und-Maus-Spiel

beenden und wieder die Kontrolle übernehmen. Es ist leicht. Mach's einfach. Es geht um deinen Traum. Um deine negativen Gedanken anzuhalten, ist der beste Weg, entweder 1) jemand anderem davon zu erzählen, und/oder 2) eine Konsequenz für dich festzulegen, wenn du diesen Gedanken nachgibst. Falls du dich in einem Gedankenmuster wiederfindest, das viel zu kompliziert erscheint, um es einfach auszuschalten, mach dir keine Sorgen, wir kümmern uns in Kapitel acht darum.

4. **Ersetzen.** Überlege dir, welchen Gedanken du tatsächlich nachgehen willst. Passen sie zu deinen Träumen? Egal wie banal es für deinen Skeptiker auch klingen mag, es funktioniert. Versprochen. Du bist für deine Gedanken verantwortlich, auch wenn du es in der Vergangenheit nicht warst. Du hast deine Gedanken deinem Balg, deinem Angsthasen und deinem Wettermann überlassen. Die schlimmsten Untermieter überhaupt. Es kostet Zeit und Geduld, um sie aus der Wohnung zu werfen, die drei Hausbesetzer wohnen seit Jahren dort. Bei deinen Gedanken ist das nicht anders. Engagiere schon einmal einen guten Anwalt (dein höheres Selbst!).

5. **Implementieren.** Lerne, deine neuen Gedankenmuster zu steuern, und versichere dir, dass du – Achtung! - an das denkst, woran du denken willst. Nehmen wir an, dein Traum ist, dich unsterblich zu verlieben und deinen Seelenverwandten zu finden. Anstatt negativen Gedanken nachzuhängen, wie „leergefegt" deine Stadt doch ist, wie viel Pech du hast oder der Zug für dich abgefahren ist, stell dir eure gemeinsame Reise nach Bali vor, eure verschlungenen Finger, der Ring an deinem Finger etc. Lerne deine Gedanken leiser

zu drehen und sie dahin zu lenken, wo du sie haben willst, um deine mutwilligen, feigen und selbst sabotierenden alten Gedanken mit neuen und mutigen Gedanken zu ersetzen, die zu deinem Traum passen.

Wenn du diese fünf Schritte beherzigst, wirst du dir deine Gedanken zurückerobern. Keine Sorge, ich habe Beispiele (natürlich). Bis wir zu der eigentlichen Aufgabe am Ende des Kapitels kommen, wirst du mehr Beispiele menschlicher Gedanken gelesen haben als ein Vulkanier.

Die Gedanken der anderen

Du hast es geschafft. In diesem Kapitel zeige ich für einen Moment lang nicht mit dem Finger auf dich und auf die Menschheit an sich, sondern konzentriere mich auf Donna, Ethan, Stephanie und Katie. Was geht in Donnas Kopf vor, unserer Hausfrau und Mutter von dreien, Leidtragende von zweien (Magen und Ehemann)? Hier sind einige der Gedanken, die sie in ihrem Logbuch aufgeschrieben hat:

• Diese Medikamente setzen mich unter Druck. Sie machen abhängig und jagen mir auf lange Sicht Angst ein. Wieso kann ich nichts anderes versuchen? Ich fühle mich von meinem Arzt eingeengt.
• Meine Oberschenkel sehen fett aus.
• Was hat die denn an? Ich hasse es, wenn Frauen sich wie Teenies anziehen. Ich hoffe, dass ich nicht so aussehe.

- Wieso können die beiden (Ehemann und Sohn) sich nicht einfach verstehen?
- Essen alle Kinder so? Oh Gott, sie sind nicht nur undankbar, sondern auch noch Schweine am Tisch.
- Ich hätte besser vorbereitet sein müssen.
- Wer hat denn bitte diesen Teller in der Spüle gelassen?! Offensichtlich respektieren sie mich nicht, sehen nicht, wie viel ich für sie tue. Hausarbeit ist der schlimmste Job meines Lebens und Geld gibt's dafür auch nicht.
- Wieso muss er schon wieder erwähnen, dass ich in den letzten Jahren zu viel Geld ausgegeben habe? Um elf Uhr nachts? Im Bett? Ich hatte mir einen romantischen Abend gewünscht und jetzt macht er es mit seinem „Was hast du dir nur dabei gedacht?" alles kaputt. So ein Idiot.
- Hatten wir nicht gerade erst Sex? Reicht meine Hand auch?

Siehst du, wie Donnas Gedanken vor allem zwischen den Themen Gesundheit, Selbstverständnis und Familie hin- und herspringen? Sie klingt wie so viele von uns. Vor allem die mutigen Hausfrauen, die versuchen, eine Familie großzuziehen, ohne sich dabei selbst zu verlieren. Was macht das mit uns, wenn wir solche Gedanken zerpflücken und runterschlucken? Wie wirkt das auf unser Verdauungssystem? Eine Frage an dich: Wenn du nach außen immer nett, aber voller gemeiner Gedanken bist, ob dir selbst oder anderen gegenüber, bist du dann nicht trotzdem gemein? Es ist nicht besser, im Stillen gemein zu sein, es ist einfach nur falscher. Wenn Donna nur die offene Wut ihres Mannes wahrnimmt, übersieht sie ihre eigene innere Irritation. Mit Absicht.

Und wobei hat Stephanie, unsere Singlefrau aus Manhattan, ihre Gedanken ertappt?

- Wieso habe ich diesmal während meiner Periode keine Krämpfe gehabt? Komisch. Vielleicht habe ich gar keine richtige Periode mehr?
- Vielleicht sind es die Wechseljahre. Oder Hämorrhoiden?
- Meine Mama hat gerade gemeint, ich solle mich wegen der verrückten Autofahrer in Acht nehmen. Sie redet solche Gefahren regelrecht herbei.
- Sie ist so dramatisch. Und verurteilend. Was für eine Zicke. Und bösartig.
- Was hat er gerade gesagt? So was von arrogant. Er ist ein aufgeblasener Idiot. Wenn der wüsste, was die Leute im Büro wirklich über ihn denken, nicht nur ich.
- Was würden sie nur ohne mich machen? Wissen die eigentlich, wie viel ich arbeite?
- Ich habe Halsschmerzen. Ich nehme mir mal ein Hustenbonbon. Da ist Zucker drin. Jetzt verfaulen meine Zähne.
- Kein Wunder, dass ich Single bin. Ich verfalle langsam. Ich bin kaputt.
- Ich habe schließlich die Gene meiner Mutter. Na toll ... aber sogar sie ist verheiratet.

Egal wie erfolgreich wir nach außen auch erscheinen, schau dir an, was unsere Gedanken den ganzen Tag so machen, wenn wir sie alleine lassen. Stephanie wundert sich wirklich, warum sie nicht glücklich ist. Sie glaubt, dass es allein an ihrem Arbeitsumfeld liegt, an ihrem Beziehungsstatus, an den Gesprächen mit ihrer Mutter, doch dann sagt sie all diese unnötigen Dinge zu sich selbst.

Es ist kaum zu glauben, dass wir überhaupt etwas ins Werk setzen! Glaubst du, dass Stephanies Familienmitglieder auch so klingen? Na klar. Charaktereigenschaften wie Stephanies neurotisches Im-Kreis-Denken kommen aus ihrem kulturellen und familiären Umfeld und haben sich über Jahre festgesetzt. Ich glaube, dass Stephanie ihren hypochondrischen Gedanken mal einen festsitzenden und permanenten Maulkorb verpassen sollte.

Und wie sieht es bei Ethan aus? Wie hört sich sein innerer Dialog an? Seine nach außen gekehrten Gedanken waren schon ziemlich negativ. Er hat sogar das Coaching benutzt, um sich niederzumachen. Merke: Dein Kopf ist clever. Falls du etwas tun solltest, das anders ist als sonst und dazu auch noch ein bisschen furchteinflößend oder merkwürdig, wird er versuchen, dich wieder auf die Gleise zu setzen, auf denen du schon immer unterwegs bist.

• Ich habe überall Ausschlag. Ich will einfach nur, dass es aufhört.
• Ich bin so was von unorganisiert.
• Ich kann nichts. Es ist alles nur Schall und Rauch.

- Ich will mich nicht für den Rest meines Lebens Hunderten oder Tausenden von Menschen vorstellen müssen.
- Mist, meine Mutter hat Geburtstag. Ich sollte sie anrufen, aber ich will nicht. Sie wird seltsam sein, vielleicht sogar passiv-aggressiv. Ich sollte den Anruf verschieben, aber dann wird sie noch passiv-aggressiver sein. Ich verhalte mich passiv-aggressiv, indem ich nicht anrufe ... Mist!
- Ich werde niemals besser Golf spielen können. Ich hätte das Geld gar nicht erst ausgeben sollen.
- Reg (Ehefrau) geht schon wieder weg. Ich kann sie nicht darauf ansprechen, sonst meckert sie wieder. Den ganzen Tag einkaufen und dann abends ausgehen mit Freunden. Ist bestimmt toll.
- Ich bin als Vater nicht präsent, mein Zuhause versinkt im Chaos.
- Ich hasse meinen Job. Ich bin nicht gut darin und ich hasse es, in etwas nicht gut zu sein, aber ich bin nicht bereit, mein Scheitern zuzugeben.
- Das Scheitern erdrückt mich. Ich laufe geradeaus auf mein Grab zu, während ich an meinem Scheitern ersticke.

Autsch.

Es wird dich nicht wirklich überraschen, aber weder Ethans leiblicher Vater noch sein Stiefvater hatten nette Worte für ihn. Rate mal, wer auch keine für sich hat? Ethan hat große Probleme damit, etwas Nettes über sich zu sagen, egal ob laut oder in seinem Kopf. Nicht zufällig ist auch seine Frau Regina nicht gerade warmherzig oder empathisch. Sie ist vielleicht netter als Ethan, aber das ist nicht schwer, oder? Und auch wenn wir versuchen könnten, Ethans eigene Unfreundlichkeit seiner Erziehung anzuhängen, kann man, auch wenn man als Kind verbal misshandelt wurde, ein unglaublich freundlicher Mensch werden (bitte weiteratmen). Ethans innere Stimme hatte nur lange Zeit keinen Maulkorb und wurde an einer viel zu langen Leine gehalten.

Und Katie? Was haben ihre Gedanken über all diese Lebensmittel, Fitnessversprechungen und Konsequenzen zu sagen?

- Was habe ich mir nur dabei gedacht? Ich hasse Sellerie. Dieses Essen ist scheiße. Ich will eine verdammte Pizza. Mist.
- Hühnchen ist öde. Ich hasse diese Diät. Ich werde niemals dünn sein. Wie konnte ich jemals glauben, dass es klappt? Ich muss verrückt gewesen sein.
- Kalorienarmes Dressing schmeckt scheiße.
- Was zur Hölle macht man bitte mit Frischkäse? Isst man den so oder mit etwas oben drauf? Was soll ich damit anfangen?
- Mist, ich will jetzt keinen Sport machen. Meine Beine tun noch von gestern weh. Und Zeit habe ich auch keine. Ich schaffe das niemals.
- Das ist doch alles doof! Ich schiebe alles auf.
- Scheidungen sind scheiße. Dieser Tag ist scheiße. Mein Exmann ist scheiße. Ich brauche einen Drink.

• Soll ich den Spargel ohne Butter bestellen? Die Kellnerin sieht gestresst aus. Ich will ihr keine Umstände machen. Ich hasse es, wenn jemand im Restaurant Extrawünsche hat. Egal. Das bisschen Butter. Eigentlich keine Schummelei. Ich wische den Spargel einfach mit der Serviette ab. Das sollte klappen.

• Ich verhungere. Es gibt hier einfach nichts zu essen. Ich will diese verdammten Kekse. Wieso hat meine Schwester sie überhaupt gekauft? Sie weiß doch, dass ich auf Diät bin!

• Meine Schwester wollte mir Sashimi zum Abendessen mitbringen. Es gibt keinen.

• Also hat sie mir gebratenes Hühnchen mitgebracht. VERDAMMT. Wenn ich noch einmal Hühnchen essen muss, schreie ich.

Falls du einen Teenager zu Hause hast (oder einem aus dem Weg gehst), denkst du dir jetzt wahrscheinlich, dass sich die 38-jährige Katie genauso benimmt: faul, nörgelig, immer auf Krawall gebürstet. Wenn du deine Gedanken durch das Gedankenlogbuch erst mal überführt hast und erkennst, wozu sie dich bewegen und wovon sie dich abhalten wollen, kannst du mit ihnen angemessen umgehen. Du kannst die richtigen Versprechen machen, um sie zum Schweigen zu bringen. Oder sie sogar umkehren lassen, damit du und dein ganzes Ich – deine Gedanken, dein Körper, dein Herz – für dasselbe Endziel kämpfen: die Erfüllung deiner Träume.

Einen Stift für deine Gedanken

Es wird Zeit. Du bist dran.

AUFGABE FÜR KAPITEL VIER

1. Schreibe dreimal am Tag auf, worüber du in den letzten ein bis zwei Stunden nachgedacht hast. Du kannst dir zum Beispiel einen Wecker stellen oder eine Notiz auf dem Handy speichern, um dich rechtzeitig an das Gedankenlogbuch zu erinnern. Gib dir ein Zeitlimit, zum Beispiel fünf Minuten, und versuche so viele Gedanken wie möglich zu notieren. Überarbeite nichts, sondern bring einfach zu Papier, was gerade in deinem Gehirn herumgeistert. Mach das zwei Wochen lang.
2. Wenn deine Notizen sehr umfangreich sind, lies sie noch einmal durch und überlege dir, welche Themen sich überschneiden. Liste sie auf, zum Beispiel:
   • Sorgen über das, was die anderen von dir denken
   • Angst vor Entscheidungen
   • Kritik an anderen
   • Kritik an dir selbst, Selbstzweifel
   • Wettbewerb mit anderen, dich mit anderen vergleichen und sich dadurch schlechter oder besser fühlen
3. Folge den fünf Schritten in diesem Kapitel, um deine Gedanken in den drei Bereichen, an denen du arbeiten willst, unter ein neues Management zu bringen: deins.

Den Kopf in eine andere Richtung bewegen

Ausgestattet mit all diesen Informationen kannst du herausfinden, wozu du deine mentale Energie verwendest, und diese anschließend umleiten. Du kannst dich entscheiden, worauf du deine Energie fokussieren willst, und passend dazu Versprechen entwickeln. Manche deiner Gedanken sind dir vielleicht peinlich und du willst sie nicht aufschreiben. Aber vergiss nicht, dass dich auch die Dinge beherrschen, für die du dich schämst, und noch schlimmer: Sie werden Realität.

Der Schlüssel ist, das Ganze mit Humor zu nehmen. Wir sind alle ein bisschen verrückt. Aber wenn du diesen Dingen erlaubst, so viel Macht über dich dazu haben, dass du glaubst, sie sind du, hast du keine Chance auf Veränderung.

Du bist das nicht.

Es ist nicht leicht, die Glaubenssätze zu ändern, die dich dein ganzes Leben geprägt haben. Der Wille, gemeinsam mit mir in die Tiefen dieses Swimmingpools zu tauchen, stürzt dich in eine neue Welt voller Verletzbarkeit, Triumphe und Chaos. Ich kann dir nicht versprechen, dass dein Leben einfacher wird. Aber die Überholspur kommt. Gott sei Dank. Du und ich bauen gemeinsam Mut und innere Stärke auf und triumphieren am Ende über Angst und Resignation. Bist du angeschnallt?

Zeit für dein QUIZ. Bist du bereit?

Heute ist es so weit! Heute wirst du den schnuckeligen Freund einer Freundin fragen, ob er mit dir essen gehen will, nachdem ihr seit Monaten auf Facebook geflirtet habt. Du hörst dir an, was dir dein

Vertrauter, Berater, Guru und Sekretär zu sagen hat – dein Kopf. Und dann machst du das, was er sagt.

A. Bist du blöd? Deine große Liebe sollte ja wohl dich zum Abendessen einladen. Er kann es also nicht sein. Frag nicht. Es war ein blödes Versprechen.
B. Bleib cool. Anstatt ihn heute zu fragen, wieso postest du nicht erst mal dieses neue süße Selfie und schaust, wie er reagiert.
C. Wenn du schon dabei bist, leite seine Antwort an einen deiner Freunde weiter, der über die Sache Bescheid weiß, und frage ihn, was du tatsächlich tun sollst.
D. Sage deinem Kopf, er soll sich beruhigen. Auch wenn du verstehst, warum er Angst hat, du träumst davon, die Liebe deines Lebens zu finden. Deine Handlungen (und Gedanken!) müssen zu den Resultaten passen, die du erreichen willst. Frage ihn! Sei so mutig, wie du es von deinem Seelenverwandten auch erwartest.

Antwort: D – für „Du schaffst es", mit deinem Kopf umzugehen und deinem feigen Doppelagenten Grenzen zu setzen, dessen ständige Sabotage dich traurig und feige macht und – wenn das so weitergeht – Single bleiben lässt.

Kapitel fünf – Emotionale DNA
SPIEL DEIN BLATT

Bist du ~~meine~~ deine Mutter?

Egal wie sehr wir unsere Eltern lieben oder wie weit wir vor ihnen geflohen sind, sie haben die Grundlagen in uns gelegt. Und auch wenn wir alle irgendwann darüber lachen (oder schlucken) müssen, dass wir langsam wie unsere Eltern klingen, verstehen wir wirklich, wie schwerwiegend dieser Satz ist?

Antwort: Viel weniger, als wir sollten.

Ich verspreche dir, die meisten von uns haben sich niemals voll und ganz damit auseinandergesetzt, wie tief unsere emotionale DNA reicht. Nicht nur physisch. Klar, wir wissen alle, dass wir die Gesichtszüge unserer Mutter und die Nase unseres Vaters haben. Aber denken wir jemals darüber nach, dass wir nicht nur die schönen blauen Augen unseres Vaters geerbt haben, sondern vielleicht auch die Tendenz, anderen nachzugaffen? Oder darüber, dass wir jemanden heiraten würden, der anderen nachgafft?

Klar, manche von euch wissen das schon und finden das hier total unnötig. Entweder weil es 1) absolut offensichtlich für dich ist oder 2) weil du Jahre damit verbracht hast, genau das zu verarbeiten, und dich endlich komplett davon lösen konntest.

Aber ist das nicht gerade der Punkt?

Irgendwie ist die Person, die du heute bist, selbst wenn sie das absolute Gegenteil deiner Eltern ist, immer noch eine Reaktion auf sie.

Deine Persönlichkeit wurde nicht einzig und allein von dir designt. Wenn wir – unterbewusst oder sogar bewusst – immer damit beschäftigt sind, besser als unsere Eltern zu sein, es ihnen irgendwie heimzuzahlen und/oder unsere ungelösten Kindheitsprobleme zu verarbeiten, können wir dann überhaupt eine eigene Persönlichkeit entwickeln? Oder ist sie nur eine Reaktion?

Das Kind eines Alkoholikers ist nüchtern, trinkt keinen Alkohol, ist standhaft und hat eine festgefahrene Meinung zu religiösen Schulen. Das Kind eines Spielers ist konservativ und hält sein Geld zusammen. Unsere Eltern waren vielleicht nett und großzügig, geizig oder herablassend. Sie waren vielleicht Alkoholiker oder Ehebrecher, glücklich verheiratet oder für immer Single. Sie waren für ihre Kinder da oder sind meilenweit vor ihnen weggelaufen, ohne sich einmal umzudrehen. Wie können all diese Charaktereigenschaften und Probleme keine dauerhaften Spuren in uns hinterlassen haben?

Sie müssen.

Gut und viel

Als du geboren wurdest, hast du eine Art Wundertüte mitbekommen, ähnlich wie die am Ende einer Geburtstagsfeier. Nur war diese Tüte nicht mit Gummibärchen, Kaubonbons oder Spielzeug gefüllt. Sie war voll mit deiner physischen DNA (Moleküle, Gene etc.) und deiner emotionalen DNA (Persönlichkeit, innerer Dialog, Probleme, Glauben und Theorien). In ihr war alles, was du während deines Lebens gesehen, gelernt, nachgemacht, erfunden und ausgehalten hast, von der Ehe deiner Eltern bis hin zur Gesellschaft als Ganzes. Ihr Inhalt ist von so vielen Dingen beeinflusst, deiner Nationalität, deiner Hautfarbe, deinem Geschlecht, der Rangordnung in deiner Grundschule oder der Stadt, in der du aufgewachsen bist, etc. Und wir alle entwickeln unsere Persönlichkeit aus dem Inhalt dieser Tüte, ob wir wollen oder nicht. Wenn manche von uns gewusst hätten, dass wir unsere Persönlichkeit, geschweige denn unsere Ehen (oder deren Vermeidung), mithilfe genau dieser Tüte bewerkstelligen, hätten wir nicht bewusst versucht, sie ein bisschen zu verändern? Genau. Aber was solltest du schon machen? Du warst schließlich erst zehn.

In manchen Bereichen weißt du ganz genau, was du mit deiner Wundertüte angefangen hast. Du hast großartige Dinge aus ihr gemacht. Als Reaktion auf die Tatsache, dass dein Vater niemals einen tollen Job hatte, hast du dich angestrengt, etwas zu tun, was du liebst. Du bist vielleicht mit einem suchtkranken Elternteil aufgewachsen und hast dich entschieden, nüchtern zu bleiben. Du hast gesehen, was bei deinen Eltern nicht funktioniert hat, und hast es besser gemacht, ohne auch nur einen Tropfen Gift anzurühren.

Ganz klar: Dein Weg ist besser.

Allerdings haben die meisten von uns ihre Persönlichkeit nicht zu einer Quelle des Stolzes oder der Freude gemacht – ohne Groll, ohne Reaktion auf andere, auf der Basis ihrer Möglichkeiten, voller Vergebung und Respekt ihren Eltern gegenüber. Und das ist der Grund, weshalb wir die Zeit zurückdrehen und bewusst betrachten, wie du dich unterbewusst selbst geschaffen hast. Denn nur wenn du dich im Ganzen sehen kannst, die guten und die schlechten Seiten, kannst du deine eigenen Glaubenssätze entwickeln – über deine Charaktereigenschaften, deine Theorien und Überzeugungen – und bewusst das verbessern, was dir mitgegeben wurde.

In meinen mehr als 20 Berufsjahren habe ich einige ziemlich düstere Wundertüten gesehen. Aber ich schwöre dir, niemand – und ich meine wirklich niemand – hatte es leicht. Egal wie es von außen aussieht. Selbst die Erfolgreichsten, Vermögendsten, Klügsten haben unangenehme Überraschungen in ihren Tüten. Was es auch ist, in diesem Kapitel hast du die Chance, deine Wundertüte auszuleeren und dich ehrlich dem Inhalt zu stellen. Du kannst ihn natürlich auch ignorieren oder irgendwo eingraben und damit klarkommen.

Auch hier ist es nur gerecht, dass ich dir zeige, wie viel von Marsha Marsha Marsha (meine Mutter) in mir steckt.

Meine Mutter hat eine Couch

Wahrscheinlich hast du schon gemerkt, dass ich mit einer ziemlichen Dosis Oberflächlichkeit daherkomme, da du mich aber nicht persönlich kennst, kannst du nicht wissen, wie sehr ich mich dennoch von meiner Mutter unterscheide.

Meine Mutter hat eine Eigenart, die meine Schwestern und ich „Couch" nennen. Aber was ist Couch? Nun, meine Mutter mag Dinge. Und nicht irgendwelche. Nur die besten. Und diese Eigenschaft, ihre Liebe für Gegenstände (besonders schicke Möbel), haben wir Couch getauft. Von Park Avenue bis zum East River oder Beekman Place, für meine Mutter zählt nur die Marke. Selbst als es mit den Finanzen meiner Eltern ziemlich schlecht aussah und sie in eine kleinere Wohnung ziehen mussten, habe ich mich im Stillen gefragt, ob meine Mutter meinen Vater für das Tagesbett[13] verlassen hätte, falls die Wohnung zu klein für beide gewesen wäre.

Und hier sind wir nun: vier Kinder. Drei Mädchen. Ein Junge. Alle mit genau dieser Eigenschaft in unserer Wundertüte. Und was habe ich daraus gemacht? Klar mag ich schicke Möbel. Aber weißt du was? Ich habe einen Mann geheiratet, der sich um materielle Dinge einen feuchten Dreck schert. Mein Haus ist ein hübsches, etwas heruntergekommenes altes Farmhaus. Mein Kleiderschrank ist winzig. Kümmert es mich? Ich wechsele immer mal wieder die Kleidergröße, aber sonst ist es mir ziemlich egal. Ich finde meine Liebe zum Sich-nicht-Kümmern und meine überraschend nichtmütterliche Ader sehr charmant.

13) *Frankreich, 19. Jahrhundert*

Klar, Couch war in allen vier Wundertüten. Aber erst als ich meine Version wahrnahm oder besser gesagt meine Ablehnung, konnte ich über Couch lachen, es benennen und etwas anderes daraus entwickeln. Klar will ich ein schönes Haus. Genau wie mein Mann David, er werkelt ständig daran herum. Aber nicht, weil ich es unbedingt brauche oder weil Besitz das ersetzen könnte, was ich am meisten liebe. Das ist unmöglich.

Einmal haben David und ich versucht, 12 antike Stühle zu kaufen, die wir online gesehen hatten. Haben wir sie tatsächlich gekauft? Nein. Wir sind ohne die Stühle nach Hause gekommen, aber mit der Telefonnummer der Stuhlbesitzer, die inzwischen Freunde sind. Mir scheint, dass ich in Reaktion auf die Couch meiner Mutter – ihrer Liebe für Materielles – Menschen sammle. Keine Gegenstände.

Dein Modell verbessern

Umso mehr du deine Wundertüte verstehst, umso besser kannst du die Person erschaffen, die du wirklich sein willst.

Wenn du erst einmal die Spuren deiner Eltern erkennst, dann kannst du die Punkte auf deiner Landkarte miteinander verbinden und eine aktive Rolle in deiner eigenen Entwicklung übernehmen. Ist es nicht großartig zu wissen, dass du nicht nur die Probleme deiner Eltern in dir trägst, sondern dass du sie in deinem Sinne verändern kannst? Du kannst über deine Wundertüte lachen. Du kannst Verantwortung dafür übernehmen, was du bekommen hast, und es heilen.

Ganz bewusst.

Ich statte dich in diesem Kapitel mit der Fähigkeit aus, dein Leben ganz und gar selbst zu gestalten. Dir klarzumachen, dass deine Träume genau das sind, was sie sind – deine Träume! Damit deine Träume über die Ehe oder die Beziehung zu dir selbst keine bloße Reaktion auf deine Eltern bleiben. Damit du die Eigenschaften kultivieren kannst, die du haben willst, während du die anderen langsam loslässt.

Keiner von uns hat auch nur den blassesten Schimmer davon, wie überzeugend die Probleme und Eigenschaften unserer Eltern sein können, wie sehr wir von ihnen durchdrungen sind. Es ist so, als würden wir ein Haus bauen, uns aber nicht mit dem Fundament auseinandersetzen wollen. An die Arbeit!

Die Eltern anderer Leute

Schauen wir uns an, wie einige meiner Klienten mit der Aufgabe in diesem Kapitel umgegangen sind. Sie mussten eine Liste der Eigenschaften ihrer Eltern machen und aufzeigen, wo sich diese Eigenschaften in ihnen wiederfinden oder wie sie die Dynamik ihrer Ehe beeinflusst haben.

Damit dieses Buch nicht den Umfang von Krieg und Frieden bekommt, habe ich nur ein paar Eigenschaften ausgesucht. Diese Beispiele sind nicht die ersten Versuche meiner Klienten. Wie du dir vorstellen kannst, wird es ein bisschen dauern, um dich in den Bann zu ziehen. Die Fähigkeit und der Wunsch, mit Dingen fertig zu werden, die bei uns nicht unbedingt funktionieren, ist schließlich nicht gerade das, was wir am liebsten tun.

Was hat Donna über ihre Eltern zu sagen? Wie spiegeln sich ihre Eigenschaften in ihr wider, besonders die, die eine Gefahr für ihre Träume sind? Denke an *Hier geht's lang #1:* Finde dich in diesen wunderbaren Menschen wieder.

EIGENSCHAFTEN VON DONNAS VATER

• *Opfer/Jammerlappen*

Alles ist ein Problem. Er bekommt keine Arbeit, weil er zu alt oder überqualifiziert ist oder weil Menschen heutzutage nicht wissen, wie man ein Unternehmen führt etc. Niemand gibt ihm eine Chance.

Wie die Eigenschaft in mir lebt

Ich beschwere mich nie (nur in Gedanken). Niemand weiß, dass ich Verdauungsprobleme habe. Ich leide stumm vor mich hin und verstecke meine Probleme hartnäckig. Ich bin das stille Opfer meiner Krankheit, meines Ehemanns, der Zeit etc. Ich habe einen Mann geheiratet, der sich laut genug für uns beide beschwert.

• *Passiv-aggressiv*

Mein Vater wird sich so lange leise beschweren und herummeckern, bis ihn jemand versteht und etwas tut. Er beschwert sich zum Beispiel so lange über den Müll, bis ihn jemand rausbringt.

Wie die Eigenschaft in mir lebt

Ich mache immer alles selbst und ärgere mich darüber, wenn andere mir nicht helfen, obwohl ich nicht darum bitte. Manchmal bitte ich die Kinder. Aber wir wissen ja, wie gut das funktioniert. Ich habe einen

Mann geheiratet, der kein Problem damit hat, etwas einzufordern. Ich frage nicht und schaue zu, wie du mehr und mehr nimmst. Du hast keine Ahnung, dass ich unglücklich bin oder etwas brauche.

• *Suchtkrank*

Nach seinem Alkoholentzug wurde er süchtig nach Süßigkeiten.

Wie die Eigenschaft in mir lebt

Ich war in meinen Zwanzigern ebenfalls süchtig nach Süßigkeiten. Nachdem meine Verdauungskrankheit diagnostiziert wurde, habe ich Industriezucker abgesetzt. Aber ich habe andere suchtähnliche Verhaltensmuster. Mir ist aufgefallen, wie sehr mein Einkaufsverhalten und der Versuch, meine Einkäufe zu verstecken, dem Trinkverhalten meines Vaters ähneln. Er hat verheimlicht, wie viel er trank. Ich verstecke meine Einkäufe.

EIGENSCHAFTEN VON DONNAS MUTTER

• *Spirituell*

Meine Mutter ist überzeugte Katholikin. Sie betet, hört spirituelle Musik, schaut katholische Fernsehsender und liest spirituelle Bücher.

Wie die Eigenschaft in mir lebt

Ich bin ihr sehr ähnlich. Ich habe mir diese Verhaltensweisen angewöhnt, als ich noch sehr jung war, beeinflusst nicht nur durch meine Mutter, sondern auch durch meine Großmutter. Unsere drei Kinder gehen auf eine katholische Schule. Wir gehen sonntags in die Kirche. Es gibt für uns in diesem Bereich kein Vielleicht (oder eine Wahl).

• *Einkaufen*

Sie hatte immer eine Ausrede dafür, warum sie etwas anschaffen musste. Kaufen war die Strafe für das Trinken meines Vaters.

Wie die Eigenschaft in mir lebt

Genau wie meine Mutter weiß ich genau, warum ich es verdient habe, mir das jetzt zu kaufen. Genau wie meine Mutter kann ich zur Tankstelle gehen und mit Sachen zurückkommen, die ich gar nicht kaufen wollte. Und mir sagen, dass ich es verdient habe.

EIGENSCHAFTEN & DYNAMIK IN DER EHE VON DONNAS ELTERN

Meine Eltern lieben sich sehr. Mein Vater war die erste große Liebe und der erste feste Freund meiner Mutter. Sie haben sich selten vor uns gestritten. Falls wir einen Streit mitbekommen haben, dann nur, weil sie geglaubt haben, wir wären nicht zu Hause oder auf unserem Zimmer. Sie haben viel Spaß miteinander und können miteinander Zeit verbringen, ob auf dem Sofa beim Fernsehschauen oder beim Einkaufsbummel im Supermarkt. Für mich sind sie gute Freunde. Wenn mein Vater in einen seiner negativen Opfer-Monologe verfällt, sehe ich, wie meine Mutter ihn einfach ausblendet. Ich glaube, nur so kann sie das Gemecker tolerieren. Manchmal sagt sie Sätze wie „Kannst du bitte mal aufhören?", „Es reicht!" oder „Gibt es auch gute Neuigkeiten?". Das finde ich super! Hauptsächlich gab es Probleme wegen des Alkoholismus und des Rauchens meines Vaters. Dazu die weniger häufigen, aber doch regelmäßigen Auseinandersetzungen um Geld. Dann war meine Mutter wütend oder traurig oder beides.

Du denkst jetzt wahrscheinlich, dass du auf keinen Fall ein so offensichtlicher Klon deiner Eltern bist wie Donna. Sorry, aber das stimmt nicht. Und das ist nichts Schlechtes. Wenn du bereit bist, den karmischen Witz zu akzeptieren, der darin liegt, ist es sogar ziemlich spaßig. Es liegt an uns, ob wir darüber lamentieren oder den Zustand verändern.

Okay, zurück zu Donnas Liste. Falls ich alle negativen und positiven Eigenschaften ihrer Eltern abgedruckt hätte, wäre dir aufgefallen, dass Donna nichts Schlechtes über ihre Mutter zu sagen hat. Gar nichts. Am ehesten noch das, was sie über ihr Einkaufsverhalten gesagt hat. Aber glaubst du wirklich, dass Donna das Verhalten ihrer Mutter als schlimm empfindet? In Donnas Beschreibung verteidigt sie ihre Mutter sogar. Schließlich war es ja die Antwort auf den Alkoholismus des Vaters.

Es ist so (*Hier geht's lang #4:* Folge mir): Wenn Donna ihre Mutter, die Ehefrau eines passiv-aggressiven Pessimisten mit einem trockenen Sinn für Humor, als Heldin der Geschichte beschreibt, was bedeutet das für Donnas Rolle in ihrer eigenen Geschichte? Wenn es in jeder Liebesgeschichte einen Bösewicht (den Ehemann) und einen Helden/Märtyrer/Opfer (die Ehefrau) gibt, wiederholt Donna nicht genau das in ihrer eigenen Ehe? Wenn es Donna als Konfrontation empfindet, ihre Meinung zu äußern, muss sie dann jemals ihren Mund aufmachen? Musste ihre Mutter das tun? Glaubst du, dass es Zufall ist, dass Donna die Traditionen, Probleme und Eigenschaften ihrer Familie weiterführt?

Nur wenn wir analysieren, wie sehr wir durch die Ehe unserer Eltern, unsere Herkunft und Tradition unterbewusst beeinflusst wurden, können wir unser Unterbewusstsein ins Bewusstsein bringen und etwas daran ändern.

Donnas Ehemann John mag vielleicht nicht trinken, aber wie sieht es mit der Lebenseinstellung aus? Ist er ein positiver Typ? Glaubst du, dass Donna auf positiv denkende Männer steht? Ist es nicht eher Johns Gemecker (wie das ihres Vaters), das Donna erlaubt, sich nicht mit ihrem eigenen Gemecker auseinandersetzen zu müssen?

Selbst wenn wir nicht unbedingt an uns arbeiten: Wir sind eine verbesserte Version unserer Eltern, ihrer Eigenschaften, ihrer Ehe. Das gilt für uns alle.

Wenn deine Mutter dich geschlagen hat, ist es ziemlich unwahrscheinlich, dass du deine Kinder schlägst. Aber dafür gehst du vielleicht aus, versuchst zu entspannen, bist höflich, brauchst einen Cocktail oder trägst einen stillen Groll mit dir herum. Wenn dein Vater ein Alkoholiker war, dann fasst du vielleicht keinen Alkohol an, bist vielleicht aber ein Shopaholic oder isst zu viel. Falls die Ehe deiner Eltern streitbar und laut war und du dich als Kind deshalb unwohl gefühlt hast, ist es sehr wahrscheinlich, dass du deine eigenen „lauten" Gefühle herunterschlucken wirst.

Eine Verbesserung? Ja. Aber reicht das für dein ganzes Leben? Was meinst du?

Wir sind alle eine verbesserte, aktualisierte Version unserer Eltern. Wir sind das neue iPhone. Aber reicht das? Kann Donna mithilfe ihrer Liste den ultimativen karmischen Witz „ich" = „sie" verstehen?

Das „wir" = „eine Version unserer Eltern (oder das Gegenteil)"? Wir sind nicht nur hier, um auf die Fehler unserer Eltern zu zeigen (auch wenn das Spaß macht), sondern um sie (unsere Eltern) weiterzuentwickeln. Wir sind vielleicht sogar hier, um ihnen beizubringen, wie man das nächste Upgrade herunterlädt.

Wie sieht es mit Ethans Eltern aus? Von wem hat Ethan seinen „Schmollidioten" geerbt? Vergiss nicht, Ethan hat noch einen Extravater, in diesem Fall seinen leiblichen.

EIGENSCHAFTEN VON ETHANS MUTTER

• *Verurteilend*
Sie redet immer schlecht über andere.
Wie die Eigenschaft in mir lebt
Mein Urteil ist sehr hart. Über sie, über mich, selbst über die Bücher, die sie liest, über das, was meine Schwiegermutter malt, was meine Familie auf Facebook schreibt, über alles. Selbst jetzt verurteile ich mich dafür, dass ich verurteile.

• *Märtyrer*
Meine Mutter ist ständig auf der Suche nach jemandem, der sie nicht zu schätzen weiß. Sie hatte oft Anfälle, war wütend oder traurig, weil sie das Gefühl hatte, dass niemand würdigte, wie viel sie für die Familie getan hat.

Wie die Eigenschaft in mir lebt

Ich bin oft (total) frustriert, dass a) mir niemand hilft oder b) niemand zu schätzen weiß, wie hart ich arbeite, damit es allen gut geht. Bitte ich Menschen um Hilfe? Niemals. Sage ich zu allem Ja und Amen? Immer. Zumindest bis ich mich aufrege und andere beschuldige, dass sie zu viel verlangen. Habe ich eine Frau geheiratet, die glaubt, auf alles ein Recht zu haben und dass ihr jeder etwas schuldig ist und alles für sie erledigt werden muss? Ja. Habe ich sie – und andere Menschen – nicht sogar mit meiner Großzügigkeit beeindrucken wollen, mit der Tatsache, dass ich alles für sie tue? Ja. Ich bin ein guter Fang. Ich ködere dich mit meiner Selbstlosigkeit, damit du mich magst, und dann nehme ich es dir übel.

· *Stimmungsschwankungen*

Wegen der bipolaren Tendenzen meiner Mutter waren ihre Stimmungsschwankungen immer extrem. Sie konnte unglaublich wütend sein, dann plötzlich sehr traurig, dann tat sie so, als ob ihr alles völlig gleichgültig wäre, sprach mit niemandem, und wenn, dann immer in einem harschen Unterton.

Wie die Eigenschaft in mir lebt

Ich bin eine etwas sanftere Version meiner Mutter. Ich schmolle häufig, bin oft weinerlich und traurig. Als Reaktion auf meine Stimmungsschwankungen verhält sich meine Frau unversöhnlich und kalt. Was – wenn ich so darüber nachdenke – für meine Schmollstimmung förderlich ist. Wenn sie sofort versöhnlich und liebevoll reagieren würde, wäre es viel schwieriger für mich weiterzuschmollen.

• *Kreativ*

Meine Mutter bastelt ständig. Sie ist eine talentierte Künstlerin, aber diese Fähigkeiten zeigt sie nur selten, was mich nicht überrascht.

Wie die Eigenschaft in mir lebt

Ich habe es immer schon genossen, zu zeichnen oder mit Ton zu arbeiten. Ich mache es allerdings nur selten. Ich mache nicht mehr aktiv Musik, schreibe nicht mehr und zeichne nur noch gemeinsam mit den Kindern. Ich habe zwar immer eine Ausrede, aber ich glaube im Grunde liegt es an meinem niedrigen Selbstbewusstsein und dem ständigen Zweifel an meinen Fähigkeiten. Vielleicht bin ich zu beschäftigt, um mir Zeit für Kunst zu nehmen, die ich hinterher sowieso nur kritisch verurteile.

EIGENSCHAFTEN VON ETHANS STIEFVATER

• *Unruhestifter*

Er hat sich oft über den Gefühlszustand meiner Mutter lustig gemacht. Er hat uns Kinder häufig geärgert und Witze über die Eigenheiten seiner Freunde und Verwandten gemacht. Wenn es meiner Mutter nicht gut ging, hat er sich dumm gestellt und sich wie ein aalglatter Typ aus einer Comedyserie verhalten.

Wie die Eigenschaft in mir lebt

Ich mache ständig Witze und ziehe jeden auf (Kinder, Ehefrau, Freunde etc.), was eine unangenehme Situation häufig noch schlimmer macht. Ich kann einem guten Witz einfach nicht widerstehen, selbst wenn er absolut unpassend ist (oder gerade dann?). Auch wenn meine Frau eher gefühlskalt ist, reagiert sie sehr sensibel, wenn man sich über sie lustig macht. Sie kann über meinen Humor nicht lachen. Aber das bremst mich nicht.

• *Opfer*

Mein Vater hat eine fatalistische Lebenseinstellung. Er glaubt, dass andere Leute ihren Erfolg weniger verdient haben als er, weil er sein Leben lang hart gearbeitet hat. Für ihn ist das Leben ungerecht, weil einfache, hart arbeitende Menschen wie er niemals das bekommen, was sie verdienen.

Wie die Eigenschaft in mir lebt

Auch ich habe den Großteil meines Lebens die Opferrolle eingenommen. Es gab viele negative Dinge in meinem Leben, die mich bestimmt haben. Ich bin wütend auf die ganze Welt und beneide andere. Ich habe ein Drückeberger-Verhalten entwickelt, aber will mich trotzdem über die Regeln aufregen, obwohl ich schon längst nicht mehr mitspiele.

EIGENSCHAFTEN VON ETHANS LEIBLICHEM VATER

• *Abwesend*

Ich habe meinen leiblichen Vater nie persönlich getroffen. Eine seiner Eigenschaften, die in mir aber sehr präsent ist, ist seine Abwesenheit.

Wie die Eigenschaft in mir lebt

Ich halte in meinen Beziehungen immer eine emotionale Distanz. Es ist sehr schwer für mich, Menschen an mich heranzulassen.

Wenn sie mir zu nahe kommen, versuche ich sie von mir weg-
zuschieben. Ich hatte häufig das Gefühl, vor Menschen wegzulaufen
(vor meiner Frau), das hat sich aber verbessert. Ich habe nie versucht,
meinen leiblichen Vater zu finden. Ich nehme an, dass er nicht gefunden werden will, und ich bin für ihn wohl genauso abwesend wie
er für mich.

EIGENSCHAFTEN & DYNAMIK IN DER EHE VON ETHANS ELTERN

Die Ehe meiner Eltern war voller Konflikte. Sie stritten sich oft, weil
sich meine Mutter seltsam verhielt oder weil sie sich nicht einigen
konnten, wie sie mit dem negativen Verhalten ihrer Kinder umgehen
sollten. Es gab einige Trennungen, Geschrei, Drohungen, manchmal
sogar Gewalt. Meine Eltern kamen beide aus gescheiterten Ehen
und hatten sich geschworen, es besser zu machen. Trotz aller Konflikte, Streit und negativen Erlebnissen blieben sie zusammen. An
diesem Modell orientiert sich auch meine Beziehung: Die Ehe kommt
immer zuerst. Meine Eltern waren immer in Dramen involviert, es
gab viele Gerüchte und Spekulationen darüber, was der andere wohl
gerade treibt. Ich habe versucht, mit meinen Stimmungsschwankungen und meiner Wut auch in meine Ehe ein bisschen Drama zu
bringen. Ich sehe Konflikte, wo es keine gibt, und werde sehr schnell
wütend.

Niemand von uns ist wirklich überrascht über die Eigenschaften von
Ethans Eltern oder von seiner kritischen Haltung ihnen gegenüber,

immerhin sieht er sich selbst auch sehr kritisch. Oder? Aber ist das nicht der Punkt? Wenn wir hart zu uns selbst sind, dürfen wir dann nicht auch hart zu anderen sein? Ich darf dich verurteilen, weil ich mich genauso verurteile?

Ist das wirklich so?

Wenn Ethan erkennen kann, welche Eigenschaften er von seinen Eltern übernommen hat, kann er die Punkte verbinden und sich versprechen, die Dinge anders zu machen. Er kann seine Stimmungsschwankungen damit erklären, dass er, genau wie seine Mutter, niemals direkt nach etwas fragt. Er kann erkennen, dass seine Mutter sich mehr gewürdigt gefühlt und wahrscheinlich weniger schnippisch verhalten hätte, wenn sie nur nach den Dingen gefragt hätte, die sie brauchte, selbst wenn es nur Dankbarkeit war. Und Ethan kann nun wirklich darüber nachdenken, wie er mit all diesen Dingen umgeht.

Langsam beginnst du die Dinge wirklich verändern zu wollen. Nicht mehr auf sie zu zeigen, wegen ihrer Stimmungsschwankungen zu schmollen und endlich zu verstehen, dass es an dir liegt. Wenn du nur deine Eltern verantwortlich machst, musst du dich selbst nicht ändern. Erst wenn du eine Verknüpfung zwischen ihnen und dir hergestellt hast und deine Persönlichkeit erkennst und die Situation, in der du feststeckst, kannst du auch die Kluft zwischen deinem Traumzustand und deinem jetzigen Zustand sehen.

Ethan hat den ersten Schritt gemacht, von der 5 in seinem gegenwärtigen Selbst-Zustand zu der 9/10 seines Traums zu kommen. Er versteht, dass ihm sein „Schmollidiot" niemals erlaubt, nach etwas zu fragen. Ethan schaut anderen Leuten nur dabei zu, wie sie ihn ignorieren, anstatt um Hilfe zu bitten. Wenn er das erkennen kann, kann er es auch verändern.

Hier geht's lang #6: Lies diese Zeile noch mal. Sie ist wichtig.

Bist du bereit zu verstehen, wie spirituell und bemerkenswert unser Leben ist? Dass es keine Zufälle gibt? Wenn wir unser Leben damit verbringen zu glauben, wir hätten keinen Einfluss auf all diese Dinge, dann lassen wir einfach den Autopiloten angeschaltet und fahren mit Werkseinstellung. Unser Leben bleibt ein vorhersehbares Upgrade des Lebens unserer Eltern. Und auch wenn das vielleicht nett sein mag, ist es nett genug?

Kannst du in Donnas und Ethans Aufgaben erkennen, wie wenig Freiheiten sie (und wir) haben, wenn es darum geht zu entwickeln, wer und wie wir sein wollen? Erst einmal müssen wir verstehen, woher wir kommen. Es gibt keine Entscheidungsfreiheit, keine Entwicklung, keine Autorenschaft, wenn wir einfach nur unterbewusst (oder bewusst) manipuliert werden, damit wir „nicht so wie unsere Eltern werden".

Ich statte dich in diesem Buch mit der Fähigkeit aus, dein Leben komplett selbst zu gestalten. Wie kannst du dich weiterentwickeln, wenn du nicht weißt, gegen was du kämpfst oder was dich triggert?

Veränderungen

Wahrscheinlich hast du jetzt endgültig genug. Ich habe dich nicht nur ein Balg, einen Angsthasen und einen Wettermann genannt, ich habe dich sogar als bloße Reaktion auf die Persönlichkeit deiner Eltern bezeichnet. Keine Angst, ich bringe das wieder in Ordnung.

Ich werde dir beibringen, wie man deinen schlechten Eigenschaften Zügel anlegt. Aber zuvor musst du dir sicher sein, dass du das wirklich willst. Kein Witz. Egal, wie sehr du protestierst: Du liebst es, deine schlechten Eigenschaften zu hassen, sie zu deinem Nutzen einzusetzen und dich an ihnen festzuklammern. Ansonsten hättest du sie schon selbst geändert.

Wir haben alle schon einmal eine Angewohnheit verändert, die uns nicht gefallen hat. Du hast zum Beispiel gelernt, nicht mehr so viel zu trinken, dass du kotzen musst. Oder? Vierter Drink und die Welt steht Kopf. Stoppe bei drei. Voilà! – du hast dich verändert. Ein Wunder.

Hier sind die sechs Stufen, denen du folgen musst, um deinen negativen Eigenschaften die Zügel anzulegen.

1. **Erkennen.** Such dir eine negative Eigenschaft aus, die deinem Traum im Weg steht. Suchst du nach der großen Liebe, dann musst du dich mit den Eigenschaften auseinandersetzen, die deinem Liebe-Traum im Weg stehen wie schüchtern, oberflächlich, kalt und/oder pessimistisch sein.

2. **Beobachten.** Beobachte deine Eigenschaft in Aktion, genauso wie du es mit deinen Gedanken in Kapitel vier gemacht hast. Stellen wir uns vor, du bist ein wütender, leicht reizbarer Meckerer. Schau dir ein bis zwei Wochen an, wie sich diese Eigenschaft den Tag über bemerkbar macht. Denk dran, das ist dein Betriebssystem. Es sammelt Daten, verarbeitet Konzepte und produziert Gedanken, Gefühle und Handlungen. Beobachte es. Ertappe es auf frischer Tat. Überlege, wodurch es ausgelöst wird. Beobachte, wie oft es

auftaucht. Wie du selbst darüber sprichst. Denke über den inneren Dialog nach, der mit der Eigenschaft einhergeht. Schau dir an, wie es Dinge von allen Seiten betrachtet und Gründe dafür findet, sich zu beschweren.

3. **Benennen.** Gib der Eigenschaft einen Namen. Etwas Witziges. Wenn du die Eigenschaft jetzt auf frischer Tat ertappst, kannst du über sie lachen. Deine Eigenschaft mit einer Prise Humor zu nehmen ist der Schlüssel, um dein höheres Selbst zu entwickeln. Da wir wissen, dass Eigenschaften festgefahren sind und nicht weichen wollen, machst du dein niederes Selbst eben zu einem Haustier. Ein Haustier, das ein Bad, ein Schleifchen, eine kurze Leine, einen Frisör braucht, manchmal sogar (zumindest am Anfang) einen Maulkorb, ein Klo und natürlich einen Käfig.

4. **Zügeln.** Du wirst nun deine Eigenschaft zügeln, das heißt, du wirst Regeln und Vorschriften aufstellen, die sie bändigen sollen. Sobald du verstehst, was du tust und wie stark es andere beeinflusst, hast du auch die Motivation, dein unkluges Verhalten zu ändern und das richtige Versprechen und die angemessene Konsequenz zu finden, um es zu stoppen. Wenn du ab jetzt deinen Kindern, deinem Partner oder deinen Kollegen jeweils zehn Euro schuldest, wenn du dein Superbeschäftigtes-und-wichtigstes-Arschloch-im-Raum herausholst, dann ist das gut so. Wie lang wird es wohl dauern, bis du entweder etwas verändern willst oder während der Hausauf-gaben- oder Badezeit einen Klebestreifen holst, um dir den Mund zuzukleben?

5. **Ersetzen.** Entwickle die positive Eigenschaft, mit der du die negative ersetzen willst. Wenn du zum Beispiel wie in meinem Fall besser mit Oberflächlichkeit umgehen willst, dann ersetze sie mit Tiefgründigkeit, mit einer vollständigen Fürsorge.

6. **Realisieren.** Es wird niemanden überraschen, aber um tatsächlich etwas zu ändern, um genau diese Veränderung auf den Weg zu bringen, musst du Versprechen eingehen. Du musst diese Versprechen einhalten und wenn du es nicht tust, die Konsequenzen tragen. Falls du „oberflächlich" durch „tiefgründig" ersetzen willst, dann solltest du Versprechen machen, die mit Langsamkeit, Fürsorge, Zuhören, täglicher Verbesserung und der Kommunikation mit anderen Menschen zu tun haben, denen du von deinem neuen Ich erzählst. Nichts Neues unter der Sonne.

Die Geschichte wiederholt sich

Umso mehr ich die Vergangenheit anderer Leute betrachte, umso erschreckter und überraschter stelle ich fest, dass sie sich ständig wiederholt. Geradezu unheimlich. Und sie wiederholt sich nicht nur, sie dringt auch immer wieder in unser Leben ein.

Ich habe Kinder von Suchtkranken gesehen, die zwar nüchtern bleiben, aber dann Geschäftspartner von Suchtkranken werden und im Anschluss die gleichen Probleme durchleben müssen wie schon ihre Eltern oder Großeltern vor ihnen. Und das ohne ihre Notlage zu verstehen. Ohne zu realisieren, wie wichtig es für sie ist, aktiv einzugreifen. Wir studieren unsere Familiengeschichte nicht nur, um den Untergang mancher Familienmitglieder zu vermeiden, sondern auch um sie zu verstehen und zu würdigen.

Wenn wir alle unglaublich neugierig auf unsere Rolle in der Entwicklung unserer Familie sein würden, was wäre dann möglich?

Wir sind natürlich besorgt, wenn Krebs in der Familie verbreitet ist, und das sollten wir auch sein. Aber interessieren wir uns genauso für die Geschwister, die nicht mehr miteinander sprechen, für die gescheiterten Ehen oder den Kreislauf des Missbrauchs in unserer Familiengeschichte?

Sollte das nicht genauso wichtig sein?

Selbst die Wissenschaft ist auf meiner Seite. Laut einem neuen wissenschaftlichen Forschungsgebiet – Verhaltensepigenetik – verschwinden unsere Erfahrungen und die unserer Vorfahren nicht einfach, selbst wenn wir sie vergessen haben. Sie sind ein Teil von uns, eine Art molekularer Mitbewohner. Die DNA bleibt die gleiche, aber die psychologischen und Verhaltenstendenzen – positive wie negative – können vererbt werden.

Professoren an der Emory Universität brachten männlichen Mäusen bei, den Geruch von Kirschblüten zu fürchten, indem sie eine Verbindung hergestellt haben zwischen dem Geruch von Acetophenon – einer Chemikalie, die nach Kirschen und Mandeln schmeckt – und schwachen Elektroschocks am Fuß. Zwei Wochen später pflanzten sie sich fort. Die Babys wurden aufgezogen, ohne jemals dem Geruch von Kirschbäumen ausgesetzt zu sein. Aber als die Mäuse nur die kleinste Spur von Acetophenon erschnupperten, bekamen sie Angst und wurden unruhig. Sie hatten sogar mehr Neuronen in ihrer Nase, die Kirschblüten erkennen konnten, und einen größeren Bereich in ihrem Gehirn, der sich mit dem Geruch auseinandersetzte. Mit der Folgegeneration hat sich das sogar noch verstärkt.

Umso mehr wir verstehen, dass die Dinge, die uns passieren, direkt mit unserer Herkunft und Familiengeschichte verbunden sind, umso eher können wir die sich wiederholenden Muster verändern, ob wir nun wollen oder nicht. Und auch hier ist es an der Zeit, dass ich ein paar meiner familiengeschichtlichen Wiederholungen vorstelle.

Auch du, Brutus?

Scheinbar liegt Verrat in der Familie. Und zwar nicht nur die übliche Illoyalität, nein, der ganze herzzerreißende, Brutus-ähnliche Verrat am besten Freund. Wer hätte das gedacht? Ich sicher nicht. Mein Vater vielleicht? Oh ja, er schon.

Ironischerweise habe ich diese Familiengeschichte nur entdeckt, weil ich selbst in ihrer Wiederholung feststeckte. Ansonsten wäre auch diese Geschichte vergraben geblieben, gemeinsam mit vielen anderen dunklen, traurigen und möglicherweise peinlichen Familienmythen.

Als ich zum vierten Mal eine beste Freundin hatte, die mich mit gebrochenem Herzen zurückließ, schöpfte ich Verdacht und nahm endlich meine Herkunft unter die Lupe. Ich habe mich mit meinem Vater zusammengesetzt (ja, er hat tatsächlich den Fernseher ausgeschaltet) und er hat mir die Geschichte von Sam, dem jüngeren Bruder meiner Oma erzählt. Zumindest seine Sicht der Geschichte. Und die war wie folgt.

Sam war ein Versager. Ein Baseballspieler, der die Uni abgebrochen hatte. Mein Opa hatte sich um Sam gekümmert, ihn auf die Abendschule geschickt, ihm ein Zimmer bei ihm zu Hause zur Verfügung gestellt und ihm schließlich ein Drittel seiner Buchhaltungsfirma vermacht.

Im Hintergrund hörst du jetzt gerade traurige, etwas geheimnisvolle Musik.

Eines Tages, als niemand in der Firma war, haben Sam und ein anderer Mitarbeiter sämtliche Unterlagen gestohlen und eine eigene Firma gegründet, in die sie etwa 40 % der Klienten meines Großvaters mitgenommen haben. Es heißt, dass Sam alles dadurch gerechtfertigt hat, dass er, solange die zwei leiblichen Söhne meines Opas (mein Vater und mein Onkel) dort arbeiten würden, niemals der richtige Besitzer der Firma sein würde.

Allerdings werden wir das niemals herausfinden, weil seitdem niemand mehr mit Sam gesprochen hat.

Meine Oma war natürlich am Boden zerstört. Was ihr Bruder getan hatte, war nicht nur unverständlich, sondern auch unverzeihlich. Ein paar Monate später hatte meine Oma auf einem Rückflug von Puerto Rico einen Herzinfarkt und starb einen Tag später in einem Krankenhaus auf Bermuda. Vor ihrem Tod hat sie noch gesagt: „Das ist Sammys Schuld."

Die Tatsache, dass meine Großmutter eine Packung Zigaretten am Tag geraucht hat und ihr eigener Vater mit 50 ebenfalls an einem Infarkt gestorben war, ist für die Geschichte nicht relevant. Diese dunkle, traurige und herzzerreißende Geschichte schlägt eine andere Richtung ein. Eine liebende Schwester, die von ihrem eigenen Bruder verraten wurde, der seine eigene Familie für eine Firma verkauft hat. Und auch wenn mein Onkel und mein Opa ihre Buchhaltungsfirma wiederaufgebaut haben, war nichts mehr so, wie es früher einmal war. Natürlich nicht.

Voilà. Hier stand ich nun. Eine auf den ersten Blick kluge, hart arbeitende, vertrauensselige Person, die ständig in die gleiche Hundescheiße trat. Schockiert und am Boden zerstört, wenn ich schon wieder von einer besten Freundin im Stich gelassen wurde. Ich liebe sie. Ich coache sie. Ich helfe ihnen dabei, ihren Traum zu verwirklichen. Ich gebe ihnen Arbeit. Ich gebe ihnen sogar einen Anteil an meiner Firma.

Meine Schwester Beth hat die Firma mit mir gegründet, mein Schwager ist der Geschäftsführer und mein Vater ist unser Anwalt. Haben sich auch meine Freunde so gefühlt, als könnten sie niemals wirklich Besitzer sein, solange meine Familie mit in der Firma hängt?

Das kann kein Zufall sein!

Mein kluges Ich hatte den Autopiloten eingeschaltet. Mir war nicht klar, dass meine Verbundenheit mit diesen vier Freunden; mein Wunsch, sie einzustellen; die Tatsache, dass sie mich verletzten, mich hintergingen und mich bestahlen, etwas mit meiner Herkunft zu tun hatte. Es war meine Familiengeschichte in der Wiederholung!

Wie bei Phil, dem Wettermann (Bill Murray) in Täglich grüßt das Murmeltier, musste ich – vier beste Freunde und ein paar Angestellte später – den subtilen Hinweis verstehen, bis ich mich selbst in diesen Mustern wiederfinden konnte.

Auch hier war ich nicht die Unschuld vom Lande. Ich habe meine Augen vor den Fehlern der Menschen verschlossen, die ich eingestellt hatte. Jeder dieser Freunde, die ich geliebt und unter meine Fittiche genommen hatte, war nicht nur begabt, dynamisch und hat hart gearbeitet, sie waren auch Menschen, die sich viel genommen und für sich verinnerlicht haben. Sie wollten immer mehr und erkannten die Arbeit der anderen nicht an. Genau wie Sam begingen sie Fahrerflucht. Und weil ich tief in mir wusste, wer sie waren, habe ich darüber hinweggesehen, nur ihre Liebe geliebt und ihre Begabungen trotzdem ausgenutzt. Deshalb musste ich den Preis bezahlen. Solange ich nicht meine eigenen, sich wiederholenden Muster erkennen konnte und daraus etwas lernte, würde ich den Preis auch weiterhin bezahlen.

Jede Wette: Mein Opa wusste genau, wer Sam war, und hat ihn trotzdem behalten.

Erst wenn du die Wiederholungen in deiner eigenen Familiengeschichte vollständig erkennst, kannst du an deiner eigenen Version etwas ändern. Anstatt ein Muster weiterzuspinnen, dass seit Generationen weitergegeben wurde, dürfen du (und ich) es nun ändern.

Spot an!

Bist du bereit? Hier kommen ein paar Tipps, wie man seine Herkunft und seine Familiengeschichte am besten untersucht. Denk dran, deine Familie hat nichts falsch gemacht. Im Gegenteil. Sie hilft dir, deinen eigenen Code zu knacken. Du brauchst keinen Anwalt. Nur helle Scheinwerfer, damit du besser sehen kannst.

1. **Deine eigene Version schreiben.** Als Erstes wirst du deine Version deiner Familiengeschichte aufschreiben. Besonders in den Bereichen, in denen du mit diesem Buch arbeitest, und in den Bereichen, in denen du, sagen wir mal, ziemlich kariesanfällig bist, ob es nun um Karriere, Geld, Liebe etc. geht. Falls du zum Beispiel ein Problem damit hast, mit Geld umzugehen, solltest du untersuchen, welche Beziehung deine Familie mit Geld hat. Jeder Einzelne. Deine Mutter, dein Vater, deine Großeltern. Was ist in Sachen Geld bei ihnen los gewesen? Waren sie geldgeil? War ihnen Geld egal? Haben sie bestochen? Schulden gemacht? Hast du Schwierigkeiten im Bereich der Liebe und zum Beispiel gerade herausgefunden, dass dein Ehemann eine Affäre hat und die Scheidung will? Auch wenn deine Eltern vielleicht noch verheiratet sind, kennst du die ganze Geschichte deiner Familie, wenn es um Affären, Geheimnistuerei oder Frauen geht, die mit 50 als Single enden? Glaube mir, du willst es genau wissen. Stelle Fragen!!

2. Deine Familie befragen.

• Befrage deine Eltern. Frage sie nach ihrer Kindheit, ihrem Leben, ihrer Ehe. Frage auch nach deinen Großeltern und deinen Ur-Großeltern. Schau dir Tanten und Onkels an. Suche nach Mustern. Lege alle Geheimnisse und Lügen in deiner Familie frei. Erfrage alles. Enthülle die Wahrheit über Ehen, Affären, Krankheiten, Charaktereigenschaften, Geld und Tragödien. Beziehe alle zwölf Bereiche des Lebens aus Kapitel eins mit ein.

• Auch wenn du mit diesem Buch nicht an deinem Liebes- oder Sexleben arbeiten willst, frage deine Eltern danach. Und zwar deshalb, weil sich viele von uns wie Jugendliche benehmen, wenn es um Sex geht. Besonders wenn es darum geht, mit unseren Eltern über Sex zu sprechen. Und auch wenn sie jetzt älter sind, wollten sie vielleicht dieses Thema nicht diskutieren, als sie jünger waren. Dieser Teil der Aufgabe dient dazu, mit dem Thema Sex erwachsener umzugehen. Damit du deine Eltern besser kennenlernen und ihre Not besser verstehen kannst. Ihr Liebesleben. Ihre erste Liebe. Ihr erstes gebrochenes Herz. Ihre Geschichten aus der Jugend. Nicht nur, weil du bist wie sie oder auf sie reagierst, sondern weil du sie, wenn du sie liebst, besser kennenlernen solltest. Und auch wenn du sie nicht besonders magst, solltest du sie nicht besser kennenlernen, damit du sie akzeptieren und ihnen vergeben kannst?

• Befrage deine Geschwister. Sprich mit ihnen über eure Kindheit, über eure Familiengeschichten. Glaube mir, niemand erzählt exakt dieselbe Geschichte. Woran erinnern sie sich? Sammle alle Fakten über dein Leben und das Aufwachsen bei euch zu Hause.

3. **Die Daten interpretieren.** Was willst du verändern? Bei welchem dunklen Familiengeheimnis besteht die Möglichkeit, dass du es wiederholst? Sei aufrichtig, was deinen Platz in der Familiengeschichte angeht. Bist du wie Tante Joan, die zu viel trinkt und keinen Mann lange halten kann? Oder bist du wie Opa Jack, der die Welt hasst und kein Projekt zu Ende bringt? Wer bist du in deiner Familie? Irgendwo in deinen Vorfahren steckt auch ein Teil von dir.

4. **Das Betriebssystem upgraden.** Wenn du mögliche Schlaglöcher ausgelotet hast, die auf deinen Eigenschaften, deiner Herkunft und deiner Familiengeschichte beruhen, kannst du dir das Versprechen geben, bestimmte Muster zu beenden oder ein Resultat zu verändern. Stelle persönliche Gesetze auf, um die emotionale und physische DNA wertzuschätzen, die aus deiner Familiengeschichte wächst. Wenn es zum Beispiel Fälle von Brustkrebs in deiner Familie gab, versprich dir, jedes Jahr zur Mammografie zu gehen. Falls du merkst, dass es in deiner Familie Menschen gibt, die kein Projekt beenden können, und auch du jedes Hobby, das du jemals ausprobiert hast, aufgegeben hast (deine kurze Poledancing-Kurs-Affäre[14]), versprich dir, das nächste Hobby nicht einfach aufzugeben. Falls deine Mutter ein Aggressionsproblem hat, das du auch in dir erkennst, versprich dir, dieser Eigenschaft Zügel anzulegen.

Wenn ich Menschen bitte, ihre Eltern näher zu betrachten und herauszufinden, welchen Einfluss die Lebensgeschichte ihrer Eltern auf

---

14) *Okay, meine Affäre. Weißt du was? Mir wurde davon übel!*

ihr eigenes Leben hat, halten sie anfangs oft nicht viel davon. Bis sie dann schließlich den historischen Witz der Familiengeschichte verstehen. Es liegt an uns, wie wir uns entwickeln.

Das neue Upgrade herunterladen

Endlich. Es ist Zeit. Zeit für dich, tiefer einzutauchen.

Auch wenn diese Aufgabe natürlich Leidensdruck erzeugen kann, empfehle ich dir, deinen Sinn für Humor auszupacken, dein Verständnis für die notleidende Menschheit wiederzuentdecken und zu verstehen, welches Privileg es ist, dich so weiterentwickeln zu können. Für den Wettermann Phil gab es nur eine Möglichkeit, den sich immer wiederholenden Tag anzuhalten: Er musste das lernen, was er lernen sollte.

AUFGABE FÜR KAPITEL FÜNF

1. Mach eine Liste mit den negativen und positiven Charaktereigenschaften deiner Eltern.
   - Beschreibe jede Eigenschaft mit einem Wort, zum Beispiel gemein, kalt, abenteuerlustig, sorgfältig etc.
   - Schreibe dann zu jeder Eigenschaft ein paar Sätze über das Verhalten deiner Eltern.
   - Darunter schreibst du, wie sich diese Eigenschaft in dir widerspiegelt. Mit anderen Worten: deine Version davon.
2. Mach nach demselben Prinzip eine Liste über die Eigenschaften und die Dynamik der Beziehung zwischen deinen Eltern.

3. Suche dir eine deiner negativen Eigenschaften aus und ersetze sie durch etwas, das zu deinem Traum passt. Entwickle im Anschluss Versprechen (und Konsequenzen), wie du diese neue Charaktereigenschaft nachhaltig verankern kannst.

4. Folge den Tipps in diesem Kapitel, um deine Familiengeschichte zu untersuchen.

Das ganze Bild

Ein bewusstes Leben zu leben bedeutet, deine negativen Eigenschaften und deine Herkunft wahrzunehmen und alles zu verstehen, was dich zu dem macht, der du bist: deine Familiengeschichte im Ganzen, die mit all ihren Höhen und Tiefen an dich weitergegeben wird.

Um dein Leben, das deiner Eltern und das deiner Kinder wertzuschätzen, musst du die Geschichte deiner Familie würdigen, sie untersuchen und die wichtigen Momente miteinander verbinden. Selbst wenn es traurige und sogar merkwürdige Momente sind (meistens ist es so). Man kann sie nur korrigieren, wenn man daraus eine stolze und großartige Geschichte macht. Je mehr du dein ganzes Selbst verstehst, desto mehr kannst du steuern, wer du und deine Kinder in Zukunft sein wollen und sein werden.

Bereit für das QUIZ?

Stellen wir uns mal vor, du bist schüchtern. Bist es schon immer gewesen. Aber nachdem du die Aufgabe in Kapitel eins erledigt hast, träumst du davon, Teil einer liebevollen, unterstützenden sozialen Gemeinschaft zu sein.

Musst du jetzt:

A. neue Türschlösser kaufen? Was hast du dir denn dabei gedacht?

B. eine neue, „kontaktfreudige" Persönlichkeit entwickeln, die zu deinem Traum im Bereich Gemeinschaft passt und dazu noch verspricht, 1) mindestens zwei Sätze mit ein bis drei fremden Menschen am Tag zu reden und 2) dreimal im Monat unterhaltsame Unternehmungen mit anderen zu machen?

C. deine Mutter für die Eigenschaft verantwortlich machen?

D. deine Mutter nicht nur verantwortlich machen, sondern sie auch gleich anrufen? Aber achte darauf, dass es nach 14 Uhr ist und ihre religiöse Radiosendung vorbei ist.

Genau. B – für das neue, „beherzte" Du!

Kapitel sechs – Die Wahrheit übers Lügen

DIE WAHRHEIT ÜBER UNWAHRHEITEN SAGEN

„Die meisten von uns denken von sich, sie seien freundlich, liebevoll, großzügig, tolerant, vergebend und edel; bei unvoreingenommener Beobachtung unseres Selbst und unserer Reaktionen auf die Dinge des Lebens kommt allerdings heraus, dass wir genau das eben nicht sind. Diesem wahren, unfreundlichen, lieblosen, geizigen, intoleranten, nachtragenden, unedlen Selbst müssen wir uns stellen, es akzeptieren, um es zu verändern ..." [Neville Goddard]

Die Anonymen Lügner

Jeder muss aufs Klo – und jeder lügt. Wieso gibt es darüber eigentlich kein Kinderbuch? Das Problem ist, dass den meisten von uns gar nicht bewusst ist, wie viel wir lügen und was für einen negativen Einfluss das auf unser Selbstbewusstsein, unsere Gesundheit, unsere Karriere und unsere Beziehungen hat. Wenn wir uns noch nicht einmal darauf verlassen können, dass wir selbst die Wahrheit sagen, wie sollen wir noch irgendetwas glauben, was uns jemand anderes erzählt? Gar nicht. Hast du dich schon mal gefragt, wieso du manchmal hinterfragst, was dir jemand erzählt? Wenn jemand zum Beispiel dein Outfit kommentiert, deine Gedichte, deinen selbst gebackenen Kuchen (sicher nicht von mir), dann bedankst du dich zwar, fragst dich dabei aber, ob sie einfach nur nett sein wollten, es aber gar nicht ernst meinen.

Woran liegt das?

Könnte es damit zu tun haben, dass du selbst überfreundlich bist, immer aufpasst, was du sagst, Ja sagst, wenn du Nein meinst, und gerne mal übertreibst? Oder fällt es dir schwer, anderen zu glauben, weil man dir selbst auch nicht immer glauben sollte?

Mit anderen Worten: Auch du lügst.

Man könnte fast sagen, wir sind geborene Lügner. Haben wir nicht mit dem Sprechen auch das Lügen gelernt? Um keinen Ärger zu bekommen oder doch noch einen Keks von Papa, wenn Mama schon Nein gesagt hat?

Gut. Die Welt ist voller Lügner, und es ist an der Zeit, dass das mal jemand laut ausspricht, es beleuchtet und es aber nicht zu ernst nimmt. Niemand spricht heutzutage übers Lügen. Es ist ein Tabu. In der Bibliothek gibt es keine Abteilung mit Büchern zum Thema. Aber trotzdem ist die Lüge allgegenwärtig. Aber keine Sorge. Wir wissen genau, was passiert, wenn wir offensichtliche Probleme ignorieren, oder?

Klar, Lügen ist natürlich nichts, worauf man besonders stolz ist. Deshalb verstecken wir es ja. Und wir verstecken es nicht nur, sondern verwenden ziemlich viel Zeit darauf, unsere Lügen zu rechtfertigen, zu verteidigen und/oder alles andere außer unser eigenes feiges

Selbst dafür verantwortlich zu machen. Auf keinen Fall wollen wir als Lügner enttarnt werden und schon gar nicht mit einem ausgehen, uns mit einem anfreunden, einen heiraten, einen wählen, für einen arbeiten oder einen erziehen. Tja. Was jetzt?

Hier geht's lang #10: Versuche deinen inneren Dialog leiser zu drehen, der sicherlich schon sein ganzes Verteidigungsteam zusammengetrommelt hat, denn auf den nächsten Seiten werden wir unsere Lügen freilegen. Es geht nicht darum, dass du dich schlecht fühlen sollst, sondern darum, endlich die Wahrheit über dich selbst zuzugeben (zum ersten Mal in deinem Leben). Damit du endlich die Verbindung zwischen den wahren Gründen erkennen kannst, weshalb du nicht an dich selbst und an deine Träume glaubst. Den wahren Grund, weshalb du dir nicht vollständig vertrauen kannst. Weil du da draußen in der Welt nicht wirklich du selbst bist.

Die Wahrheit ist: Dein wahres Ich steckt in einer ziemlichen Zwickmühle. Du und die Person, von der du andere Menschen überzeugen willst, sind kaum miteinander verbunden.

Ironischerweise kannst du nur herausfinden, wer du wirklich bist, indem du dich damit auseinandersetzt, wer du jetzt bist.

Du musst deinen Lügner bloßstellen.

Was, wenn dieses Buch so etwas wie die „rote Pille" aus dem Film Matrix ist? Was, wenn der Schlüssel zu persönlicher Freiheit darin besteht, jedes Mal die Wahrheit darüber zu sagen, wenn du nicht die Wahrheit sagst? Was, wenn der Grund für all die schlaflosen Nächte, das Sich-im-Bett-Wälzen, das Zähneknirschen und der Drang nach dem Keks, dem Drink oder der Tablette von der Angst kommt, all die

Dinge kontrollieren zu müssen, die du versteckst? Verstecken und Lügen rechtfertigen alle deine Laster. Nur wenn du rauchst, kannst du deinen Partner weiter ertragen. Die zwei geben sich die Klinke in die Hand. Das eine geht nicht ohne das andere.

Das ist ein Fakt: Immer die ganze Wahrheit zu sagen, ist das Wichtigste, um auf sich selbst achtzugeben. Es gibt viele Patienten, die ihre Depressionen in den Griff bekommen, nachdem sie ihre Lügen-Liste aufgeräumt und die größten davon aus dem Weg geschafft haben.

Es ist an der Zeit, meine eigene Version von Paul Simons *Fifty Ways to Leave Your Lover* anzustimmen: „Fünfzig Wege, um deinen Lügner zu verlassen." Aber keine Sorge, es sind keine fünfzig. Obwohl ... so ganz stimmt das nicht. Um ehrlich zu sein (Hört! Hört!), kommt es darauf an, wie lange du dein Bild nach außen schon geprägt hast.

Persönliche Verschmutzung

Wenn ich die Welt radikal verändern könnte, würde ich die Fähigkeit zu lügen abschaffen.

Jeder, wirklich jeder hat eine Liste mit Lügen. Wir wollen diese Liste um keinen Preis aufgeben und sind mit Schadensbegrenzung und Verweigerung beschäftigt, um sie zu beschützen. Zwanzig Jahre und 22.000 Klienten später habe ich jede Liste gesehen. Die wenigsten von uns verstehen wirklich, in welchem Maße uns jede dieser Lügen beeinflusst. Bis wir anfangen, uns mit jeder einzelnen zu beschäftigen, eine nach der anderen, und erkennen, dass unsere Lügen unsere Realität schaffen. Was?

Immer wenn wir es riechen, schmecken, anfassen, hören oder sehen können, dann wissen wir, dass etwas real ist. Aber wir wissen auch, dass Dinge real sind, ohne dass wir sie mit unseren Sinnen wahrnehmen können, oder? Was die wenigstens von uns realisieren, ist die Tatsache, dass etwas ebenso real wird, wenn wir es denken oder glauben und dann verstecken, dass wir es denken oder glauben.

Nehmen wir an, ich finde dein Kleid hässlich. Aber ich sage es dir nicht. Ich entscheide, dass es deine Gefühle verletzten würde, weil du das Kleid so liebst, stolz darauf bist, viel Geld dafür bezahlt hast etc. Also versteckt mein nettes Ich meinen nicht so netten Gedanken, damit du von meiner Meinung verschont bleibst.

Aber für mich wird der Gedanke real.

Dein Kleid ist jetzt altmodisch. Für immer. Schließlich musste ich meine Meinung ja verschweigen, sie kann nicht falsch sein. Und so geht es weiter. Die Liste an Dingen, wie wir denken und fühlen, bei denen wir aber entscheiden, dass wir sie nicht laut aussprechen können, wird immer größer und breitet sich aus wie Schimmel an einer feuchten Wand. Du bist randvoll mit Dingen, die du denkst, aber nicht sagst. Wenn du dich wirklich verändern willst, musst du dich deiner Unaufrichtigkeit stellen. Mit Humor. Du musst jeder Lüge ins Gesicht sehen. Nicht nur, wann du lügst, sondern auch, wie du lügst.

Hier kommen sieben verschiedene Kategorien von Lügen. Welche davon sind deine Favoriten?

Hilfreicher (aber vielleicht auch ziemlich nerviger) Hinweis: Wenn du nach einer Abkürzung suchst, um deine ganz eigene Lügenmethode herauszufinden, schau dir deine Eltern an. Autsch. Ich weiß.

1. **Unverhohlen Lügen.** Das bedeutet, dass du lügst, indem du dir etwas komplett Falsches ausdenkst. Entweder, um eine unangenehme Situation zu vermeiden, oder dich nicht den Konsequenzen deiner Handlungen stellen zu müssen. Von der praktischen Lüge wie „Die Straßen waren total verstopft" bis zu „Diese E-Mail habe ich nie bekommen" oder „Ich war zu Hause und habe die Wäsche gemacht" (wenn du eigentlich mit jemandem weg warst, von dem du anderen noch nichts erzählen willst). Und natürlich der zeitlose Klassiker „Ich hatte mir den Magen verdorben".

2. **Lügen durch Weglassen.** Das bedeutet, dass du lügst, weil du nicht möchtest, dass jemand die ganze Geschichte erfährt. Entweder du sagst bestimmte Sachen einfach nicht, weil nicht direkt danach gefragt wird, oder du bist der Meinung, es ginge die andere Person sowieso nichts an. Auch wenn du gern die ganze Geschichte kennen würdest, wenn die Rollen vertauscht wären.

   Vielleicht erzählst du, dass der Grund für deine Scheidung die Tatsache war, dass ihr nicht mehr verliebt wart. Klar, das stimmt schon. Aber du erzählt nicht, dass du deinen Partner darüber hinaus noch betrogen hast. Eine andere Form des Weglassens ist, etwas unter den Tisch fallen zu lassen, das dir sehr wichtig ist. Das machst du lieber mit dir selbst aus, um darüber hinwegzukommen. Vielleicht hast du sogar einmal darüber gesprochen und dir dann vorgemacht, dass du es danach nie wieder ansprechen musst. Zum Beispiel: Dein Verlobter ist nicht jüdischen Glaubens, und auch wenn du dir wünschst, es wäre dir nicht so wichtig, ist es das doch.

3. **Lügen durch Übertreibung.** Das bedeutet, dass du eine Geschichte etwas anders erzählst, als sie wirklich passiert ist. Du fügst etwas Drama hinzu. Gut oder schlecht. Zum Beispiel sagst du: „Mein Chef kam in mein Büro und hat mich sehr gelobt. Er sagte dies und das." Klar, dein Chef ist in dein Büro gekommen und hat dir gesagt, dass er deine Präsentation gut fand, aber mehr auch nicht. In deiner Erzählung schmückst du den Moment aus, um deinen Zuhörer zu beeindrucken oder damit er dir mehr Sympathie entgegenbringt.

4. **Lügen durch Untertreibung.** Das bedeutet, dass du lügst, indem du etwas unter Wert verkaufst. Du willst nicht angeben oder dich damit auseinandersetzen (oder es andere Leute wissen lassen), wie gut oder schlecht es wirklich steht. Du tust so, als wäre es nicht so wichtig. Du leugnest. Zum Beispiel: Dein Partner trinkt. Er trinkt jeden Abend vielleicht ein paar (oder mehr als ein paar) Bier, aber du gestehst dir nicht ein, dass es überhaupt ein Problem gibt. Es ist doch gar nicht so schlimm.

5. **Lügen durch verfälschte Darstellung.** Das bedeutet, dass du lügst, indem du anderen etwas vormachst. Wenn dich jemand fragt, ob du ein bestimmtes Buch gelesen hast, sagst du: „Ich bin gerade dabei", auch wenn du gerade mal vier Seiten gelesen, es seit einem Monat nicht angefasst hast oder es nicht mehr weiterlesen wirst, selbst wenn dir einfallen würde, wo du es zuletzt hingelegt hast.

6. **Lügen durch Vermeidung.** Das bedeutet, dass du lügst, um keine Welle zu machen, keinen Streit anzufangen, die Gefühle eines anderen nicht zu verletzen etc. Eine Freundin fragt dich, was du von ihrem neuen Freund hältst, und obwohl du genau weißt, dass er

erst letzte Woche eine andere Freundin von dir angebaggert hat, sagst du nichts. Du entscheidest dich für „Ich habe ihn erst ein Mal getroffen und kann es noch nicht so genau sagen" in der Hoffnung, dass sie nicht gemerkt hat, wie hysterisch deine Stimme klingt, und versuchst, dein Gesicht möglichst neutral aussehen zu lassen.

7. **Lügen durch Geheimnisse, die du ins Grab mitnehmen wirst.** Das sind die tief sitzenden Lügen, über die du dein Leben lang nicht sprechen willst. Dinge, die man nicht wissen darf, weder über dich, über deine Familie oder über deine Vergangenheit. Sie sind so seltsam, erschütternd, peinlich oder anstößig, dass du dir geschworen hast, niemals irgendjemandem davon zu erzählen. Abtreibung, Missbrauch, Suchtkrankheit. Du nimmst das Geheimnis mit ins Grab.

Nachdem du jetzt an deinen Lieblingslügen schnuppern durftest, kannst du gleich die erste Lüge von deiner Liste streichen. Nämlich die, dass du nicht lügst!

Das geht gut los, was?!

Komm schon! Sind wir nicht alle ein bisschen komisch, wenn es um schonungslose Ehrlichkeit geht? Ich meine, denk doch mal an unser Verhalten im Aufzug. Wie viele von uns sind wirklich fasziniert davon, welches Stockwerk nach dem dritten kommt? Und trotzdem starren wir alle auf die kleine leuchtende Zahl. Eine ganz witzige Art zu lügen, oder? Und wie immer ist es jetzt an der Zeit, dir meine eigenen Lügenmethoden zu enthüllen.

Unglaublich, aber wahr

Nicht nur Verrat scheint bei uns in der Familie zu liegen, sondern auch Betrug.

Laut meinem Vater (einem Anwalt!) hat er meine Mutter nur ein einziges Mal betrogen. Um das mal klarzustellen: Es war eigentlich gar nicht seine Schuld. Es war nämlich so (und diese Geschichte wird genau so mit ihm begraben werden), dass eines Nachts in Texas die Frau eines Klienten plötzlich an sein Hotelzimmer klopfte – und eines führte zum anderen ...

Mein Vater hat es meiner Mutter irgendwann gestanden, und nach einigen (lauten) Auseinandersetzungen hat sie ihm vergeben. Nach ein paar Jahren gab meine Mutter zu, mit mindestens zwei fremden Männern rumgemacht zu haben. In meiner Familie scheinen wir nicht nur zu lügen und zu betrügen, sondern auch erst nach und nach mit der Wahrheit rauszurücken.

Ironischerweise haben wir vor einiger Zeit bei uns zu Hause ein Abendessen veranstaltet, das wir mit einer schwerwiegenden Frage eingeleitet haben: Jeder Gast sollte eine Lüge (groß oder klein) zugeben, von der keiner wusste.

Daraufhin entschied sich meine Mutter zu erzählen, dass einige Abendessen in ihren 58 Jahre Ehe mit meinem jüdisch-orthodoxen Vater nur deshalb so gut geschmeckt hatten, weil sie Butter anstatt Margarine verwendet hatte, obwohl das Essen koscher bleiben sollte. Ein Geständnis, über das mein Vater nur den Kopf schütteln konnte – ganz im Sinne von „Wer im Glashaus sitzt".

Und auch wenn die Lügen und der Betrug meiner Mutter vielleicht weniger schlimm sind als die meines Vaters, kannst du genau erkennen, dass wir alle (und wirklich alle) ähnliche Partner heiraten. Aber damit befassen wir uns in Kapitel neun genauer.

Zurück zu meiner Form des Betrugs. Die ganz normale Art von Betrug. Okay, vielleicht doch nicht ganz normal.

Bereit?

Ich habe nicht nur mit zwei Brüdern geschlafen, sondern das Ganze fand auch noch am selben Tag statt. Einmal zum Brunch, einmal zum späten Abendessen.

Ich weiß.

Das kam so: Eines Morgens bin ich dem älteren Bruder, meinem Ex-Freund, am Bahnhof begegnet. Da ich nett bin, habe ich ihm angeboten, ihn (zwinker, zwinker) nach Hause zu fahren. Klar, durchaus mit Hintergedanken. Abends ging ich mit dem jüngeren Bruder essen, mit dem ich gerade eine Beziehung begonnen hatte. Ja, und ich habe auch mit ihm geschlafen. Und war dann die nächsten zwei Jahre mit ihm zusammen, ohne damit rauszurücken, was ich am Anfang unserer Beziehung getan hatte.

Manche von euch werden sagen, dass ich nicht unbedingt etwas falsch gemacht habe. Oder? Ich meine, ich war ja noch nicht richtig mit dem jüngeren Bruder zusammen, als ich mit dem älteren geschlafen habe. Oder? Diese Gedanken hast du dem Anwalt deines Lügners zu verdanken. Achte einmal darauf, wie gerne wir Ausdrücke wie „nicht unbedingt", „zum größten Teil", „meistens" verwenden, wenn wir eine Lüge rechtfertigen.

Es ist wahrscheinlich keine Überraschung, aber die Beziehung mit dem jüngeren Bruder war ziemlich chaotisch. Nach so einem Start kein Wunder. Und selbst nachdem wir uns getrennt hatten, war es schwierig für mich, mit dem zu leben, was ich getan hatte. Ich konnte ihm kaum in die Augen sehen. Mein lügendes Ich war weiterhin mit ihm befreundet, ohne ihm zu sagen, was dieses Ich getan hatte.

Schließlich entschied ich mich, ihm die ganze Wahrheit über mich zu sagen, nicht nur um mich besser zu fühlen, sondern auch, damit er davon befreit war.

Die ganze Wahrheit?

Ich wünschte, ich könnte dir sagen, dass es nur seinen Bruder gegeben hatte. Aber so war es nicht. Da gab es auch noch meinen Ex-Freund aus dem Ferienlager, einen Blowjob auf einem Friedhof[15] und über die Jahre hinweg noch ein oder zwei Knutschereien.

Weißt du, wie er reagiert hat?

Er hat ein ganzes Glas Bier über mir ausgeleert. Und wie habe ich mich gefühlt? Beschämt? Schuldig? Wütend?

Nein.

Ich habe mich so gut gefühlt wie noch nie. Als ob mein betrügendes, manipulierendes und mogelndes Baby-Lauren-Ich endlich auf der Leitplanke balancieren und abstürzen musste. Diese unheimlich blöde Kuh würde untergehen, ich würde mich von ihr lösen und mich dem stellen können, was ich verdient hatte. Endlich konnte ich den Schleier ablegen und er konnte mich als das Arschloch sehen, das ich war.

---

15) Keine Sorge, er war weder gruselig noch verlassen. Ein richtig schicker Friedhof in Manhattan! Weiß irgendjemand, wie da die Gesetzeslage ist?

Und ich musste mich diesem Arschloch stellen. Ohne Nebelwand. Keine Entschuldigungen. Kein Sarong.

Viele Jahre später, als ich an meinen Liebes-, Lügen- und Herkunftsmustern arbeitete, rief ich ihn noch einmal an, um mich zu entschuldigen (da ich mir sicher war, dass er meine Entschuldigung damals nicht gehört oder akzeptiert hatte, als er mir Bier über den Kopf kippte). Ich erzählte ihm, was ich in seinem Namen – und der schlimmsten Sache, die ich jemals getan hatte – für gute Dinge in der Welt tat. Das ist der Ausgleich. Wir haben uns seitdem ein paarmal getroffen. Ich kann ihn jederzeit anrufen.

Um sicherzugehen, dass sich keine Lüge in meine Version der Geschichte eingeschlichen hatte, und um zu sehen, wer mehr vergessen hatte, habe ich ihn erst vor Kurzem wieder gesprochen. Er hat gewonnen.

Dein hauseigener Publizist

Wenn in deinem Inneren dein wahres Ich all deine meschuggen[16] Eigenschaften (innerer Dialog, Glauben, Theorien und Lügen) kontrolliert, was bekommt die Außenwelt zu sehen? Es gibt dein wahres Ich, aber es gibt auch noch die Person, die der Rest der Welt zu sehen bekommt. Wenn du lügst, auf dein Auftreten achtest und darauf, was andere Leute von dir denken, und deshalb nur die halbe Wahrheit

16) *Jiddisch für „Verrücktheit"*

erzählst, fungierst du als dein eigener PR-Agent. Es ist die Person, die du der Welt zeigst, um Beziehungen aufrechtzuerhalten und dein Gesicht zu wahren.

Aber wahrst du wirklich das Gesicht – oder die Verlogenheit?

Dein wahres Ich darf schließlich nicht an die Oberfläche. Das wahre Ich wird von deinem falschen Ich kontrolliert. Das Ich, das Halbwahrheiten verkauft und verteidigt, das immer lächelt, Kaffee für ungeliebte Kollegen ausgibt, zu oft Ja sagt und der Welt vorspielt, dass es dir gut geht. Kannst du so wirklich glücklich sein?

Du manipulierst alles, was andere von dir sehen können, und dein wahres Ich bleibt im Hintergrund, um das Puppenspiel am Leben zu erhalten. Umso mehr du deinem PR-Agenten erlaubst, für dich zu sprechen, umso kleiner und verlorener wirst du.

Stell dir vor, du bist mit jemandem verabredet, den du wirklich gut findest. Du hast eine Liste an Fragen, die du gerne loswerden willst. Dein innerer Dialog, den dir dein PR-Agent vorgibt, sagt dir: „Bloß nicht. Der wird denken, dass du das alles zu ernst nimmst", auch wenn es tatsächlich so ist. Weißt du was? Du wirst die Fragen, die dir wichtig sind, nicht fragen, weil all deine vertrauten Berater – in diesem Fall dein Angsthase und dein PR-Agent – dir eingeredet haben, dass sie deine Verabredung ruinieren werden.

Und wenn deine Verabredung dich jetzt gut findet – bist es dann wirklich du, den sie mag?

Immer die Wahrheit zu sagen ist eine Kunst. Wenn du den Unterschied erkennst zwischen der Person, die die Wahrheit sagt, und der Person, die lügt, kannst du auch die Kluft überwinden. Du kannst deinen PR-

Agenten feuern, der dir verkauft, dass er dich nur beschützen will. Klar, das macht er auch. Aber genauso unterdrückt er dich.

Wenn es Menschen in deinem Leben gibt, bei denen du nicht du selbst sein kannst, ist eure Beziehung beschädigt. Sie ist falsch. Und wenn es eine Beziehung zu wichtigen Menschen in deinem Leben ist und du möchtest, dass sie sich mit dir auf diese Reise begeben, dann los. Und wenn dabei herauskommt, dass die Lügen der Vergangenheit leider schon zu viel Schaden angerichtet haben und sie dir nicht vergeben können, dann ist es okay, einen neuen Plan zu machen.

Nimm dich nicht zurück. Erlebe deine Freiheit.

Als ich mein ehrliches Leben begann, habe ich tatsächlich einige Leute in meinem Leben verloren. Und das lag nicht an ihnen. Es lag an mir.

WARNUNG

Der Prozess, dich selbst zu befreien, Freunde zu verlieren, die dich kannten und liebten, als du nicht wirklich du warst, das alles ist ein Teil des Erwachsenwerdens, der Entwicklung hin zu deinem wahren Ich. Es ist weder ein kurzer Prozess noch ein leichter.

Ich habe Jahre gebraucht, um herauszufinden, wie das alles zu meistern ist und wer auf der Reise an meiner Seite sein wollte. Aber glaube mir, die Freunde, die dich wirklich lieben, mit all deinen Ecken und Kanten, sind zurecht deine besten. Sie lieben dich für das, was du wirklich bist. Du hast ihnen VIP-Backstage-Pässe gegeben, damit sie dein wahres Ich im Hintergrund besuchen konnten. Und sie sind nicht nur gekommen, sondern auch geblieben.

Geheimgesellschaft

Wenn wir in einer Beziehung nicht die Wahrheit sagen können, sollten wir dann mit dieser Person überhaupt zusammen sein? Falls du dein wahres Ich vor den Menschen versteckst, die du liebst, und manipulierst, was sie von dir wissen dürfen, ist das dann wahre Liebe?

Kannst du dich wirklich mit dieser Definition von Liebe abfinden?

Die Transparenz, nach der wir alle streben, bedeutet, dein wahres Ich mit anderen zu teilen. Ungefiltert und ungetrübt. Wenn du transparent bist, dann trifft jeder in deinem Leben dein echtes, unkorrigiertes Ich. Du bist voller Leben, ehrlich, lebst im Jetzt und kannst dich vollständig deinem Leben widmen.

Manche Menschen rechtfertigen Geheimnistuerei mit dem Recht auf Privatsphäre nach dem Motto „Es ist mein Leben, es sind meine Gedanken, meine Gefühle, ich sollte entscheiden dürfen, mit wem ich diese Dinge teile". Das ist völlig daneben. Und dafür gibt es gute Gründe:

• **Geheimnisse erschaffen Realität.** Ein Geheimnis bekommt erst dann Gewicht und Glaubwürdigkeit, wenn wir es für uns behalten und verstecken. Wir verstecken es, weil wir wollen, dass es verschwindet, aber das führt zum genauen Gegenteil. Unsere Geheimnisse werden zu einer unterschwelligen Quelle des Unfriedens in den Beziehungen, die wir beschützen wollen. Sie nagen an unserem Glück und zwingen uns, in einer Art Fegefeuer zu verweilen. Wir wissen nicht genau, ob wir drinstecken, aber wir können die Flammen spüren.

- **Geheimnisse verstecken dein wahres Ich.** Irgendwann begann man Leute dafür zu loben, wenn sie besonders gut Geheimnisse für sich behalten konnten. Heimlichtuerei wurde ein Akt, der Treue und Liebe beweist. Menschen, die ihre Geheimnisse nicht preisgeben wollen, verwenden sie manchmal wie eine Rüstung. Aber wenn sie dies zu lange tun und sich immer mehr mit ihren Geheimnissen isolieren, dann verlieren sie die Verbindung zu dem Ich, das sie tief in sich vergraben haben. Kurz gesagt, sie werden eins mit ihren Geheimnissen. Sie sind durch die Lügen gefesselt, die sie erzählen, und so geht es weiter, bis sie und die Lügen eins geworden sind.

- **Geheimnisse schaffen anderweitige Probleme.** Es gibt große und kleine Geheimnisse. Viele Menschen verstehen, wie viel Gewicht es hat, wenn wir ein großes Geheimnis für uns behalten und wie es uns beeinflusst. Aber wie sieht es mit den kleinen Lügen aus, die sich immer höher auftürmen, wenn wir unsere Meinung nicht sagen oder lügen, damit sich unser Gegenüber besser fühlt? Ich hatte zum Beispiel einen Klienten, der seiner Freundin nicht sagen konnte, dass sie zugenommen hat. Auch wenn sie ihn wiederholt nach ihrem Aussehen fragte und offensichtlich sehr unglücklich darüber war, hat er nichts gesagt. Er hat sich damit gerechtfertigt, dass er sich oberflächlich vorgekommen ist und auch schon wusste, wie unglücklich sie war, und sie nicht noch unglücklicher machen wollte. Kennt ihr das? Umso länger er nichts gesagt hat, umso mehr hat er sich damit beschäftigt. So sehr, dass er sie irgendwann körperlich nicht mehr attraktiv fand. Er dachte, er hätte Erektionsstörungen. Ich glaube, es hatte eher etwas mit seiner Stimme zu tun als mit seinem Penis.

- **Geheimnisse isolieren dich.** Eine Beziehung auf einer Basis aus Geheimnissen und Lügen aufzubauen funktioniert genauso gut, wie ein Haus auf Sand zu errichten. Du kannst keine tiefe Beziehung mit anderen entwickeln, die nur dein geschöntes und korrigiertes Ich zu sehen bekommen. Wenn du nicht sagst, was du wirklich denkst, kennt dich dein Umfeld nicht. Du wirst dich niemals vollständig als die Person geliebt fühlen, die du bist.

Karmische Erleichterung

Endlich! Es ist wieder an der Zeit, auf andere Menschen zu schauen! Aber bevor wir Donnas, Ethans und Katies Aufgaben betrachten, willst du sicher wissen, was die größte Heuchelei des Lügens ist, oder?

Unser wichtigster Grund zu lügen – dass wir die Gefühle unseres Gegenübers schützen wollen –, ist an sich schon eine Lüge. Klar, die Gefühle anderer Menschen sind wichtig, aber sie sind nicht der Grund für unsere Lügen. Am wichtigsten ist für uns der Selbstschutz (selbst für die Nettesten unter uns), der Schutz unserer Komfortzone und der Wunsch, von anderen gemocht zu werden und dass niemals ans Licht kommt, wie oberflächlich, verurteilend, gemein und nachtragend wir tatsächlich sind.

Aber weißt du, was noch ironischer ist? Hasst du einen der Klienten in diesem Buch? Klar, vielleicht verurteilst du einige (oder viele) ihrer Aussagen. Aber konntest du dich nicht viel eher in ihnen wiederfinden? Findest du sie nicht sogar gut? Und bewunderst sie für ihre hundertprozentige (wenn auch anonyme) Ehrlichkeit?

Unsere Schwächen, Probleme, Lügen und eigenwilligen Herangehensweisen sind nicht das Problem. Glaube mir. Das Problem ist, dass wir sie verstecken. Deshalb können wir einander nicht vertrauen und uns nicht zu glaubwürdigen Menschen entwickeln.

Menschen hassen mich nicht mehr, wenn ich ihnen die Geschichte von den zwei Brüdern erzähle. Niemand wäre damals gerne mit mir zusammen gewesen, aber die Ehrlichkeit, mit der ich von dieser dunklen Seite erzähle, empfindet man eher als eine Erleichterung. Sie beneiden mich dafür, dass ich kein Problem damit habe, die kleine Lauren der Welt zu präsentieren (also auch dir), und auf der Basis meiner Vergangenheit Gutes tue in der Welt.

Wie wäre dein Leben, wenn du auch so ehrlich über deine Unehrlichkeit sprechen könntest? Tja, diese Show wird bald auch in deiner Nähe laufen. Du brauchst für die Beichte keinen Geistlichen. Nur Mut, Mitgefühl und Sinn für Humor.

Wie ist Donna mit der Aufgabe dieses Kapitels umgegangen, für die sie eine Liste all ihrer Lügen schreiben sollte? Schauen wir uns ihre Liste mal an.

PS: Nur damit du Bescheid weißt, ich bin mir hundertprozentig sicher, dass du viel mehr Lügen erzählst, als du in der ersten Runde aufschreibst. Meine Klienten müssen die Liste immer noch einmal überarbeiten und alles hinzufügen, was sie mit Absicht „vergessen" haben. Denk dran, ich spreche fließend „Lügner". Schließlich bin ich selbst einer. Damit die Aufgabe nicht ausufert, habe ich pro Klient nur zehn Lügen abgedruckt.

DONNAS LÜGENLISTE

- Ich habe eine Krankheit vorgetäuscht, um nicht in die Schule gehen zu müssen.
- Ich habe meinem Vater Geld gestohlen.
- Ich habe meinen Ehemann John schon sehr oft belogen: über die Höhe meiner Ausgaben bis hin zur Frage, ob diese Schuhe oder diese Hose neu sind und wo ich sie gekauft habe. Ich habe ihn angelogen, als er mich zu einer Spanienreise eingeladen hat. Ich habe ihm erzählt, dass ich meine Mutter nicht alleine lassen will, dabei wollte ich einfach mal Zeit für mich haben. Ich habe ihm Lügen darüber erzählt, wo ich hingehe. Über mein geheimes Büro (das ich hinter seinem Rücken gemietet habe) und zu dem ich all meine Einkäufe liefern lasse. Ich habe ihn belogen oder gewisse Dinge ausgelassen, damit die Kinder keinen Ärger bekommen. Ich habe ihm nicht erzählt, dass ich Medikamente nehme.
- Ich habe meine Kinder angelogen, als ich sie zu spät von der Schule abgeholt habe. Ich habe behauptet, ich wäre beim Arzt gewesen, dabei war ich shoppen. Ich habe meine Gefühle vor ihnen versteckt, wenn ich sauer auf ihren Vater oder eigentlich der Meinung war, dass er Unrecht hat. Ich habe ihnen Lügen erzählt, wenn es mir nicht gepasst hat, dass einer ihre Freunde zu uns nach Hause kommt.
- Wenn mich Leute fragen, wie ich John kennengelernt habe, lasse ich häufig die Tatsache weg, dass ich damals noch mit einem anderen verheiratet war.

- Ich habe meiner Ärztin gegenüber behauptet, dass ich das Medikament immer noch einnehme, das sie mir verschrieben hat. Ich habe mich damit nicht gut gefühlt, meine Haare fielen aus und ich habe nicht geglaubt, dass es mir hilft, deshalb habe ich es ohne Rücksprache abgesetzt.
- Ich habe meine Nachbarin belogen. Als ihre älteste Tochter gemein zu meiner Tochter war, habe ich der Mutter erzählt, meine Tochter wäre bei einer Freundin, obwohl sie nur zwei Türen weiter mit einer anderen Nachbarstochter gespielt hat. Theoretisch keine Lüge, aber trotzdem eine Täuschung.
- Ich habe mich bezüglich meiner Krankheit selbst belogen. Ich habe mir gesagt, dass es mir gut geht und dass es schon von allein besser werden wird. Ich sage mir außerdem, dass es okay ist, was ich mache (Lügen).
- Ich habe meiner Mutter und John nichts von meiner Krankheit erzählt. Ich wollte meine Mutter nicht beunruhigen. Und wollte nicht, dass John sagt: „Hört es denn nie auf?"
- John und ich haben heimlich geheiratet. Ich habe es erst danach meiner Familie erzählt. John hatte Angst, seine Mutter würde es ihm übel nehmen, deshalb haben wir, wenn wir sie besuchten, so getan, als wären wir gar nicht verheiratet. Und das zwei Jahre lang. Auch wenn ich darüber nicht glücklich war, habe ich mitgemacht.

Jede Lügen-Liste hat ihren ganz eigenen Charakter. Donnas Lügen sind uns wohlbekannt: Tatsachen, die Donna geheim hält, damit sie weiterhin als gute Mutter, Ehefrau und Freundin dasteht. Aber wenn du genauer hinsiehst, kannst du erkennen, dass Donna ihren PR-Agenten in Vollzeit braucht, um all ihre Lügen zu organisieren.

Jeder von uns trägt eine Donna in sich. Die meisten von uns könnten Donnas Liste mit all ihren Vorenthaltungen, verfälschten Darstellungen und unverhohlenen Lügen durchgehen und direkt daneben ähnliche notieren. Hier, hier und dort.

Oder etwa nicht?

Aber, Frage an dich: Glaubst du wirklich, dass Donnas Mann John nicht weiß, dass sie zu viel Geld ausgibt?

Glaubst du wirklich, dass unsere Eltern keine Ahnung davon hatten, dass wir sie manipuliert und belogen haben? Und auch wenn unsere Eltern vielleicht nicht alle Details kannten, dann nicht deshalb, weil wir so gute Lügner waren. Es ist viel wahrscheinlicher, dass unsere Eltern oder unsere Partner es a) vorzogen, nichts zu wissen, und/oder b) mit ihren eigenen Problemen beschäftigt waren.

Frage zwei: Weißt du, wieso die meisten Leute dich nicht mit deinen Lügen konfrontieren?

Weil sie selbst nicht hinterfragt werden wollen.

Ich kann dir nicht sagen, wie viele Leute ich coache, die zum Beispiel auf ihrem eigenen Online-Dating-Profil flunkern und dann schockiert und entsetzt darüber sind, wie viele Leute über ihr Alter, ihr Gewicht und ihre Absichten (Sex) ebenfalls lügen. Aber wenn ich meine Klienten frage, warum sie die andere Person nicht kritischer unter die Lupe genommen haben, geben sie als Grund immer an, dass sie zu beschäftigt damit waren, über andere schockiert zu sein – anstatt sich an ihre eigene Nase zu fassen.

Okay, vielleicht hast du nicht auf ihr Alter geachtet, aber du kannst trotzdem nicht glauben, dass sie fünf Jahre älter sind, als sie angegeben haben. Du hast allerdings auch – theoretisch – noch nicht erwähnt, dass du ein Kind hast. Du wolltest abwarten, ob es sich lohnen würde, ihnen so eine private Information zu geben. Glaube mir, bei solchen Dingen sind wir manipulativer als naiv. Unser PR-Agent will nicht, dass wir unsere Lügen publik machen. Deshalb lässt er dich mit dem Finger auf andere zeigen.

Okay. Zurück zu Donna.

Was ist wohl passiert, als Donna all diese Dinge gegenüber ihrem Ehemann, ihren Kindern, ihrer Mutter und selbst ihrer Nachbarin zugegeben hat? Hat sie ein Glas Wein über den Kopf gekippt bekommen? Musste sie umziehen? Dachtest du wirklich, Donnas Nachbarin wüsste nicht, wie gemein ihre Tochter sein kann? Glaubst du wirklich, dass unsere Väter nicht bemerkt haben, dass Geld aus ihren Brieftaschen verschwunden ist? Oder dass unsere Mütter nicht wussten, dass wir gar nicht krank waren?

Hier geht's lang #11: Sage deinem PR-Agenten, dass er diese Runde aussetzen soll. Was passiert, wenn du anderen gezielt von den Geheimnissen erzählst, die du bisher verschwiegen hast?

Egal, was dein PR-Agent dir sagt, jemandem die Wahrheit zu sagen ist magisch und gar nicht so schlimm. Zum ersten Mal seit langer Zeit bist du präsent und komplett du selbst. Wahre Freundschaft (oder das ehrliche Ende einer falschen) wird möglich. Die alte Weisheit „Die Wahrheit wird dich frei machen" ist aus gutem Grund schon so alt.

Aber Lauren! Ist es nicht selbstsüchtig, jemandem die Wahrheit zu sagen, damit man sich selbst besser fühlt? Sollte ich nicht einfach mit der Schuld leben?

Verständlich, aber ist es auch ehrenhaft? Sollte die andere Person in diesem Szenario nicht das Recht haben, darauf entsprechend zu reagieren? Es geht darum, anderen Personen Respekt zu zeigen, indem man ihnen die Chance gibt, angemessen und fair mit dir und/oder der Situation umzugehen.

Donna war voller Angst, als sie sich mit John zusammengesetzt hat. Es stellte sich heraus, dass es eine gute Idee war, vor dieser Lügen-Liste 1.) das Sex-Versprechen in Kapitel drei festgelegt und 2.) bereits Versprechen gemacht zu haben, die ihren hohen Shoppingkonsum und ihre übermäßigen Ausgaben einschränkten. Ihr Bankkonto und ihre Beziehung hatten sich deshalb schon vor Donnas Beichte verbessert. Sehr hilfreich.

Zuerst erzählte Donna alles über ihr überflüssiges Shoppen, und auch wenn er durchaus darüber Bescheid wusste und ihm ein paar der neuen Klamotten aufgefallen waren, so war ihrem Mann das Ausmaß des Ganzen nicht bewusst. Er war schockiert, aber auch beschämt, dass er nichts bemerkt hatte. Allerdings war er auch sehr erleichtert darüber, dass seine Frau langsam zurück ins Leben fand. Er liebte sie. Sie war früher wundervoll, lustig und quirlig. Ihre wachsende Lethargie und Depression hatte er mit ihrer Krankheit und der Schwierigkeit in Verbindung gebracht, drei Kinder großzuziehen. Er hatte nicht realisiert, was das tatsächliche Problem war und wie unglücklich und unzufrieden sie wirklich war. Donna hatte verstanden, dass sie John als eigentlichen Bösewicht und Ursache für ihre Lügen benutzen musste, um weiterlügen und Geheimnisse haben zu können, und nicht ihre eigene Abhängigkeit. Außerdem konnte Donna direkt spüren und erleben, wie wichtig ihre Ehe für John war. Er war kein Idiot. Klar, er hat ein paar idiotische Eigenschaften, aber die muss man anleinen und ihnen einen Maulkorb verpassen.

Genau wie Donna, die Abmachungen mit sich treffen musste, um erwachsen mit ihm umzugehen. Aber er war willig, sogar begierig, diese Gespräche mit ihr zu führen. Er hörte ihr zu. Sie war ihm wichtig. In einer späteren Sitzung war Donna mutig genug, John von dem gemieteten Büro zu erzählen. Das war deutlich schwieriger. John war wegen ihrer geheimen Versandadresse sehr überrascht. Er hatte absolut keine Ahnung. Die Tatsache schien im absurd. Sie widersprach ihm nicht. Aber als er sich ein wenig beruhigt hatte, konnte er sie sogar verstehen. Schließlich war er der Mann, der wollte, dass sie zwei Jahre lang ihre Ehe vor ihren Eltern geheim hielten!

John hat ihr vergeben und (schließlich) sogar über ihre Lügen lachen können. Sie beide konnten es. Und das war auch wichtig, um ihre drei Kinder großzuziehen. Die Lügen haben die Ehe erstickt.

Umso mehr Lügen Donna aufdeckte, umso enger fühlte sie sich mit John verbunden. Je ehrlicher sie ihre Unehrlichkeit anerkannte, umso geliebter fühlte sie sich. Umso besser wurde der Sex! Ehrlich! Donna wurde erst jetzt für ihr wahres, quirliges Selbst geliebt, mit all ihren Einkaufstaschen, versteckten Büros, Verdauungsproblemen und ihrer passiven Aggressivität.

Durch den Prozess konnte Donna auch erkennen, wie sehr sie die Tochter ihres Vaters war. Sie erkannte die Verbindung zwischen seinem Alkoholismus, seiner Heimlichkeit und ihren Einkaufstaschen und ihrer Heimlichkeit. Und zu ihrer Mutter, einer netten Dame mit einem breiten Lächeln, die gut schweigen und aus Rache shoppen gehen konnte. Donna hat unterbewusst die Muster ihrer Mutter übernommen und hier ein Upgrade gemacht!

Ich bin mir sicher, dass auch du dir in diesem Moment große Sorgen darüber machst, was das Beichten deiner Lügen für Auswirkungen haben wird. Und du glaubst, dass Donna es zwar geschafft hat, du es aber nicht überleben wirst.

So sehe ich das.

Diese Aufgabe ist die Chance, deine karmischen Schulden zu bezahlen. Alle Beteiligten an deiner Geschichte werden befreit. Du erlaubst ihnen, ehrlich zu reagieren. Die Menschen auf deiner Liste werden dir entweder vergeben oder nicht. Aber egal, was passiert: Deine Beziehung ist jetzt echt.

Ich kann dir sagen, dass ich bei meinen Klienten mehr Erfolgsgeschichten einer solchen Beichte gefunden habe, als ihre PR-Agenten und Angsthasen ihnen weismachen wollten. Auch wenn ich verstehe, wie furchtbar dieser Prozess für deinen inneren Dialog wirken mag – für deinen Angsthasen, deinen Wettermann, deinen Doppelagenten und auch für deinen PR-Agenten (dessen Job es sein Leben lang war, deinen Lügner zu verstecken und dein wahres Ich in eine Rüstung zu stecken, damit es für immer geschützt ist). Schlechte Nachrichten für dein Sicherheitsteam: Es gibt keinen einfachen Weg, zu deinem wahren Du zu werden. Du musst dich ernsthaft mit dir auseinandersetzen. Und dass Selbstliebe dein wahres Selbst braucht, dürfte keine wirkliche Überraschung sein.

Zu deinem Du wirst du nicht durch Verstecken, sondern durch Leben. Wenn du anderen dein wahres Selbst zeigst, verschwindet entweder das erdrückende Gefühl der Lüge und du stellst fest, dass es nur Probleme gab, weil du sie versteckt hast und sie dadurch immer größer und erdrückender wurden (so was passiert, wenn sich Lügen im Kopf festsetzen), ODER du setzt dich mit der Lüge und ihren Konsequenzen auseinander. Punkt. Das musst du wissen. Wenn du jemandem erzählst, was wirklich passiert ist, dann wird die Lüge begraben. Da gehört sie hin. Sie ist aus deiner gegenwärtigen Realität verschwunden und du hast daraus gelernt.

Und wie sieht es mit Ethans Lügen-Liste aus?

ETHANS LÜGENLISTE

- Ich habe regelmäßig eine Krankheit oder eine Verletzung vorgetäuscht, um Aufmerksamkeit zu bekommen. Ich bin gehumpelt, habe das Thermometer aufgewärmt oder Seife in meine Augen gerieben, damit sie rot aussahen.
- Ich schäme mich für das Verhalten meiner Mutter, wenn sie versucht, Witze zu machen oder Aufmerksamkeit zu erregen und dann laut wird etc. Ich schäme mich für ihre rassistischen Aussagen.
- Ich habe meinem Dad ein Banjo gestohlen und es im Haus eines Freundes versteckt.
- Ich habe meiner Ex-Freundin erzählt, dass ich nicht mit ihrer Mitbewohnerin geschlafen habe, obwohl das nicht stimmt.
- Ich habe meinen Eltern nie erzählt, dass meine Freundin auf der High School schwanger war und sie eine Abtreibung hatte.
- Ich habe im Namen meines Freundes Todd einen Scheck gefälscht.
- Ich habe mich hinter seinem Rücken über einen meiner Freunde lustig gemacht, weil er ins Bett gemacht hat.
- Ich habe einer Ex-Freundin bei der Trennung erzählt, dass ich mir nicht sicher war, ob ich eine Beziehung wollte, dabei war der eigentliche Grund, dass ich mitbekommen hatte, dass ein Mädchen auf mich stand, von der es hieß, sie sei eine Nymphomanin.
- Ich war in meiner Hochzeitsnacht bekifft, was ich meiner Frau nie erzählt habe.
- Ich bin eines Nachts mit meinen Freunden in der Gegend rumgefahren und habe auf streunende Katzen geschossen.

• Ich wurde erwischt, wie ich mit ein paar Freunden Reifen auf-
geschlitzt habe, und habe einen von ihnen (der bereits vorbestraft
war) überzeugt, die Schuld auf sich zu nehmen, damit uns nichts
passiert.

Okay, bevor mir hier die Katzenfreunde auf die Barrikaden gehen:
Als Ethan die Liste seiner Lügen (alle!) aufgeräumt hatte, schickte er
einen Scheck an einen Tierschutzverein, mit Erklärung und allem
Drum und Dran.

Lauren, willst du wirklich, dass deine Klienten all ihre Lügen zugeben,
egal ob groß oder klein, selbst die aus ihrer Kindheit? Ich verstehe ja,
dass man sich den großen Lügen stellen muss, solchen, die einen
immer noch belasten. Aber warum sollte man sich mit seinen irrele-
vanten Lügen auseinandersetzen? Wieso können wir nicht einfach
im Jetzt leben und die Vergangenheit dalassen, wo sie hingehört – in
der Vergangenheit?

Es ist so (und zwar genau so): Wenn du dir anschaust, was Ethan
bisher geschrieben hat, glaubst du wirklich, dass er sich von seiner
Vergangenheit gelöst hat? Glaubst du, dass er viel von sich hält? Denk
dran, sobald du anfängst, deine Ideale zu hintergehen, Dinge zu
verbergen oder zu lügen, wirst du ein Stückchen kleiner und weniger
DU selbst.

Ethan hat entschieden, sich auf die karmische Reise zur Selbstbefrei-
ung einzulassen. Es ist nicht so, dass jede seiner Lügen besonders
groß war, aber um sein Leben aufzuräumen und sich selbst zu befreien, musste er erkennen, dass der einzige Grund, weshalb er immer

noch nicht über all diese Dinge sprach, der war, dass er seine Umgebung vor der Person beschützen wollte, die er war und immer noch ist.

Und er wollte ein für alle Mal das Richtige tun, um dieser Kerl zu sein. Genau wie ich endlich erwachsen werden und aus der kleinen Lauren herauswachsen wollte. Als er damit konfrontiert wurde, alles zu beichten, merkte Ethan, wie erfolgreich er damit war.

Weißt du, was? Wenn du allen erzählst, wer du bist, zum Beispiel eine Person, die seit Jahren heimlich Kekse genascht hat, wird ab jetzt jeder auf Krümel auf deinem Gesicht achten.

Es verändert dich.

Die Kluft zwischen deinem gegenwärtigen Selbst (das Jetzt) und deinem Traum-Selbst (die Zukunft, die du dir wünschst) ist groß. Ihre Größe hängt davon ab, wie stark dein Wille ist, dich bewusst damit auseinanderzusetzen, wieso du im Moment nicht bewusst leben kannst. Als Ethan erkannte, wie sehr seine Vergangenheit ihn immer noch beeinflusste, konnte er etwas daran ändern. Er konnte sein Betriebssystem verbessern. Er konnte seine emotionale Integrität (seine Gefühle), seine physische Integrität (seine Handlungen) und seine geistige Integrität (sein Denken) verändern. Als Ethan seine falsche Integrität und jedes falsche Versprechen, das er gab, losließ, wurde er lockerer und begann sich selbst zu mögen.

Es stellte sich heraus, dass Ethans Eltern längst wussten, dass ihr Sohn in der Schule getrunken, geraucht und illegale Sachen gemacht hatte. Es fasziniert mich immer wieder, wie viele meiner Klienten glauben, sie hätten Sex, Drugs und Rock 'n' Roll erfunden.

Wie sich wohl Ethans Eltern in der Schule benommen haben?

Als er seiner Mutter erzählt hatte, was ihn an ihr stört, ratet mal, was sie gemacht hat? Jetzt kommt's. Sie hat sich bei ihm entschuldigt. Es hat auch sie gestört. Und was konnte Ethan in diesem Moment erkennen? Zum ersten Mal in seinem Leben verstand er, dass sie allein nicht das Problem war. Klar, sie war ein bisschen verrückt. Aber sie hatte eine legitime Diagnose. Und er?

Und was war mit dem Kiffen in der Hochzeitsnacht? Ethans Frau Regina hat es längst gewusst. Dieselben Typen, die ihm den Joint verkauft haben, wollten auch ihr einen andrehen.

Dachtest du wirklich, sie hatte keine Ahnung, wen sie da heiratet?

Solange du deinen Mund nicht aufmachst und all die Dinge offenlegst, die dich belasten, ob nun bewusst oder nicht, wirst du niemals wissen, wie schwer diese Lügen wirklich auf dir lasten. Ja selbst die Lügen, die erst mal völlig banal erscheinen. Wenn du dein Leben nicht damit verbringen musst, all deine Lügen zu organisieren und die Übersicht darüber zu behalten, wer was über dich weiß, dann hast du viel mehr Zeit, um du selbst zu sein.

Wo wir gerade über „du selbst sein" sprechen, schauen wir doch mal, was Katie in ihren Schubladen versteckt:

KATIES LÜGENLISTE

- Ich war acht Jahre alt, als mich mein älterer Bruder nackt mit einem Jungen aus der Nachbarschaft im Bett erwischte. Ich sagte, ich würde es nie wieder tun. Das war eine Lüge. Bis ich elf war, gab es mindestens noch vier weitere Jungs aus meiner Schule, mit denen ich das tat. Niemand wusste davon.

- Meine beste Freundin und ich haben meinem Vater eine Flasche Wein gestohlen und sie nachts auf der Straße ausgetrunken. Ich war 14. Es war ein Château Lafite, eine sehr teure, ganz besondere Flasche. Meine Geschwister wurden beschuldigt. Ich habe kein Wort gesagt. Ich habe Bier, Wein und harten Alkohol aus unserem Keller oder der Bar meiner Eltern gestohlen. Ich habe keine Ahnung, wieso mein Vater nichts gemerkt hat. Dieser Schrank hat mich während der Schule und der Uni mit Alkohol versorgt.

- Als ich Auto fahren konnte, habe ich mich jeden Sonntag für die Messe um 12:30 in der Saint Patrick's Kirche fertig gemacht, das Haus verlassen und drei Häuserblöcke weiter bei meiner Freundin Jeanne und ihrer Familie gefrühstückt. Dort blieb ich 45 Minuten, fuhr dann zur Kirche, holte mir ein Programmheft und fuhr wieder nach Hause. Meine Eltern, die immer zu einer früheren Messe gingen, fragten mich jede Woche, wie der Gottesdienst war. Ich belog sie. Ich sagte sogar, dass ich mit dem Priester gesprochen hatte. Das zog ich meine gesamte Oberstufenzeit durch.

- Ich habe meine Jungfräulichkeit im Bett meiner Eltern verloren. Meine Mutter war wegen ihrer Gallenblase im Krankenhaus und mein Vater auf einer Geschäftsreise in Asien. Die Bettlaken habe ich danach nicht gewaschen.

- Ich hatte eine Affäre mit einem der Fußballtrainer an der Uni. Niemand wusste davon. Als einer meiner Freunde Verdacht schöpfte und mich nach ihm fragte, belog ich ihn.

- Während meiner Studienzeit geriet ich eines Nachts in einen heftigen Streit mit meinem Freund, mit dem ich auch zusammenlebte. Er ließ mich in der Bar zurück, ich trank ohne ihn weiter. Wenig später traf ich einen Typen, ging mit ihm ins Bett und kam um drei Uhr nachts nach Hause. Ich belog meinen Freund darüber, wo ich gewesen war.

- Ich habe jeden Typen betrogen, mit dem ich zusammen war. Ich habe meinen Ex-Mann betrogen, kurz bevor wir geheiratet haben.

- Als ich 24 war und in Los Angeles lebte, wurde ich von meinem damaligen Freund, in den ich verliebt war, schwanger. Er betrog mich und wir trennten uns, bevor ich meine Schwangerschaft entdeckte. Ich trieb das Kind ab und habe ihm niemals davon erzählt.

- Während ich an der Filmhochschule studierte, habe ich in einer Bar in Santa Monica gearbeitet. Einmal erzählte ich meinem Chef, dass mein Vater einen Herzinfarkt erlitten hatte, um vier Tage frei zu bekommen.

- Zu der Zeit hatte ich auch einen Freund in London. Er flog zu mir (wir hatten eine Fernbeziehung), um mich zu überraschen, und machte mir auf einer Party vor 50 anderen Menschen einen Heiratsantrag. Ich sagte Ja. Ich habe gelogen. Ich wollte ihn nicht heiraten. Jetzt sind wir geschieden.

- Ich habe meinen Coach Lauren belogen. Ich habe ihr erzählt, dass ich bei unserem ersten Telefonat 192 Pfund gewogen habe. Eigentlich waren es 207. Außerdem habe ich heruntergespielt, wie viel ich wirklich trinke. Ich wollte nicht, dass sie mich aus der Therapie wirft.

Keine große Überraschung, oder? Außer vielleicht, dass Katie nach außen hin nett tat, obwohl sie eigentlich gar nicht so nett ist. Oder?

Sie trinkt. Sie betrügt. Sie hat sogar über ihren Besuch in der Kirche gelogen.

Wenn du lügst, damit andere Leute glücklich sind, musst du dich dann jemals der Tatsache stellen, dass du das nur tust, weil du andere Menschen für wichtiger hältst als dich selbst?

Wichtiger als deine eigene Wahrheit? Wenn du für andere lügst, dann spielst du für immer die zweite Geige. Wenn es jemandem wichtiger ist, es anderen Leuten recht zu machen, dann untergräbt er sein Selbstbewusstsein und seinen Respekt. Man setzt die Beziehung zu sich selbst herab.

Wenn ich einen Klienten habe, dem es an Selbstbewusstsein fehlt, bitte ich ihn, darauf zu achten, in welchen Bereichen er lügt. Wo verhält er sich wie die Nummer zwei und macht jeden anderen in seinem Leben zur Nummer eins?

Auch wenn wir alle Lügen gegenüber einer Autoritätsperson in gewissem Maße verstehen können – seien es nun unsere Lehrer, Eltern, Vorgesetzten, Verkehrspolizisten etc. –, wie erklären wir uns die Lügen gegenüber unseren Partnern und Freunden? Du wirst schnell herausfinden, dass du dich daran gewöhnt hast, Lügen als Methode zu nutzen, um mit der Realität umzugehen. Es ist fast wie eine Sucht. Du hast deine Ideale aus den Augen verloren. Und – bis jetzt – hast du noch nie die Punkte miteinander verbunden und erkannt, dass du selbst die Quelle deiner Probleme bist.

Märtyrer wie Katie, die es anderen Leuten immer recht machen wollen, glauben nicht an ihre eigenen Träume. Wenn Katie ihre eigenen Träume für die von anderen zurückstellt, ist sie dann jemals für ihre Träume verantwortlich? Muss sie sich wehren? Oder kann sie sich als das Opfer ihrer Eltern, ihres Ex-Freundes, der sie geschwängert hat (war sie denn nicht mit im Bett?), und sogar eines Heiratsantrages darstellen?

Als sich Katie dazu gezwungen hat, ihrem Ex-Mann von all ihren Lügen zu erzählen – selbst dass sie ihn nie heiraten wollte –, weißt du, was passiert ist? Die beiden konnten nicht nur echtes Mitgefühl füreinander empfinden, sondern sich sogar vergeben.

Spirituelle Buchhaltung

Es ist wieder Zeit: Du bist dran! Wahrscheinlich wünschst du dir an dieser Stelle mehr denn je, dass ich endlich aus deinem Leben verschwinde. Mehr als in dem Kapitel, in dem du in jedem der 12 Bereiche deine Träume aufschreiben solltest, oder an dem Punkt, an dem du aufschreiben solltest, wie sehr du deinen Eltern ähnelst.

Du hast die Nase voll. So schlimm bist du nicht. Und selbst wenn, wieso solltest du auf die letzten zehn Jahre und 40 Freunde zurückblicken? Und wenn du schon dabei bist: Fehlendes Selbstbewusstsein, fehlender Selbstrespekt und fehlende Intimität nimmst du in Kauf, wenn es bedeutet, dass du Du-weißt-schon-Wem nichts von deinen Lügen erzählen musst.

Ich verstehe dich. Du bist schon reifer als viele andere. Du solltest aber auch wissen: Jedes Mal, wenn ich mit einem Klienten arbeite, selbst bei den Erfolgreichsten unter ihnen, finden wir immer irgendwann einen Bereich in ihrem Leben, in dem sie blockiert sind. Und selbst wenn wir glauben, dass es keinen Stein gibt, den wir nicht schon einmal umgedreht haben, sobald wir nach der Lüge graben, die in diesem Bereich lebt, finden wir immer noch eine – als sie das Haus nicht gekauft haben; das Kind, das sie wollten, aber doch nicht hatten. Etwas, das immer noch tief verborgen ist, selbst nach all der Zeit.

Ich schwöre dir, es gibt keinen Prozess, der faszinierender und spannender ist, als sich komplett zu befreien, indem wir unsere eigenen Lügen akzeptieren. Der Prozess in den Bereichen, in denen wir blockiert sind, die kleinen Lügenhäufchen zu sehen, dort, dort und dort, und sich plötzlich all diesen Dingen nicht mehr entziehen zu können. Selbst Jahrzehnte nachdem ich festgestellt habe, dass der Schlüssel zu persönlicher Freiheit das Ende der Lüge ist, räume ich immer noch meine eigenen Lügen auf. Für die notorischen Lügner da draußen – und damit meine ich auch mich –, wir sind ein Leck, aus dem Öl austritt. Es dauert eine Weile, bis man die ganze persönliche Verschmutzung wieder aufgeräumt hat. Aber warum sind wir sonst hier?

AUFGABE FÜR KAPITEL SECHS

1. Mach eine Liste mit allen Lügen in deinem Leben, an die du dich erinnern kannst. Nimm dir Zeit für diese Aufgabe. Immerhin hast du dein ganzes Leben gelogen. Vergiss dabei deinen Sinn für Humor nicht. Folgende Kategorien können dich unterstützen:
   - Lügen im direkten Wortsinn: etwas erfinden, was nicht stimmt
   - alles, was du versteckt hast und von dem du nicht willst, dass andere davon wissen
   - Übertreibungen
   - Halbwahrheiten (du hast nur teilweise erzählt, was passiert ist)
   - falsche Darstellungen
   - Informationen, die du zurückgehalten hast, obwohl du sie ansprechen solltest
   - Dinge, die du gedacht, aber nicht gesagt hast, um andere nicht zu verletzen
   - vorgetäuschte Tatsachen wie Krankheit oder Freundschaft – du denkst etwas, handelst aber nicht danach

- vermiedene Konfrontationen
- Geheimnisse, die „niemanden etwas angehen"
- Meinungen oder Urteile, die du verschwiegen hast, weil sie dir zu gemein oder herabsetzend vorkamen
- unnötiges Drama, das du deinen Aussagen hinzugefügt hast
- Geheimnisse, die du mit ins Grab nimmst

2. Fertige eine Liste mit Lügen an, die man dir erzählt hat.
3. Such dir fünf Lügen aus deiner Liste aus, mit denen du aufräumen willst. Fang mit den einfachen an.
4. Schreibe Situationen in deinem Leben auf, die dein PR-Agent kontrolliert.
5. Lies den Warnhinweis weiter unten. Dann lies ihn noch mal.
6. Folge den Schritten auf der nächsten Seite und räume mit den fünf Lügen auf, die du dir in Schritt drei ausgesucht hast.

WARNHINWEIS

Um mit deinen Lügen aufzuräumen, braucht es einen bestimmten Rahmen. Umso mehr du von deiner Liste abhaken kannst, umso freier fühlst du dich, klar. Ich persönlich habe jede einzelne Lüge von meiner Liste aus der Welt geschafft, genau wie alle meine Coaches und Coach-Anwärter – und sie leben noch (und ihre Partner auch).

Aber ich sage NICHT, dass du sofort das Telefon in die Hand nehmen und dein Leben ins Chaos stürzen sollst. Wie bei allem in diesem Buch ist es wichtig, dass du das tust, was sich für dich richtig anfühlt, in einem Tempo, das für dich passt. Einige Gespräche (Affären, Diebstahl, Drogenmissbrauch, sexuelle Fantasien etc.) brauchen mehr Vorbereitung, und das Thema sollte verantwortungsbewusst kommuniziert werden. Mein Ziel ist nicht, dass jeder Klient seine Ehe zerstört oder seinen Scheidungsprozess behindert. Was ich möchte, ist, dass du eine Art spirituellen Vertrag mit dir eingehst.

Ich hatte zum Beispiel eine Klientin, die ihren Ehemann seit zehn Jahren betrog und ihm endlich davon erzählen wollte. Aber sie wollte in dem Prozess weder ihre Scheidung noch die Beziehung zu ihren Kindern gefährden. Deshalb hat sie einen Plan gemacht, der für sie funktionierte. Klar, der Plan hat ihr eine Heidenangst gemacht, aber er war ehrlich und verantwortungsbewusst. Sie hat die Scheidung eingereicht. Sie versprach sich selbst (und mir), dass sie ihrem Ex-Mann fünf Jahre nach der Scheidung von der Affäre erzählen würde. Und sie würde ihren Kindern von der Affäre erzählen, wenn sie alt genug waren, um es zu verstehen. Dieser Plan hatte Integrität für sie.

Es gibt ein gewisses Maß an Unzufriedenheit und Integrität, mit dem wir bereitwillig leben können; ein gewisses Maß an „Schmerzmitteln", das wir unserer Ehrlichkeit verabreichen können. Es ist nicht meine Aufgabe, irgendwelche Schuldgefühle in dir zu wecken oder dein Leben auf den Kopf zu stellen, bevor du bereit dazu bist. Jedem das seine. Entwickle deinen eigenen Plan.

Egal, was kommt, eines weiß ich genau: Liebe, Glück, Selbstvertrauen und persönlicher Stolz liegen auf der anderen Seite der Wahrheit. Und sie werden immer dort sein, wenn du bereit bist.

Für die sofortige Erleichterung

Jetzt, wo du die Aufgabe erledigt (oder zumindest darüber nachgedacht) und deine Lügen schwarz auf weiß aufgeschrieben hast (in Hieroglyphen, vulkanisch, Dothraki, Schwein-Latein, Geheimschrift oder deiner besten/schlimmsten unleserlichen Schrift), ist es wahrscheinlich einfacher, dir zu zeigen, wie man mit seinen Lügen aufräumt, als dir bloß die Schritte vorzustellen.

Auf den folgenden Seiten findest du die wahre Geschichte einer Frau, die ihrem Vater ein großes Geheimnis gebeichtet hat.
Um ihre Anonymität zu wahren, nennen wir sie Heidi. Heidis achtzigjähriger Vater war Lehrer, Sozialarbeiter, Berufsberater und hat noch heute eine aktive Rolle in der Kirche.
Ich bat Heidi, in ihren eigenen Worten aufzuschreiben, was zwischen ihr und ihrem Vater vorgefallen ist, als sie ihm von ihrer Abtreibung erzählte. Sie kann sich an jedes Detail erinnern, ein Zeichen dafür, wie wichtig diese Begegnung für sie war. Und für all diejenigen, die gerade schon wieder in Panik geraten und mich in die Wüste schicken wollen: Glaubt mir, ich verstehe euch sehr gut.

Wie auch immer, diese Lüge landete auf Heidis Liste. Von den abertausenden Lügen, die du in deinem Leben erzählt hast, werden diejenigen in der Liste auftauchen, die dort hinsollen. Sie werden so lange in deinem Kopf herumspuken, bis du sie auf die Liste setzt, auch wenn dich dein PR-Agent (und all seine Freunde) davon abhalten will.

Schreibe auch diese Lüge auf. Egal wie. Ich verspreche dir, dein höheres Selbst – weswegen du schon so oft Yoga gemacht hast, um es zu finden – weiß genau, welche Lügen auf die Liste gehören.

Hier ist Heidis Geschichte.

Heidi: Papa, ich würde gerne mit dir reden. Können wir uns dazu in einem Café treffen? Es ist mir wichtig, dir etwas Bestimmtes zu erzählen, aber es wäre schön, wenn wir uns ungestört irgendwo hinsetzen könnten, ohne von den Dingen zu Hause abgelenkt zu werden.

Papa: Ja, natürlich. Du kannst mit mir über alles reden. Ist alles in Ordnung?

Heidi: Ja, alles gut. Ich möchte dir etwas sagen, dass ich dir noch nie erzählt habe, aber dir immer schon erzählen wollte. Ich will unsere Beziehung vertiefen.

Papa: Okay. Und vergiss nicht, du kannst mir alles sagen.

Und Heidi denkt: Ich habe die ganze Zeit dieses nervige Flüstern in meinem Kopf: „Ja, alles außer das, etwas, für das du mich hassen und verurteilen wirst. Eben nicht über alles."

IM CAFE

Heidi: Ich habe dich hierhergebeten, weil es etwas gibt, dass ich seit 27 Jahren vor dir geheim halte. Ich habe Angst, dir davon zu erzählen, aber ich möchte unsere Beziehung vertiefen und dieses Geheimnis verhindert, dass du mein wahres Ich kennenlernst. Ich mache mir große Sorgen, was du danach von mir halten wirst, aber ich muss es dir trotzdem sagen, weil ich dich liebe und will, dass du mich liebst, nicht die Person, die ich vorgegeben habe zu sein. Ich habe solche Angst.

Papa: Alles ist gut, keine Angst.

Heidi: Als ich auf der Uni war, wurde ich schwanger und hatte eine Abtreibung. Ich habe es dir nicht erzählt, weil ich weiß, wie stark dein Glaube ist, und ich dachte, dass du mich verurteilen und nicht mehr mit mir sprechen würdest. Ich habe es verheimlicht und kein Wort gesagt, aber es hat mich immer verfolgt.

Ich schaute ihm direkt in die Augen, unsere Umgebung nahm ich gar nicht mehr wahr, als ob die Welt angehalten hätte und nur noch meine Seele mit seiner Seele sprechen würde. Alles andere war still. Da nahm er meine Hände.

Papa: Dachtest du, ich würde dich nicht mehr lieben?

Ich schüttelte nur den Kopf, es hatte mir die Sprache verschlagen.

Papa: Ich liebe dich. Es gibt nichts, was das jemals ändern könnte. Vergiss das nicht. Es gibt nichts, was mich jemals dazu bringen könnte, dich nicht mehr zu lieben. Es tut mir leid, dass du das Gefühl hattest, du müsstest es vor mir geheim halten. Ich hätte dich gerne in dieser schweren Zeit unterstützt. Es tut mir leid, dass du dich verstecken musstest und darunter so sehr gelitten hast. Es tut mir leid, dass ich so viele Jahre dein wahres Ich nicht kennenlernen konnte. Aber jetzt kann ich es sehen. Und ich liebe dich genauso sehr wie vorher – nein, sogar mehr.

Niemals habe ich mich so geliebt und so frei gefühlt wie in diesem Moment. Wir blieben noch ein wenig länger im Café sitzen, einfach nur, um noch ein bisschen zusammen zu sein.

Als ich nach Hause kam, klingelte mein Telefon. Es war mein Vater.

Papa: Können wir uns morgen im Café treffen? Ich habe ein Geheimnis, das ich seit 50 Jahren niemandem erzählt habe.

Am nächsten Tag saßen wir wieder im Café. Mein Vater erzählte mir dort, dass ihn auf dem Priesterseminar ein älterer Mann sexuell belästigt hatte. Mein Vater wehrte sich und erzählte dem Leiter des Seminars von dem Vorfall. Der Leiter schickte ihn weg, ohne etwas zu unternehmen, da laut ihm ja nichts passiert sei und er sich nicht so anstellen solle. Aber mein Vater konnte den Vorfall nicht vergessen. Er wusste, dass es falsch war. Schließlich verließ er das Priesterseminar. Mein Vater sagte, dass er den Vorfall vor mir verschwiegen hatte aus Angst, dass ich mich vom Glauben abwenden könnte. Er wollte mich nicht von meiner eigenen wachsenden Spiritualität abhalten. Es tat ihm leid, dass er es mir nie gesagt hat. Er entschuldigte sich für seine Lügen. Er war so inspiriert von meinem Mut am Tag davor. Das hat ihm die Kraft gegeben, es mir gleichzutun und sein eigenes Geheimnis zu offenbaren, das er eigentlich mit ins Grab nehmen wollte. Er sah die Möglichkeit, nicht nur selbst damit abzuschließen, sondern auch die durch seine Geheimnisse beeinträchtigte Beziehung zu seiner Tochter zu festigen. Er war so stolz auf mich, dass er sich von seiner eigenen Vergangenheit befreien konnte, und ich konnte meinen Vater als die Person sehen, die er wirklich war, nicht als ein Ideal oder jemanden, den man verachtet, sondern gleichberechtigt. Und ich entdeckte eine noch größere Liebe für ihn.

Unsere Beziehung wurde nach dieser ehrlichen Aussprache noch stärker. Ich bin dankbar, dass ich mich meinen Ängsten stellen und meinem Vater die Wahrheit sagen konnte. Und er war dankbar, dass er von meinem Mut inspiriert wurde. Diese Aussprache hat unsere Beziehung für immer verändert.

Für diejenigen von euch, die jetzt noch einmal die wichtigsten Schritte auf dem Weg zur Beichte hören wollen, habe ich sie hier noch mal zusammengefasst. Denke daran, das hier sind nur grundlegende Überlegungen, die du an deine Situation und deine Lügen anpassen kannst. Im Beispiel hat Heidi ihren Vater vorbereitet, eine Uhrzeit vereinbart, den Kontext des Gespräches erklärt und klargemacht, wieso sie ihm erst jetzt von dem Vorfall erzählt. Und auch wenn deine Antwort „Weil Lauren Zander es so will" sein könnte, überlege dir eine bessere. Keine große Sache, es geht ja nur um das ganze, wahre Du, das sich die ganze Zeit versteckt hat. Keine große Sache (hüstel).

1. Beichte das, was du beichten musst. Detailliert. Sprich über deine Rolle, deine Gefühle. Entschuldige dich dafür, dass du es so lange verschwiegen hast.

2. Falls es angemessen ist, frage dein Gegenüber nach seiner Erfahrung, seiner Erinnerung an den Vorfall und ob sich nach deiner Beichte etwas verändert hat.

3. Hör dir seine Antwort ganz genau an. Falls er eine hat. Dann wiederhole, was er gesagt hat, um ihm zu versichern, dass du zugehört hast.

4. Nachdem dein Gegenüber dein Geständnis und deine Entschuldigung angenommen hat, vergib dir selbst und mach die Schublade mit diesem Vorfall einfach zu, damit du ihn nicht noch einmal erleben musst.

5. Falls angemessen, gib ein Versprechen über zukünftiges Verhalten ab. Und wenn du schon dabei bist, vergiss die Konsequenz nicht!

Ich verspreche dir: Wenn du diese Aufgabe erledigt hast, wirst du eine Form des Stolzes empfinden, die du, wenn überhaupt, in dieser Form noch nie zuvor erlebt hast. Vielleicht als du deinem Chef die Meinung gesagt und deinen Job gekündigt hast oder nach Jahren endlich die Scheidung eingereicht hast oder deiner Mutter (oder meiner) gesagt hast, dass du genau weißt, was sie meint, wenn sie dein Haar „in Ordnung" nennt. Ab jetzt kannst du diesen Stolz abrufen, wann immer du ihn brauchst. Und wie?

Sag die Wahrheit, elegant und klug, vor allem wenn du es eigentlich nicht willst. Besser als jeder Keks, jede Zigarette oder Alkohol. Die

Wahrheit hat keine Kalorien, im Gegenteil, sie verbrennt wahrscheinlich welche. Und du kannst die Person sein, die du schon immer sein wolltest: Du selbst, aber besser.

Alles klar, Zeit für dein QUIZ.

Du bist seit einiger Zeit in einer neuen Beziehung und es läuft wirklich gut. Du kannst dich nicht erinnern, wann du das letzte Mal so verknallt warst. Es gibt nur ein kleines Detail, das dich stört: Mundgeruch. Jetzt hast du keine andere Wahl als:

A. dieses Buch weiterzuverschenken. Aus den Augen, aus dem Sinn.
B. im Internet zu recherchieren, was du ins Essen mischen könntest, damit der Mundgeruch verschwindet. Lösche dann den Suchverlauf.
C. dich mit deinem Partner hinzusetzen, Blickkontakt aufzunehmen und die Wahrheit zu sagen – du findest ihn richtig toll, aber du musst ihm etwas Peinliches sagen und du willst seine Gefühle auf keinen Fall verletzen, aber du willst auch ehrlich sein. Und nachdem du alles zugegeben hast, könnt ihr gemeinsam einen Plan machen, zum Beispiel regelmäßige Zahnreinigungen und/oder ein lustiger Bummel im Supermarkt auf der Suche nach Mundwasser.
D. zu lügen. Mundgeruch wird bestimmt besser, wenn man älter wird.

Genau, C – wie „coole Ehrlichkeit". Wenn du einem Menschen vollständig vertrauen willst, sei glaubwürdig. Und mach dich bereit für dessen eigene Ehrlichkeit. Überprüfe deine Zehen auf Fußpilz.

Kapitel sieben – Spuk
DEINE VERGANGENHEIT ENTSCHLÜSSELN

Geistergeschichten

Ist dir schon mal aufgefallen, wie sehr dich blöde E-Mails treffen, egal wie viele nette und lobende Nachrichten du sonst bekommst? Du ärgerst dich tagelang, zeigst sie Freunden und bist kurz davor, sie dir über den Schreibtisch zu hängen.

Warum?

Der Grund ist seltsamer, als du es vermutest. Der Grund, weshalb wir eine Hassliebe für böse E-Mails, unhöfliche Anrufe, gemeine Kommentare oder eingebildetes Augenrollen haben, ist nicht nur, weil uns all das verletzt, sondern auch – Tusch – weil wir ihnen recht geben. Sie liefern uns bewusst oder unterbewusst Beweise für unsere Konzepte oder Überzeugungen.

Wie sieht es mit diesen Kindheitserinnerungen aus, die uns verfolgen und die wir irgendwie nicht loswerden können? Klar, die Gründe für diesen Spuk sind offensichtlich, oder? Zum Beispiel als deine Eltern ihre Scheidung bekannt gegeben oder wir uns kurz vorm Fußballcamp den Arm gebrochen haben. Aber wie sieht es mit den weniger offensichtlichen Erinnerungen aus, die immer noch in uns herumspuken? Was wäre, wenn wir diese Erinnerungen nicht begraben können, weil sie, genau wie die E-Mail an der Wand, mit unseren größten Ängsten zusammenhängen? Wenn diese Erinnerung nicht irgendeinen Zweck für uns hätte, dann hätten wir sie schon längst weggepackt, zusammen mit vielen anderen unangenehmen Erinnerungen.

Um zu erkennen, wer wir wirklich sind, müssen wir verstehen, wieso uns diese Erinnerungen immer noch verfolgen. Viele Entscheidungen in unserem Leben haben wir mit diesen Erinnerungen im Hinterkopf getroffen. Der Grund, weshalb du deinen Spuk untersuchen musst, ist nicht nur der, dass du und ich nichts unversucht lassen werden, um deinen Traum zu verwirklichen, sondern auch, weil jede dieser in dir spukenden Erinnerungen Informationen enthält, die dir nicht bewusst sind.

Du hast nicht alle Fakten, die du brauchst.

Du weißt gar nicht genau, was wirklich passiert ist. Du hast eine tiefe und wichtige Erinnerung an deinen Vater, deine Mutter, deinen Bruder oder deinen besten Freund, aber du hast seit 25 Jahren kein Wort darüber verloren. Sie haben etwas getan oder gesagt, was dich wirklich verletzt hat. Es hat etwas in dir verändert, deine Sicht auf dich oder deinen Umgang mit Konfrontation. Aber du hast die Person aus deiner Erinnerung niemals nach ihrer Version gefragt. Du denkst vielleicht, du weißt, was passiert ist, und spielst immer die gleiche Geschichte in deinem Kopf ab, aber du hast niemals mit der betroffenen Person darüber gesprochen. 5, 10, 25 Jahre später hast du immer noch nicht alle Fakten.

Diese spukenden Erinnerungen sind Verbrechen, die man dir angetan hat oder die du jemandem angetan hast. Und auch wenn sie wie jede andere Lüge oder jedes Familiengeheimnis tief in dir vergraben sind, verschwinden sie nicht. Sie wachsen. Sie breiten sich aus. Sie werden mit der Zeit immer wichtiger. Und auch wenn du mit der betreffenden Person vielleicht nie wieder gesprochen hast, das Gefühl bleibt.

Noch schlimmer, es formt dich. Es formt deine Meinung von Leuten, deine Sicht auf dich selbst und was du über das Leben im Allgemeinen denkst. Manche von euch wissen nicht einmal, wie sehr diese Dinge sie wirklich stören oder stören sollten.

Du glaubst, dass du darüber hinweg bist.

Ob es eine heimliche Abtreibung war oder vielleicht etwas Schlimmeres wie ein Unfall deines Vaters. Diese Dinge beeinflussen dich. Sie verfolgen dich, selbst wenn du nicht jeden Tag an sie denkst.

Anstatt aber die Wurzel deiner Probleme zu verstehen, läufst du ein wenig verwirrt durch die Gegend und weißt nicht, wieso du unter Angstzuständen leidest oder in kein Flugzeug steigen kannst.

Vielleicht ist dir diese Version der Realität sogar lieber, egal wie traurig oder zerstörerisch sie auch sein mag. Schließlich ist sie das, was deinen inneren Dialog seit Jahren angetrieben hat. Sie steuert die Glaubenssätze in deinem Kopf. Wenn du in den Spiegel schaust, hat sie all die unschönen Böse-Königin-Zitate für dich vorbereitet: „Ich bin

fett", „Ich bin hässlich", „Ich bin nicht so toll und werde es nie sein"
und all deine Wetterberichte: „Ich konnte noch nie mit Geld umgehen",
„Ich werde niemals einen Partner finden" oder „Ich bin ein echter Mor-
genmuffel". Sie hat deine Geschichte unterstützt, solange du und
deine Glaubenssätze zurückdenken können.

Woher ich das weiß?

Nach 20 Jahren in diesem Beruf habe ich so viele Geschichten gehört,
die sich befreit und entfaltet haben. Ich habe den Anwalt deiner Glaubenssätze gesehen, der unzählige Beweise unberücksichtigt gelassen
hat, nur um zu beweisen, dass dein Spuk wahr ist. Es ist irrelevant,
dass dein Vater dich umarmt und dir zu deiner Verlobung gratuliert
hat, sondern es zählt, was er nach der frohen Botschaft gesagt hat,
wie teuer das Jahr der Hochzeit werden wird (und das wird es wirklich).
Diese Aussage passt zu den Glaubenssätzen, die du von deinem
Vater hast: Er ist geizig, kümmert sich nicht um dich und denkt, dass
sein Bankkonto wichtiger ist als du. Der Anwalt deines Spuks hat kein
Interesse daran, sich die Umarmung anzuschauen, die Tränen in seinen Augen oder den Stolz, mit dem er seinen Kollegen von dir erzählt.
Wenn du deinen Spuk von der anderen Seite betrachtet hättest, dann
hättest du genauer hingeschaut. Oder?

Normalerweise bist du stolz darauf, wie offen und ehrlich du dich in
Beziehungen verhältst, und jetzt bist du nicht mal ansatzweise daran
interessiert, wieso du plötzlich zu schüchtern bist, um deinem Vater
deine wahren Gefühle mitzuteilen.

Klar hättest du Löcher in deinen Glaubenssätzen finden können. Wenn du gewollt hättest. Dann hättest du neugierig in ihnen herumstochern können. Aber du wolltest nicht.

Wir wollen nicht.

Vergiss nicht, um uns hinter unserer Ignoranz verstecken zu können, sind wir viel zu intelligent.

Wir wissen viel besser, wie sich diese Dinge in anderen widerspiegeln als bei uns selbst. Und wir wollen viel lieber seit 25 Jahren recht haben als seit 25 Jahren unrecht. Besonders dann, wenn uns diese Lügen nicht nur verletzt haben, sondern auch noch unsere Konzepte und Ideen untermauern, die wir über uns selbst und die Welt haben. Wieder einmal ist es nur gerecht, wenn ich zuerst einmal von meinem Spuk erzähle.

Lagerfeuer

Etwa zur selben Zeit, als ich von einigen meiner besten Freunde betrogen wurde, gab es noch eine weitere Person aus meiner Vergangenheit, über die ich mich aufregte, allein wenn ich ihren Namen auf Facebook sah oder andere zufällig ihren Namen erwähnten. Und da ich sowieso schon dabei war herauszufinden, was eigentlich mit mir los war, dachte ich mir, dass ich mir auch einige Freunde aus meiner Vergangenheit anschauen sollte.

Selbst nachdem sie mir das angetan hat, Punkt, Punkt, Punkt.

Dunkle, melodramatische Musik erklingt.

Was hat sie mir angetan? Vor langer Zeit im Zeltlager[17] waren wir Freundinnen. Und zu etwa derselben Zeit erzählte mir mein Freund aus dem Sommer davor — die Liebe meines damaligen Lebens —, dass er unsere Beziehung beenden wollte. Ich tat das, was jedes pubertierende Mädchen tun würde: Ich sagte meinen drei besten Freundinnen, dass sie sich von ihm fernhalten sollten. Und sie tat es nicht. Wir alle kennen solche Filme. Nachts um zwei im Zeltlager erwische ich die beiden beim Rummachen.[18] Das war für mich das Ende unserer Freundschaft.

Und hier war ich nun, Jahre später, schon wieder verletzt von einer besten Freundin. Ich konnte nicht aufhören, an diese Zeltlagersache zu denken. Irgendwas konnte doch da nicht stimmen, oder? Und so entschied ich mich, meine eigene Methode anzuwenden. An mir.
Ich habe sie angerufen.
Und wisst ihr was? Sie hat mich nicht nur zeitnah zurückgerufen, sondern sich sogar über meinen Anruf gefreut. Sie war tatsächlich glücklich, von mir zu hören. Schon das hat meine Glaubenssätze über sie durcheinandergebracht. Ich dachte (siehe da), sie würde mich auch hassen. Aber sie war glücklich, von mir zu hören. Kein Scherz. Memo an mich selbst: Glaube dir nicht.

---

17) *Wenn ich deine Tochter gewesen wäre, hättest du mich nicht auch in den Ferien für acht Wochen weggeschickt?*

18) *Wenn ich dir diese Geschichte vor der Geschichte mit den zwei Brüdern erzählt hätte, hättest du jetzt wahrscheinlich mehr Mitleid mit mir.*

Sie wollte gerne mit mir reden. Ich erzählte ihr, dass ich sie angerufen hatte, um etwas zu besprechen, und fragte sie, ob sie bereit wäre, die Vorfälle aus ihrer Sicht zu schildern und auch mir zuzuhören, damit ich eine Erinnerung klären konnte, die in mir herumspukte.

Sie war bereit.

Ich erzählte ihr, woran ich mich erinnern konnte (ob es nun stimmte oder nicht). Wie ich meine drei besten Freundinnen gebeten hatte, sich von meinem Ex fernzuhalten und dass sie das nicht getan hatte. Und dass ich nicht glauben wollte, dass sie mir das antun konnte.

Sie hörte sich meine Geschichte an, und auch wenn sie sich an nichts erinnern konnte, entschuldigte sie sich für ihr Verhalten. Immerhin wäre es denkbar gewesen. Aber dann geschah etwas Faszinierenderes. Sie erzählte mir ihre Geschichte aus diesem Sommer. Sie sprach von einem ganz anderen Vorfall, an den ich mich wiederum nicht erinnern konnte. Überhaupt nicht.

Als ich irgendwann in diesem Sommer auf ihrem Bett saß (ich muss ihr wohl vergeben haben), sah ich einen Brief auf ihrem Nachttisch und fragte, ob ich ihn lesen dürfe. Er war von einer Freundin, und sie gab ihn mir. Leider hatte sie vergessen, was in dem Brief stand.

Nämlich?

In diesem Brief ging es um ein Geheimnis, von dem meine Zeltlager-Freundin niemandem erzählt hatte. Sie hatte sich den ganzen Sommer zwei Jahre älter gemacht.

Und was hat die „arme Lauren" gemacht?

Ich habe sie nicht nur mit dieser Lüge konfrontiert, sondern sie auch verraten. Ich habe es jedem erzählt. Und vier Tage später hat sie das

Zeltlager verlassen, weil sie sich so geschämt hat. Und weißt du was? Sie hat mich keinen Moment dafür gehasst. Den ganzen Sommer hatte sie unter ihrer Lüge gelitten. Dass ich sie bloßgestellt hatte, fand sie sehr passend. Ich war für sie wie eine Art Robin Hood: ehrlich und direkt.

Besser gesagt: Robin Hood, der Lügner.

Glaub mir, ich konnte mich an diesen Vorfall nicht erinnern. Ich habe den Teil vergessen, den wir alle wie durch Zauberhand vergessen, wenn es um unseren Spuk geht – unsere Rolle darin.

Der Grund, weshalb die Geschichte mich immer noch verfolgte, war nicht, dass die Sache für mich immer noch so schlimm war oder ich sie nicht verdient hatte. Klar war es doof. Aber der Grund, weshalb ich immer noch über sie sprach und mich der Vorfall verfolgte, war die zweite Lüge in der Geschichte – nicht ihre, sondern meine.

Wenn ich mich in der Geschichte nur als das Opfer sehe, muss ich mich niemals mit meiner Rolle darin auseinandersetzen. Ich kann weiterhin Brutus zu meinem besten Freund machen und dann über ihn jammern, ohne mich mit meiner eigenen Täterschaft auseinanderzusetzen.

Der einzige Grund, weshalb ich von dieser Zeltlager-Geschichte noch verfolgt werde, ist, dass ich die Geschichte falsch abgespeichert habe. Ich habe sie so verwandelt, dass sie zu meinem Glaubenssatz von der „armen Lauren" passt, die „immer von ihren besten Freunden verraten wird", statt „Ich habe einen seltsamen Geschmack, wenn es um beste Freunde geht und kann auch selbst eine seltsame Freundin sein". Ich habe nicht die richtigen Schlüsse gezogen.

Den Schluss, den ich aus dieser Zeltlager-Geschichte gezogen habe, ist „Pass auf dich auf" und „Überlege gut, mit wem du dich anfreundest". Durch das Gespräch mit meiner alten Freundin habe ich gelernt, dass ich auch auf meine Selbstgerechtigkeit und Doppelzüngigkeit achten muss.

Ich konnte diese alte Geschichte begraben und mich von dem Glaubenssatz der „armen Lauren" befreien. Und ich konnte dieser alten Freundin (und nach 20 Jahren wieder richtigen Freundin) helfen, sich von einem Partner zu trennen, der nicht gut für sie war, sich aus ihrer finanziellen Misere zu lösen und beruflich umzuorientieren.
Und jetzt können wir endlich echte Freunde sein.

Spirituelle Zahnarztbesuche

Was wäre, wenn solche in uns spukenden Erinnerungen immer schlimmer würden, je länger wir sie ignorieren, und am Ende genau wie bei Karies nur noch eine Wurzelbehandlung helfen kann? Unsere Erinnerungen verfolgen uns nicht, weil wir dafür bestraft werden sollen, sondern weil wir damit noch nicht abgeschlossen haben, weil uns etwas daran stört. Ich verspreche dir, dass du aus jeder von ihnen etwas lernen kannst. Genau wie ich hast du nur noch nicht die richtigen Schlüsse gezogen, sonst würde es dich nicht so belasten oder sich das Muster nicht wiederholen. Wenn du das Richtige gelernt hast und dafür Verantwortung übernimmst, kannst du dich von der Erinnerung befreien. Es ist eine enorme Erleichterung, eine Offenbarung und eine außergewöhnliche Erfahrung, sich von etwas zu lösen, was dich so lange verfolgt und geformt hat. Normalerweise bitte ich Klienten, in den folgenden Bereichen nach versteckter Karies zu suchen:

- Du denkst an eine Person und willst sie nicht sehen.
- Geliebte Personen aus der Vergangenheit, die du jetzt nicht mehr liebst.
- Dinge, die du deinen Eltern nicht erzählt hast, zum Beispiel Drogenmissbrauch, Diebstahl oder eine Abtreibung.
- Personen, die dich hintergangen haben oder die du hintergangen hast.
- Jedes Mal, wenn du jemanden betrogen hast oder von jemandem betrogen wurdest oder nicht ganz sicher bist, ob es eine Affäre gab.
- Lügen, die du mit ins Grab nehmen wirst.
- Peinliche Vorfälle aus deiner Vergangenheit.
- Schwierige Momente, in denen du Entscheidungen treffen musstest und die du immer noch im Gedächtnis hast.
- Träume, die du aufgegeben hast.
- Alles, was du jemals abgebrochen hast oder worin du keinen Erfolg hattest.

Für mich ist es leicht, diese Liste abzutippen, aber ich weiß genau, dass nichts davon einfach ist. Keinem von uns fällt es leicht, den persönlichen Spuk in uns aufzudecken und zu lösen.

Besonders wenn man sich anschaut, wie stark wir an unseren Wettermännern hängen, unseren Konzepten und unserem Glauben, wer wir sind und woher wir kommen. Ganz genau hinzusehen, nur um herauszufinden, dass wir seit Jahren Unrecht hatten, das unangenehme Gefühl, die Verletzlichkeit, die uns dabei begleiten – wer setzt sich freiwillig in diesen Zahnarztstuhl?

Keiner.

Aber wieder einmal ist das der einzige Weg raus aus diesen dunklen Orten, an denen wir festsitzen. Wir könnten vielleicht nach draußen kriechen, indem wir alles vermeiden oder den Schmerz betäuben und dann blind weiter durchs Leben gehen. Aber so einfach ist es nun einmal nicht.

In unserem Leben wiederholen wir immer wieder die gleichen Fehler, ohne dass wir es bemerken. Es ist wichtig, dass wir unsere Muster erkennen und herausfinden, welche Schlüsse wir daraus ziehen sollten. Herauszufinden und aufzulösen, was uns verfolgt, bedeutet eine wahrhaftige Sicht darauf, wie wir ausschlaggebende Ereignisse in unserem Leben erzählen, und hilft uns zu wachsen, die Dinge hinter uns zu lassen und unsere eigene Geschichte neu zu schreiben.

Die Geister der anderen

Es ist endlich wieder Zeit für die anderen!

Lass uns den Spuk meiner Klienten betrachten. Der erste Teil ihrer Aufgabe (und bald auch deiner) ist, all die Erinnerungen aufzuschreiben, die sie immer noch verfolgen. Nachdem die Liste komplett ist, gehen wir die Dinge gemeinsam noch einmal durch. Wir schauen uns an, was seltsam oder unlogisch klingt oder genauer untersucht werden soll. Wir überlegen, welcher Spuk mit den Dingen verbunden ist, die in ihrer gegenwärtigen Realität nicht funktionieren. Wenn sie zum Beispiel Probleme mit Liebe und Intimität haben wie Katie, dann suchen wir besonders nach Erinnerungen, die mit Sex, Intimität oder Liebe zu tun haben. Wenn sie finanzielle Schwierigkeiten haben, betrachten wir aktiv den Spuk, der mit Geld verbunden ist.

Du wirst genau wie meine Klienten recht schnell herausfinden, dass unser Spuk bereits auf dem Papier Löcher bekommt. Im Tageslicht – nicht mehr nur in deinem Kopf, sondern für alle sichtbar – kannst du schon erahnen, dass etwas nicht stimmt. Ich verspreche dir, wenn dem nicht so wäre, hättest du sie schon längst weggeworfen und sie würden nicht mehr in der Ecke deines Kühlschranks vor sich hinschimmeln, wie das Kühlschrankreste eben so machen.

Wenn ich gleich einige der spukenden Erinnerungen meiner Klienten aufliste, schau mal, ob du erschnüffeln kannst, was merkwürdig oder unstimmig an ihnen ist. Du kennst diese Klienten jetzt recht gut, hast über ihre Eigenheiten, ihre Gedankenlogbücher, Lügen-Listen, Angsthasen und Bälger gelesen und kannst deshalb versuchen zu erkennen, wo ihre Konzepte von ihren Glaubenssätzen und ihrer gegenwärtigen Realität angetrieben werden. Kannst du herausfinden, weshalb sie gerade diesen Spuk nicht aufs Tapet gebracht haben? Ich verspreche dir, wenn diese Erinnerungen keine Funktion mehr hätten, dann hätten meine Klienten sich längst davon gelöst und sie hinter sich gelassen. Wir werden von unseren Erinnerungen verfolgt, weil dort Missverständnisse vorliegen, Verzerrungen, fehlende Informationen, Einseitigkeit oder Lügen. Ansonsten ständen sie nicht auf der Liste. Aber denk dran, für uns ist es wichtig zu erkennen, wie sehr es in unserem Interesse ist, unseren Spuk dort zu lassen, wo er ist. Wenn wir den Spuk auflösen und als das erkennen, was er ist (eine Erinnerung, die falsch einsortiert ist), haben deine Glaubenssätze ein Problem. Schließlich wurden sie seit Jahren von deinen Lügen, deinen Erinnerungen und deinen Ängsten geformt. Wenn wir den Spuk auflösen und zeigen, dass sich kein Teufel in deinem Schrank versteckt, sondern du ihn dir nur ausgedacht hast, um feige und in Sicherheit zu bleiben, wird die Basis, auf der du seit Jahren dein Leben aufgebaut hast, plötzlich brüchig.

Wenn du zum Beispiel die Erinnerung an deinen verurteilenden Vater oder deine ungesunde Mutter loslässt, die deinen „Ich werde niemals abnehmen"-Glaubenssatz geformt hat, was für Möglichkeiten eröffnen sich? Du kannst abnehmen. Aber erst musst du dich dem stellen, mit dem du dich bisher nicht auseinandersetzen wolltest; die Dinge, die du nicht zu deinem Vater oder deiner Mutter gesagt hast. All die Dinge, die du als Gemeinheit empfunden hast, obwohl sie nicht so gemeint waren. Du musst dich darauf einlassen, dass du 30 Jahre lang unrecht hattest. Und welcher Mensch will das schon?

Antwort: Wenn überhaupt, nur wenige.

Aber solange du diese Ketten nicht durchbrochen hast, kannst du dein Leben nicht neu entwickeln und träumen. Der einzige Weg raus aus deinem Betriebssystem ist, den Spot auf alte Programme und das antike Design zu richten.

Schauen wir uns doch einmal Ethans Spuk an und wie er ihn mit meiner Hilfe auflösen konnte.

> *Ich habe meinen leiblichen Vater nie kennengelernt, auch wenn wir seit 18 Jahren in der gleichen Kleinstadt leben. Ich habe immer gesagt, dass ich keinen Kontakt wollte, da ich entweder das Gefühl hatte, er solle den ersten Schritt tun, oder ihn dafür gehasst habe, dass er mich scheinbar nicht in seinem Leben wollte. Umso älter ich werde, umso wichtiger ist es mir, diesen Teil von mir kennenzulernen. Es stört mich auch, dass ich mindestens zwei Halbschwestern habe, die ich nicht kenne. Ich möchte sein Leben nicht durcheinanderbringen oder verkomplizieren, aber ich habe das Gefühl, es ist mein Recht, wenigstens ein bisschen über ihn zu erfahren (wenn auch nur, um meine Krankenakte zu vervollständigen).*

Ethans Spuk ist sehr gut zu verstehen, oder? Aber was hat sich verändert, nachdem ich ihn gebeten habe, alles etwas detaillierter aufzuschreiben? Mehr von seiner Wahrheit, seinen Sorgen etc. preiszugeben und die Karies in der Erinnerung zu suchen? Er braucht einen guten Zahnarzt und/oder einen Staatsanwalt, um die Erinnerung von allen Seiten zu betrachten.

So sieht Ethans zweiter Versuch aus:

> *Der Grund, weshalb ich mit meinem Vater nie Kontakt aufgenommen habe (zumindest behaupte ich das mir selbst gegenüber), ist, dass ich sein Leben nicht durcheinanderbringen will. Als ich*

jünger war, habe ich immer gesagt, dass ich keinerlei Beziehung
mit ihm möchte und dass er ja die Möglichkeit hatte, Verantwor-
tung zu übernehmen und mich zu kontaktieren, er sich aber ge-
weigert hat. Deshalb konnte er mich mal. Aber um ehrlich zu sein,
habe ich große Angst, noch einmal abgewiesen zu werden. Alles
in meinem Leben, was mit ihm zu tun hat, fühlt sich wie eine große
Ablehnung meiner Person an. Ich will nicht riskieren, dass er mich
ignoriert oder dass er mir sagt: „Ich habe keinen Sohn. Ich weiß
nicht, wer diese verrückte Frau ist und warum sie behauptet, ich
wäre dein Vater. Es stimmt nicht."

In dieser Beschreibung erzählt Ethan ehrlich von seinen Ängsten. Er
nennt den Grund, warum sein Angsthase ihn so lange davon abge-
halten hat, seinen Vater zu kontaktieren. Oder? Denk immer wieder
daran, dass du und ich jede Strategie durchleuchten, wie wir uns
selbst unsere Konzepte und Überzeugungen beweisen. Wie wir über
uns sprechen, als wären wir das Wetter. Als ob wir keinen Einfluss
auf uns haben. Keinen Einfluss darauf, wie unser leiblicher Vater reagieren wird. Glaubst du, dass unser Angsthase und unser PR-Agent
es jemals für eine gute Idee halten werden, uns verletzlich zu machen
und unseren biologischen Vater anzurufen?
Auf keinen Fall.
Dein PR-Agent – unterstützt von deinem inneren Dialog – wird eine
Pressemeldung darüber aufsetzen, dass dein eigener Vater deine
Existenz leugnen wird.
Und weißt du, wieso?

Damit du das Telefon nicht in die Hand nehmen und riskieren musst, dass dich jemand anderes verletzt als du selbst. Damit du an seiner Stelle all die gemeinen Dinge zu dir sagen und so tun kannst, als ob sie wahr wären. All die Gedanken, von denen du glaubst, dass er sie hat, auch wenn du ihn noch nie getroffen hast.

Wenn man jemanden wirklich kennenlernen will, ist der einzige Weg, mutig genug zu sein und die Person anzurufen. Pech für deinen Angsthasen. Ethan hat das getan.

Ich habe meinen Vater kontaktiert und wir hatten eine kurze, unbeholfene, aber positive Unterhaltung und er hat sich bereit erklärt, über unsere zukünftige Beziehung zu sprechen. Wir haben einige Wochen lang E-Mails hin- und hergeschrieben und schließlich ein weiteres Telefongespräch ausgemacht. Ich habe ihn angerufen und erzählt, dass ich nur die Seite meiner Mutter kenne (und meine eigene in meinem Kopf) und dass ich es begrüßen würde, wenn er mir seine Version erzählen könnte. Er fing mit ihrer Beziehung an: Die beiden waren ein paar Wochen zusammen, als meine Mutter verschwand. Ein Jahr später tauchte sie plötzlich wieder auf, sagte, sie habe jetzt ein Kind und wollte nie wieder etwas mit ihm zu tun haben. Er trat in die Armee ein und hörte jahrelang nichts von ihr. Er sagte, es habe eine Gerichtsanhörung gegeben, in der er die Vaterschaft zugegeben habe, aber danach sei nichts weiter passiert. Sieben Jahre lang hatte er nichts gehört, bis meine Mutter seine Frau auf der Arbeit konfrontiert hat. Dann wieder nichts, bis ich ihn kontaktierte. Es tat ihm sehr leid und er übernahm die volle Ver-

antwortung dafür, keinen Kontakt aufgenommen zu haben. Er gab
zu, sich schuldig zu fühlen und dass es ein Fehler gewesen sei,
mich all diese Jahre nicht zu suchen. Wir versprachen, an unserer
Beziehung zu arbeiten und weiterhin in Kontakt zu bleiben. Am
nächsten Tag erhielt ich eine E-Mail von seiner Frau, in der sie mir
für das Gespräch dankte. Sie schrieb, dass mich die Familie gerne
kennenlernen würde und dass in ihrem Leben Platz für mich sei.

Krass, oder?

Klar, nicht alle Telefonanrufe funktionieren so gut wie dieses. Und
auch wenn die meisten tatsächlich gut verlaufen, gibt es auch immer
wieder welche, die in Tränen enden. Auch solche wirst du kennenlernen. Aber auch wenn diese Gespräche nicht in dem erhofften Resultat
enden, sind sie immer noch wertvoll. Die Person, die wir werden mussten, um den Anruf zu machen oder die E-Mail abzuschicken, ist schon
eine andere Person.

Ich glaube, dass Ethans Anruf so gut funktioniert hat, weil er seinem
Vater keine Vorwürfe machte, auch wenn es für ihn einfach gewesen
wäre und was viele von uns wahrscheinlich getan hätten. Und weil
Ethan bereit war, mutig zu sein und die Perspektive seines Vaters
wirklich kennen wollte, musste sein Vater sich auch nicht verteidigen.
Sein Vater war nicht in Schwierigkeiten. Er konnte offen die Wahrheit
sagen und sich sogar entschuldigen. Und der arme Ethan konnte im
Gegenzug verstehen, wie falsch sein Glaubenssatz des ungeliebten
Kindes war, den er all die Jahre mit sich herumgeschleppt hatte.
Sieh selbst.

An meinem Geburtstag im März habe ich meinen Vater und seine Familie besucht. Es war wunderbar. Wir sprachen über unser Leben, die Dinge, die wir gemeinsam haben, und wie wir jetzt weitermachen wollten. Er und seine Frau hatten ein kleines Familienfest für mich geplant, mit meinen Schwestern, meiner Oma, meinen Nichten und Neffen. Sie gehören jetzt auch zu meiner Familie. Mein Leben hat sich für immer verändert.

Was dein PR-Agent und die Rechtsabteilung deiner Glaubenssätze niemals – und ich meine wirklich niemals – zugeben wollen, ist die Tatsache, dass du erst einmal etwas verlieren musst, um Freiheit, Glück, Liebe, Selbstbewusstsein und Wachstum zu gewinnen.

Klar, Ethans Spuk mag deinem oder meinem in keiner Weise ähneln. Es ist aber wichtig zu wissen, dass wir uns alle an unserem Spuk festklammern, egal ob unsere Eltern abwesend waren oder uns geschlagen haben, unsere Kindheit langweilig oder chaotisch war. Egal wie tiefgründig, dunkel oder oberflächlich der Spuk auch sein mag, wir verstecken ihn und wir beschützen ihn. Schließlich ist er das, was seit Jahren unsere Glaubenssätze geformt hat.

Ein ehrliches Gespräch mit unseren Eltern über alles zu führen, was wir seit Jahren verstecken, ist eine große Sache. Es ist aber auch eine Möglichkeit, die Dinge hinter uns zu lassen, die wir seit Jahren aktiv, wenn auch unterbewusst, vermeiden. Wir können erkennen, dass auch unsere Eltern Geheimnisse haben, die sie vor uns verstecken. Schon immer.

Welche Überraschung! Unsere Eltern sind auch nur Menschen.

Wenn wir in die Welt hinausgehen und uns tatsächlich mit unseren Eltern, Partnern, Ex-Partnern, Freunden (bei Facebook und im echten Leben), Nachbarn oder Klassenkameraden konfrontieren, dann stellen wir uns unseren Problemen.

Aber Lauren, was, wenn wir diese Vorfälle schon alle längst hinter uns gelassen haben? Wieso sollten wir sie denn noch einmal hervorholen? Sie sind doch nur relevant, wenn wir sie relevant werden lassen.

Weißt du, was ich wirklich interessant finde? Wie sehr wir uns dagegen wehren, mit den Dingen umzugehen, die uns am wichtigsten sind, und zu beweisen, dass wir von Bedeutung sind. Zu beweisen, dass wir wir sind und unser Handeln nicht vergessen wird. Und tief in uns drinnen können wir nicht damit umgehen, dass unser Fußabdruck, unser Einfluss auf das Leben möglicherweise gar keine Bedeutung hat. Aber anstatt mit dieser tiefen, ehrlichen und begründeten Angst umzugehen, beschützen wir unsere Glaubenssätze und unsere lückenhaften Erinnerungen. Und lehnen es ab, uns den Ängsten und unserer Geschichte zu stellen. Wir wollen nicht zu den Menschen zurückkehren, die wir geliebt haben – die für uns wirklich wichtig waren, die die Macht hatten, uns zu verletzen –, und sie nicht nur darüber aufklären, was passiert oder eben nicht passiert ist, sondern ihnen auch noch vergeben. Und sogar noch glauben, dass unsere Vergebung gewollt und von Bedeutung sein kann.

Solange du diesen Anruf nicht machst und die Entschuldigung verlangst, von der du glaubst, dass sie dir zusteht, und damit eine Liebe wiederherstellst, die du schon lange erstickt hast, wirst du nicht verstehen, wie blockiert deine emotionalen Arterien sind. Du hast keine Ahnung, dass es ihnen wahrscheinlich genauso geht, selbst wenn du nur ein bisschen von der Erinnerung verfolgt wirst. Ich garantiere dir: Jeder, den du liebst oder geliebt hast, jeder, an den du dich erinnerst, erinnert sich auch an dich.

Das ist logisch.

Trotzdem, die meisten von uns haben sich dafür entschieden, keine Lösung für diese Vorfälle zu finden, unter dem Deckmantel der Bequemlichkeit, der Scham oder des Vergessens. Jetzt mal ehrlich: Wärst du wirklich verärgert, wenn dich jemand aus deiner Vergangenheit anrufen würde, um sich für etwas zu entschuldigen? Oder damit du dich für etwas entschuldigen kannst? Du würdest es tun, oder? Selbst wenn es einen Moment lang unangenehm ist. Meiner Meinung nach ist es viel schockierender, wie wenig von uns solche Anrufe bekommen.

Wäre die Welt nicht ein bisschen besser, wenn wir tatsächlich daran glauben würden, dass Dinge, die man uns angetan hat oder die wir jemandem angetan haben, wichtig genug sind, um sie zu benennen, sie in Ordnung zu bringen und zu vergeben? Die Art zu verändern, wie sie uns beeinflussen?

Anmerkung für Zyniker (und/oder meinen Bruder Matt): Selbst wenn du nicht an Karma glaubst, akzeptiere wenigstens den Placebo-Effekt. Allein der Akt an sich, dich mutig deinen Geistern entgegenzustellen; zu glauben, dass du selbst die Quelle der Veränderung in deinem Leben bist; zu wachsen und aufzuwachen, um dich selbst zu ändern – allein das verändert uns bereits. Oder hast du eine bessere Idee?

Schauen wir uns an, welchen Spuk Stephanie ausgegraben und aufgelöst hat:

In einer meiner frühesten Erinnerungen bin ich mit meiner Mutter in einem Kaufhaus und spiele unter den Kleiderständern. Ich kann nur ihre Füße sehen. Jemand kommt und spricht meine Mutter auf mich an: „Oh, Sie haben aber eine hübsche Tochter." Meine Mutter zieht mich unter dem Kleiderständer hervor, packt meine Hände und zeigt sie der Frau. „Schauen Sie sich nur mal ihre hässlichen Hände an. Sie hat schrecklich hässliche Hände."
Die neue Version: *Ich habe meine Mutter nach diesem Vorfall gefragt, an den ich mich so deutlich erinnern kann, als ob er gestern gewesen wäre. Tatsächlich habe ich eine ganze Liste mit Situationen, in denen mich meine Mutter schlecht behandelt hat. Bei meiner Mutter wurden Depression und Narzissmus diagnostiziert. Sie kann sich an keinen dieser Vorfälle erinnern. Trotzdem hat sie sich für ihr Verhalten und ihren Zustand entschuldigt.*

Als ich 13 war, kam meine Schwester einmal betrunken nach Hause. Ich war alleine zu Haus. Sie wollte mit dem Auto wegfahren und ich wusste, dass sie nicht fahren sollte. Also habe ich mich vor das Auto in der Garage gestellt, um sie am Fahren zu hindern. Sie hat einfach den Motor gestartet und ich musste zur Seite springen, um nicht überfahren zu werden.
Die neue Version: *Meine Schwester ist Alkoholikerin. Sie kann sich an diesen Vorfall nicht erinnern. Wir standen uns damals*

nicht sehr nahe und tun es auch heute nicht. Ich habe tatenlos zugesehen, sie verurteilt, meine Eltern dafür verurteilt, wie sie mit ihr umgegangen sind und sie verwöhnt haben. Und auch wenn ich dieses eine Mal versucht habe, eine Heldin zu sein, sehe ich in dieser Erinnerung genau das, was ich sehen will. Die arme Stephanie in einem Meer voller Verlierer bei dem Versuch, sie alle zu retten. Aber vergeblich. Sie machen einfach weiter.

Ich hatte mehrere Abtreibungen in meinem Leben.
Die neue Version: *In Wahrheit hatte ich zwei Abtreibungen. Und bis heute habe ich mir dafür nicht vergeben können. Aber anstatt mich damit auseinanderzusetzen, dass ich leichtsinnig an einige Dinge herangegangen bin, habe ich mir Vorwürfe gemacht. Ich weiß auch, dass es wegen der schlechten Beziehung zu meiner Mutter besser war, keine Kinder zu haben. Vielleicht waren meine Abtreibungen, unter denen ich still gelitten habe, auch ein stilles „Fick Dich" an sie, ich konnte es nur nicht als solches erkennen. Ich habe den Männern davon niemals erzählt. Das sollte auch auf die Liste der Lügen, mit denen ich aufräumen muss.*

Ich habe noch keinen Klienten getroffen, der nicht die traurige, einseitige Geschichte der ehrlichen Erzählung vorgezogen hat, die auch die Realität der anderen Person miteinbezieht. Als ob Stephanies Mutter gemein, krank und nachtragend sein wollte.
Stephanie konnte erkennen, dass es, solange sie die Konzepte beweisen konnte, für sie ohnehin zu spät war; dass sie nur das Opfer

einer gemeinen Mutter, einer kranken Schwester, der Verschwörung der Männer auf der Arbeit, der Dating-Landschaft (oder der fehlenden) etc. war und dass sie immer mit dem Finger auf jemanden zeigen konnte. Sie konnte immer „die anderen" finden.

Aber wenn es keine anderen gibt?

Das Letzte, mit dem sich das Kind einer depressiven Narzisstin auseinandersetzen will, ist die Tatsache, dass es genauso traurig und selbstzentriert ist wie sie.

Hast du dich jemals gefragt, wieso so viele von uns glauben, dass sich unsere Eltern niemals für all ihre schlechten Seiten entschuldigen würden? Wir aber auch niemals danach fragen? Wenn wir um Entschuldigung bitten würden und sie dem nachkämen, würde das unsere langjährigen Glaubenssätze nicht als falsch entlarven? Und wenn wir unsere Glaubenssätze wirklich so einfach verändern können, liegt die Macht dann nicht in unseren Händen? Und zwar komplett?

Genau. Und auweia.

Wenn wir bereit sind, die Lücken in unseren eigenen Glaubenssätzen zu erkennen, können wir unsere Autobiografie umschreiben. Wir können die Person, für die wir uns gehalten haben, verändern und neu vernetzen.

Stephanie musste mutig genug sein, um genau wie Ethan zur Quelle ihrer Erinnerungen (in diesem Fall ihre Eltern) zu gehen und ihre Lieblingstheorien über sich selbst, die Liebe und die Verletzlichkeit zu hinterfragen. Nicht um sie zu untermauern, sondern um sie zu entlarven.

Welchen Spuk trägt Katie mit sich herum? Diese Erinnerung ist besonders unschön.

Ich war sechs Jahre alt und saß bei uns im Garten, als zufällig ein älterer Junge aus meiner Schule bei uns vorbeikam. Ich ging mit ihm mit und blieb stundenlang verschwunden. Die ganze Nachbarschaft hat nach mir gesucht. Er hat mich sexuell missbraucht. Ich konnte fliehen. Meine Nachbarin fand mich in Tränen aufgelöst in einer Straße. Ich habe niemandem erzählt, was an diesem Tag passiert ist.

Irgendwann habe ich die Erinnerung verdrängt. Ich konnte mich nur noch daran erinnern, mit ihm den Garten verlassen zu haben und dass die Nachbarin mich gefunden hat. Später habe ich an einem Video für die Amber-Watch-Foundation gearbeitet und die Erinnerung kam plötzlich zurück wie ein alter Film.

Nachdem ich das Coaching mit Lauren angefangen hatte, habe ich meine Familie gefragt, was an diesem Tag passiert war. Meine Mutter sagte, es sei der schlimmste Tag ihres Lebens gewesen. Mein Vater konnte sich nicht mehr erinnern. Meine Schwester dachte, sie würde mich nie wiedersehen. Mein Bruder (der mit dem Jungen in einer Klasse war) konnte sich daran erinnern, dass er den Jungen am nächsten Tag verprügeln wollte, weil er mich nach Hause mitgenommen hatte, was ihm seltsam vorgekommen war.

Kannst du erkennen, dass Katie in ihrer ersten Nacherzählung des Spuks ziemlich viel auslässt? Auch wenn sie sich nicht an alles erinnern kann, scheinen selbst die Teile, die sie preisgibt, ziemlich vage für einen so eindrücklichen Vorfall zu sein.

Wie sieht Katies detaillierte Version des Spuks aus?

Die neue Version: Ich bin sechs Jahre alt. Meine Brüder, meine Schwester und andere Kinder aus der Nachbarschaft haben auf einer alten Matratze, die unsere Eltern zum Sperrmüll geben wollten, Hochsprung geübt. Ich wollte mitspielen, aber sie sagten, ich sei zu klein. Ich war sauer, bin weggegangen und habe mich alleine in unseren Garten gesetzt.

Ich weiß nicht, wie lange ich dort gesessen habe, bevor er in den Garten kam. Er war acht oder neun Jahre alt und aus der Klasse meines Bruders. Er war der komische Junge, mit dem in der Pause niemand spielen wollte. Ich sagte ihm, dass niemand mit mir spielen wollte. Er sagte, dass er mit mir spielen würde. Ich rannte nach oben zu meiner Mutter und sagte ihr, ich würde zu Kenny gehen (so hieß der Junge von nebenan). Ich wusste, dass sie glauben würde, ich sei zum Nachbarn gegangen. Ich kann mich noch daran erinnern, dass ich mir dachte, dass es meinen Geschwistern nur recht geschehen würde, als ich mit ihm wegging.

Wir gingen zu ihm nach Hause, es war nicht weit. Ich traf seine Mutter. Sie schien nett zu sein und bot mir etwas zu essen an. Ich lehnte ab.

Ich war allergisch gegen Erdnüsse und durfte bei Fremden nichts essen. Wir gingen in sein Zimmer, um zu spielen. Wir spielten ein Spiel, das er sich ausgedacht hatte. Ich musste alle meine Sachen ausziehen und er probierte sexuelle Dinge an mir aus. Ich fing an zu weinen und sagte, dass ich nach Hause gegen wollte. Er schlug mich und ich bekam Angst. Ich schwieg. Ich erinnere mich, dass er auf mir lag. Ich glaube, ich bin ohnmächtig geworden. Es war so, als ob ich nicht mehr in meinem eigenen Körper war, sondern von oben auf uns herabschaute. Ich weiß nicht, wie lange wir in seinem Zimmer waren. Ich erinnere mich, dass ich irgendwann meine Sachen wieder angezogen habe. Bevor wir sein Zimmer verließen, sagte er mir, dass er meiner Familie etwas antun würde, sollte ich irgendwem von unserem Spiel erzählen. Ich sagte, dass ich niemandem etwas sagen würde. Wir gingen nach draußen. Ich sagte, dass ich nach Hause gehen wollte. Er sagte, dass ich niemals nach Hause gehen würde, dass ich jetzt ihm gehörte.

Irgendwann hat er mir den Rücken zugedreht und ich lief davon. Er rannte mir hinterher und warf mich zu Boden. Das passierte mehrere Male, bevor ich ihm entwischen konnte. Ich rannte durch verschiedene Gärten und Höfe, bis ich zu einer Straße kam, die ich kannte. Ich war stundenlang weg gewesen. Einer unserer Nachbarn fuhr auf der Suche nach mir mit dem Auto durch die Straßen und fand mich in Tränen aufgelöst in der Mitte der Straße. Er sagte, ich solle so schnell wie möglich nach Hause laufen und dass sich meine Familie große Sorgen machte. Ich rannte nach Hause.

Ich erinnere mich, dass meine Schwester und Mutter weinten, als ich ins Haus kam. Sie saßen am Küchentisch. Als meine Mutter mich sah, schrie sie unter Tränen: „Wo warst du? Wir dachten, du seist tot!" Ich erzählte ihr, dass ich in Kennys Haus war, der Kenny aus der Klasse meines Bruders. Mein Bruder sagte, er sei komisch und habe keine Freunde. Meine Mutter fragte, ob er mich verletzt habe, und ich sagte, er habe mich geschlagen. Aber sonst sagte ich kein Wort.

Am nächsten Tag hat mein Bruder Kenny in der Schule verprügelt. Einige Tage später begegneten wir uns zufällig im Schulflur. Ich hatte Angst, ihm ins Gesicht zu sehen, tat es aber trotzdem. Ich wollte ihm entgegenschreien, dass ich niemandem etwas erzählt hatte. Das war das letzte Mal, dass wir alleine waren. Irgendwann habe ich die Erinnerung unterdrückt. Ich konnte mich nur noch daran erinnern, mit ihm den Garten verlassen zu haben und dass der Nachbar mich gefunden hatte. Später habe ich an einem Video für die Amber-Watch-Foundation gearbeitet und die Erinnerung kam plötzlich zurück wie ein alter Film.

Verständlicherweise war es für Katie sehr schwierig, sich diesen Spuk genauer anzuschauen. 30 Jahre später wollte sie sich nicht nur nicht damit auseinandersetzen, sondern sie schob ihre Zurückhaltung, mit der sie über den Vorfall sprach, auf die Drohung, die der acht- oder neunjährige Junge damals ihrer Familie gegenüber ausgesprochen hat.

Bist du bereit für meine „Wieso es wichtig ist, dem Spuk mutig ins Auge zu sehen"-Ansprache?

Wenn du wie Katie wirklich glaubst, dass der Grund für das Verschweigen des Spuks die Tatsache ist, dass 1) es schon so lange her ist; 2) du den größten Teil schon vergessen hast; 3) du verstehst, dass der Täter krank war, wieso ist es dann so eine große Sache, ihn anzurufen und die ganze Sache klarzustellen? Wenn es dir wirklich egal ist, wieso machst du dir dann Gedanken darüber, welche Person auf der anderen Seite des Telefonhörers lauern wird? Wieso ist dir deine Geborgenheit wichtiger als Gerechtigkeit? Was ist so schlimm daran, deine Autobiografie aufzuschlagen und manuell etwas zu korrigieren? Wenn du zurückgehst und den Moment veränderst, würde es dir nicht genau die Macht zurückgeben, die du verloren hast?

Katie hat verstanden, dass der Vorfall umso realer wurde, je mehr sie ihn verdrängte, und wie sie ihm die Macht gegeben hat, sie zu bestimmen. Nach einiger Überlegung, Stärkung meinerseits und Notizen über das, was sie sagen würde, falls sie ihn erreicht, rief sie ihn an.

Update: Ich fand ihn im Internet und schrieb ihm eine E-Mail mit meiner Telefonnummer und der Bitte, mich anzurufen. Er rief mich überraschenderweise sofort an. Er wollte wissen, wieso ich mit ihm Kontakt aufgenommen hatte. Ich fragte ihn, ob er sich an den Tag erinnern könne, als ich mit ihm in seinem Haus gespielt habe. Er konnte. Ich erzählte ihm von meinen Albträumen, die ich von diesem Tag hatte, und davon, dass ich die Erinnerungen daran verdrängt hatte. Und dass nach der Trennung von meinem Ex-Mann die Erinnerungen zurückgekommen waren. Ich erzählte ihm meine Version der Erlebnisse. Wir waren in seinem Zimmer. Ich war nackt und er fasste mich an und tat Dinge mit mir. Ich wollte nicht mehr mit ihm spielen. Er schlug mich und ließ mich nicht nach Hause gehen. Er sagte, er konnte sich an fast

nichts von diesem Tag erinnern. Höchstens dass er versucht hatte,
mich zu küssen. Dann entschuldigte er sich, dass er mich verletzt
hatte. Wir beendeten das Gespräch mit seinem Versprechen, ge-
nauer über den Tag nachzudenken und sich zu melden, falls ihm
noch etwas einfallen sollte.

Unser Gespräch brachte mir keine neuen Informationen darüber,
was an diesem Tag passiert ist, aber es half mir, diesen Tag und
die Angst vor ihm hinter mir zu lassen. Ich hatte seit diesem Tag
Albträume. Das hat aufgehört. Aber in Wahrheit habe ich durch
das Telefonat verstanden, dass er auch nur ein Kind war. Wer weiß,
was damals wirklich passiert ist. Ich glaube zwar, es zu wissen,
aber ganz sicher kann ich mir nicht sein. Denn ich sehe alles durch
die Augen eines verängstigten sechsjährigen Kindes. Ich weiß
aber, dass ich die Erinnerung 30 Jahre lang verdrängt und benutzt
habe, um mich von mir selbst, meinem Umfeld und besonders
von Männern zu distanzieren.

Manche in uns spukenden Erinnerungen, so wie die von Katie, verfolgen uns, weil sie uns tief verletzt haben und man uns Gewalt angetan
hat. Manche, wie die von Ethan, kann man lösen – andere nicht. Manche von uns klammern sich an diesem Spuk fest, um – bewusst oder
unterbewusst – zu anderen Leuten auf Distanz zu bleiben. Aber die
wichtigsten Lehren in unserem Leben haben nun mal etwas mit Geheimnissen, Lügen, Misstrauen und einem falschen Ich zu tun.

Es war für Katie (und uns) sehr wichtig zu verstehen, dass ihre Fähigkeit, so viele Dinge in ihrem Leben zu verstecken, auf dieser Erfahrung

beruht. Nicht nur, was sie mit dem Jungen erlebt hat, sondern auch, was danach passiert ist. Katie kam nach Hause und sagte nichts. Katie entschuldigte ihre Geheimnistuerei und ihre Lügen gegenüber ihrem Umfeld mit der Begründung, sich selbst, ihre Familie und ihr Ansehen schützen zu wollen.

Und auch wenn ich verstehen kann, dass die Idee, in deine Erinnerungen einzutauchen und gewisse Dinge neu zu schreiben, furchteinflößend ist und du dich sicherlich fragst, ob es funktioniert oder das alles nur erfunden ist, kannst du dich nur von diesen Dingen lösen, wenn du wie Katie mutig genug bist, zurückzugehen und dich als Held in deinem eigenen Leben zu platzieren.

Du kannst zu einer Person werden, auf die du stolz bist. Eine Person, die mutig genug ist, ihre eigenen Geister zu besiegen. Nur auf diese Weise kannst du ein für alle Mal Gerechtigkeit für dich fordern und dich von deiner Opferrolle lösen. Nicht weil du kein Opfer warst, sondern weil du für das Verbrechen, das du die ganze Zeit mit dir herumgetragen hast, keine Gerechtigkeit erfahren hast. Ob du dich an das Geschehene im Detail erinnern kannst oder nicht, es hat dich geprägt, die Art, wie du über dich denkst und dich definierst, als schüchtern, introvertiert oder feige.

Lassen wir das Verbrechen hinter uns.

Nachdem Katie diese Punkte miteinander verbunden hatte, konnte sie sich befreien. Sie konnte erkennen, wie alle Dinge in ihrem Leben — ihre Eigenheiten, ihre Familiengeschichte, ihre Familientradition bis hin zu ihrem Spuk — den vorgegebenen Plan in ihrem Leben beeinflusst haben. Und bis du dich nicht, genau wie Katie, von deinem Spuk lösen und ihn als die Quelle des Ganzen erkennen kannst, wirst du den wahren Plan deines Lebens nicht finden.

Wenn du deinen eigenen Spuk auflöst und erkennst, dass deine Persönlichkeit tatsächlich veränderbar ist, kannst du deine Glaubenssätze umschreiben. Du kannst deinen vorgegebenen Plan hinter dir lassen und dich deinem wahren Plan zuwenden. Wäre dein Leben nicht bedeutsamer, wenn du das Design dafür selbst in die Hand nehmen könntest? Wenn unsere Gesellschaft die Verantwortung für ihren eigenen Dreck übernehmen würde? Würden wir uns dann nicht zu einer Menschheit entwickeln, die wir respektieren können?

Okay. Vielleicht ist dir das jetzt zu viel. Das ist das erste Mal, dass ich „Kumbaya" anstimme. Aber es muss sein. Alles in deinem Leben hat Bedeutung. Und wenn man diesen Gedanken weiterspinnt, heißt das, dass du alles in deinem Leben, was dich nicht stolz macht, verändern und heilen kannst. Meiner Meinung nach ist das der Sinn des Lebens. Damit aus der nächsten Generation die Menschheit wird, die wir sehen wollen.

Das ist meine Idee des Wandels.

Zugegeben, viele von euch haben wie Katie schreckliche Erfahrungen gemacht, vielleicht sogar noch schlimmere. Ich weiß genau, dass diese Vorfälle schwerwiegende und langfristige Auswirkungen hatten und haben. Aber wollen wir wirklich immer weiter leiden, nur weil wir die Verbindung nicht herstellen und unsere Glaubenssätze nicht ändern, und das Geschehene auf eine Weise korrigieren, die uns wirklich frei macht?

Darmspiegelung der Lebensgeschichte

Wenn du in dein Leben eintauchst und alte Erinnerungen abstaubst und entschlüsselst, wirst du erkennen, wie viel Macht du schon immer in deinem Leben hattest. Du wirst verstehen, dass die Art und Weise, wie du deine Erinnerungen abspeicherst, und die Rolle, die du in ihnen spielst, jederzeit von dir verändert werden können. Wirklich. Jederzeit. Mit einem Telefonanruf.

Ich kann mich erinnern, wie schockiert ich darüber war, wie gut der Film Zurück in die Zukunft diese Prämisse darstellt. Wenn du zurückgehen könntest, um einen Moment in deinem Leben zu verändern, wie würde das deine gegenwärtige Realität verändern? Genau darin liegt unsere Macht. Uns nicht nur zu wünschen, dass es anders ist, sondern es aktiv zu verändern.

Diesen Prozess der Auflösung von altem Spuk nenne ich gerne Darmspiegelung der Lebensgeschichte. Ziemlich drastisch und zugegeben keine schöne Metapher, aber passend, oder?

Ich will dich von deiner Verstopfung befreien, dich mit einer Masse an Informationen füttern (im Unterschied zu der Menge an Flüssigkeit, die du vor dem echten Prozess runterkippen musst), damit du frei sein, dich neu verkabeln und eine vollständige Verbindung mit deinen Träumen eingehen kannst. Und auch wenn das nicht gerade die attraktivste Methode ist, um dich auf deine Aufgaben vorzubereiten: Sie ist wenigstens ehrlich. Genau wie der medizinische Prozess ist auch diese Aufgabe für deine eigene Gesundheit notwendig.

Die Warnung vor der Lügen-Aufgabe gilt auch hier. Diejenigen, die darüber nachdenken, ihr Leben ins Chaos zu stürzen, Freunde zu verhören oder alte Feinde zu nerven – bitte nicht. Behandle die Menschen in deinem Leben gut. Sie sind nicht ohne Grund in deinem Leben, selbst wenn der Grund kein angenehmer ist. Sei vorsichtig und akzeptiere, dass du in vielen Dingen unrecht hast. Und das schon seit Jahren. Glaub mir.

AUFGABE FÜR KAPITEL SIEBEN

1. Schreibe die Vorfälle auf, die dir in deinem Leben passiert sind und die dich immer noch verfolgen. Grabe tief, es sollten mindestens zehn Erinnerungen auf deiner Liste landen. Jeder Spuk sollte mit mindestens drei Sätzen näher beschrieben werden.
2. Schau dir deine Liste an und schreibe Muster oder Themen auf, die du in deinem Leben oder über dich erkennen kannst.
3. Wähle drei Punkte aus, die du auflösen willst, und folge den beschriebenen Schritten.
4. Vergiss meine Warnung nicht und lies alles aufmerksam durch.

Und hier kommen die Schritte, um einen Spuk aufzulösen:

1. **Hab Mitgefühl mit dir selbst.** Der gesamte Prozess (und dieses Buch!) erfordert eine Menge Mut und Inspiration.
2. **Bereite das Gespräch vor, ähnlich wie beim Aufräumen mit deinen Lügen.** Lass dein Gegenüber wissen, warum du mit ihm sprechen

willst. Lass sie/ihn wissen, dass du mehr über dich erfahren und herausfinden willst, was dein wahres Ich und was dein falsches Ich ist. Lies Heidis Gespräch mit ihrem Vater (Kapitel sechs) und meine Zeltlager-Geschichte aus diesem Kapitel noch einmal. Sie sind Beispiele für gut vorbereitete Gespräche.

3. **Zeige deinem Gegenüber Mitgefühl und Dankbarkeit.** Zwinge deine Gesprächspartner nicht in die Defensive. Stelle interessante und auffordernde Fragen und keine, die mit einseitigen Antworten enden. Du solltest auch für ihre Seite der Realität Wertschätzung zeigen und sie nicht bloßstellen. Sage ihnen das.

4. **Bereite sie vor und frage um Erlaubnis,** ob du auch über unschöne Dinge sprechen darfst. Sage ihnen, dass du verstehst, wenn sie sich damit nicht wohlfühlen. Aber erkläre auch, dass du herausgefunden hast, wie viel schlimmer es ist, die dunklen Gedanken in den Hintergrund zu drängen, anstatt über sie zu sprechen.

5. **Erkläre ihnen, dass du die Wahrheit aus ihrer Perspektive kennen willst.**

6. **Erkläre ihnen, dass du Fakten aus der Perspektive jeder involvierten Person sammeln willst** und dass es nicht darum geht zu entscheiden, was richtig oder falsch ist. Du willst ihnen nichts Böses, egal wie die Antwort ausfällt. Natürlich kannst du das nicht einfach sagen und danach trotzdem wütend werden. Finde erst heraus, wie du dazu stehst, sonst kannst du es gleich auf deine Lügen-Liste aus Kapitel sechs schreiben!

7. **Vergewissere dich, dass dein Gegenüber versteht, dass du eine ehrliche Antwort brauchst.** Es geht nicht darum, sie zu verurteilen, sondern darum, mit falschen Glaubenssätzen über dein Leben abzuschließen.

8. **Versuche zu verstehen, dass es andere wichtige Dinge gibt, die gelöst werden müssen,** bevor du dich diesem Punkt widmest. Katie musste erst abnehmen, mit dem Trinken aufhören und eine neue Richtung in ihrer Karriere einschlagen, bevor sie den Spuk auflöste. Katie hat sich mit vielen anderen Erinnerungen auseinandergesetzt, bevor sie sich der Geschichte mit dem Jungen stellte. Nicht jeder will durch den Prozess hetzen und sollte es auch nicht. Finde dein Tempo, deine Integrität. Und geh nicht alleine. Finde jemandem, dem du erlaubst, in dein Innerstes zu blicken, und der in dieser schweren Stunde deine Hand halten kann.

Dann los. Wappne dich. Du willst dein Leben neu schreiben. Und dich darum kümmern, was dir am meisten bedeutet: Bedeutung schaffen. Das ist dein gutes Recht.

Es ist wieder QUIZ-Zeit!

Während eines Abendessens erzählen dir deine wunderbaren, wenn auch etwas konservativen Eltern, wie froh sie sind, dass du nicht wie deine Cousine geworden bist, die ihr Leben weggeworfen hat und mit einem Mann zusammengezogen ist, mit dem sie nicht verheiratet ist. Du hast keine andere Wahl als:

A. zustimmend zu nicken. Auch wenn du erst vor Kurzem in der neuen Wohnung deiner Lieblingscousine warst und ihr gesagt hast, wie sehr du dich für sie freust (und es ernst gemeint hast), und sie gefragt hast, ob es für dich und deinen Partner im Gebäudekomplex auch noch eine freie Wohnung gibt.

B. diesen Vorfall auf die Spuk-Liste zu schreiben.

C. diesen Vorfall auf deine Lügen-Liste zu schreiben. Du wirst ihnen niemals davon erzählen.

D. einen Freund oder Berater anzurufen, der bereits sein Coming-out hatte und dessen Eltern genauso „verständnisvoll" sind wie deine. Und überlebt hat.

E. dich mit der Hilfe des Freundes oder des Beraters und – nach einer ganzen Menge Vorbereitung – mit deinen Eltern hinzusetzen und ihnen langsam, vorsichtig und liebevoll alles zu erzählen, was du ihnen verschwiegen hast.

Genau. D – wenn du bereit dazu bist. Und dann E, für die Mutigen unter uns.

Mutig genug zu sein, um deine Familiengeschichte weiterzuentwickeln, ist eine große Aufgabe. Lügen, um deine Eltern zu beschützen, hindern dich am Erwachsenwerden. Noch schlimmer, es macht deine Eltern dafür verantwortlich, dass du immer noch nichts sagst. Es macht aus Lügen und Geheimnissen einen Akt der Liebe.

Egal wie altmodisch deine Eltern auch sein mögen, du bist es nicht. Für Eltern gibt es immer das Risiko, dass aus ihren Kindern genau das wird, wozu sie bestimmt sind! Was es auch ist, handle mit Sorgfalt und Mitgefühl. Du bist kein altes Standtelefon, sondern das neue iPhone. Du willst ihnen etwas beibringen.

Kapitel acht – Gelöst

DEIN WEG AUS DER SÄUBERUNGSHÖLLE

Die Säuberungshölle

Wenn ein Klient unglücklich oder in einer unangenehmen Situation gefangen ist, aus der er sich befreien will, es aber einfach nicht kann, dann lasse ich ihn eine Säuberung durchführen. Das bedeutet, dass er alles aufschreibt, was ihn ärgert und frustriert, und zwar in einem endlosen Bandwurmsatz. Und ich meine wirklich alles. Vom Streit mit einem Kollegen hin zu Online-Dating-Seiten, dem Weg zur Arbeit, die Karriere, dem pubertierenden Kind, der Wirtschaft, bis hin zur Hysterie um glutenfreie Nahrung, sogar die Tatsache, dass der Zug schon wieder ein paar Minuten zu spät gekommen ist.

Durch die Säuberung bringst du auch das letzte bisschen deiner Glaubenssätze aus dem Kopf nach draußen. In all ihrem Glanz. Bis du nämlich die ganze Herde, die in deinem Kopf herumtrampelt, aufs Papier[19] und damit aus deinem Kopf gebracht hast, fühlt sich das

19) *Oder sonst wohin.*

Ganze sehr echt an. Noch schlimmer: All die Widersprüche in unserem Kopf formen unsere Realität und versorgen uns mit Informationen. Du wirst dich wundern, wie logisch ein Ärgernis in deinem Kopf klingt, es auf Papier aber wie die blödeste und unlogischste Version deines inneren Dialogs zu einem bestimmten Thema aussieht.

Deshalb sollst du deine Säuberung aufschreiben.

Um deinen inneren Dialog im Zaum zu halten, der dich sehr effektiv davon abhält, eine gute Lösung zu finden. Um den Spot auf deine Glaubenssätze zu richten, die deine Realität, deine Einstellung und deine Meinung zu einer verfälschten Realität verformen.

In dieser Säuberung stecken Gedanken, die deine Handlungen direkt beeinflussen, zum Beispiel das, was du dir in den Mund steckst. Und viele von uns glauben, dass wir schon immer „so" waren, anstatt die Wahrheit zu erkennen: dass es Geschichten in unserem Kopf gibt, die wir ständig wiederholen, bis sie tatsächlich zu unserer Realität werden.

Es gibt einen lebensverändernden Unterschied zwischen dem Glauben, dass wir „eben so sind", und dem Verständnis, dass wir „uns eben so verhalten".

Hier geht's lang #6: Lies den Satz noch einmal. Auch wenn er harmlos erscheint, ist es doch von größter Wichtigkeit, dass du diesen Unterschied verstehst. Zu hundert Prozent.

Nachdem jemand all das, was er denkt, aufgeschrieben hat, verstehe ich, was wirklich los ist. Was in dieser Säuberung nach außen dringt, ist genau das, das du aus der Entfernung neu betrachten, auflösen und verändern musst. Es ist genau das, was dich aufhält, dich verfolgt und gefangen hält. Aber du kannst es nicht ändern, solange du es nicht nach außen kehrst.

Es bleibt das Wetter deines Lebens.

Meistens bleiben wir in unserem Kopf gefangen und spielen alle negativen Gedanken immer und immer wieder durch. Anstatt eine Lösung zu finden, greifen wir zu einem Keks oder einem Cocktail. Wir schalten den Fernseher an. Wir setzen unsere Zahnspange gegen das Zähneknirschen ein. Wir tun alles, um keine Zeit mit unseren miesen Gedanken verbringen zu müssen.

Umso mehr Säuberungen du durchführst, umso klarer kannst du den konstanten Unterton erkennen, in den du dein Leben lang zurückfällst. Den Kram, den dein Kopf ordnet. Die verschiedenen Abteilungen, die deine Gedanken lenken, eine für den Körper, deine Beziehungen, deine Familie etc.

Du versuchst ständig, deine Glaubenssätze zu untermauern, das zu beweisen, was du in deinen Gedanken abspeicherst.

Durch eine Säuberung kannst du deine Glaubenssätze befreien, sie von der Leine lassen, damit du sie vollständig erkennen und von ihnen lernen kannst. Ihr ganzes Chaos wahrnimmst.

Wo wir gerade von Chaos sprechen.

Wie sieht das bei mir aus?

Schwein mit Füller

Eins möchte ich klarstellen: Ich arbeite genauso viel an mir wie mit euch. Meistens gerade noch rechtzeitig. Drei Dinge haben mich davon überzeugt, dass es endlich an der Zeit ist, die kleine Lauren auf die stille Treppe zu schicken: 1) Meine ältere Schwester Beth zog in ein wunderschönes und sehr sauberes neues Haus; 2) meine Kinder kamen in das Alter, in dem sie selbstständig kochten, dreckiges Geschirr herumstehen ließen, ständig ihre Kleidung wechselten und Schönheitsprodukte verwendeten (die überall im Bad standen), und 3) plötzlich musste ich beim Anblick meines Hauses an einen Eichhörnchenbau denken. Zum ersten Mal in meinem Leben war ich eifersüchtig auf das Zuhause meiner Geschwister. Sie schienen alle die besseren Karten zu haben. Ihr Bad war nämlich sauber.

Plötzlich hatte die kleine Lauren einen Anfall. Tief in ihr drin.
Wie Bälger das so machen, schmiedete sie einen Plan, um sich wieder zu beruhigen. Die kleine Lauren dachte sogar darüber nach, die Putzfrau anstatt einmal die Woche gleich dreimal kommen zu lassen. Aber sie wusste auch, dass es egal war, wie sehr sie schmollte, ihr Sparfuchs-Ehemann würde das nicht zulassen.
Irgendwann konnte ich meinen Anfall als das erkennen, was er war: eine Art Säuberung. Eine, die ich langsam aber sicher hinter mir lassen sollte, und die ~~die Schuld meiner Mutter~~ eine Reaktion auf eine Eigenschaft meiner Mutter war.
Und zwar welche?

Meine Mutter ist eine Ordnungsfanatikerin. Wir mussten die Schuhe ausziehen, wenn wir das Haus betreten wollten. Wir durften das Messingbecken in der Küche nicht als Wachbecken verwenden. Ich sammle Menschen, meine Mutter sammelt Staub. Niemand hebt Dinge schneller auf als meine Mutter.

Deshalb gaben wir ihr vor zehn Jahren den Spitznamen „Die mit dem Schwamm geht"[20], denn seit wir unsere Mutter kennen, putzt sie leidenschaftlich.

Außer der Bestätigung des Konzepts, dass meine Mutter eine Putz-Fanatikerin ist, was hat die kleine Lauren noch durch ihre Säuberung erkannt?

Liebe kleine Lauren, hinter dem verkrumpelten Vorhang Nummer eins, du gewinnst: 1) drei kleine Schweinchen (Kinder), deren Kleiderschränke deinen Schrank wie ein Musterbeispiel für die perfekte Ordnung aussehen lassen; 2) trotzdem keine Chance, irgendetwas zu finden, und 3) der Hauptgewinn: Du hast immer noch keine tiefe Beziehung zu deiner Mutter, auf die du offensichtlich immer noch gereizt reagierst (und so kannst du dich nicht weiterentwickeln).

Die beste Möglichkeit, um herauszufinden, was in meinem Kopf vorging, war eine Säuberung.

---

20) *Wahrscheinlich glaubst du jetzt, ich sei sehr unbarmherzig zu meiner Mutter. Aber, du solltest wissen, dass ich 1) ebenfalls eine ganze Menge Spitznamen habe und 2) sie diesen Spitznamen liebt. Sie wollte lieber „Die mit dem Staubwedel geht" genannt werden, da Schwämme so viele Bakterien an sich haben, dass sie niemals einen in die Hand nehmen wird.*

Hier ein Auszug:

Nach all der Arbeit, die ich in mich investiert habe, könnte man meinen, dass ich endlich verstanden habe, um was es geht, und aufhöre, dich für meine Persönlichkeit verantwortlich zu machen. Aber so ist es nicht. Ich weiß genau, dass ich faul bin. Putzen und Organisieren sollte mir egal sein. Ich will nicht, dass mir diese Dinge genauso wichtig sind wie dir. Auch wenn ich weiß, wieso ich diese Eigenschaft hasse, ändert sich nichts. Klar, ich wünschte, es wäre mir wichtiger, als es ist, oder könnte mit dem Gejammere aufhören, um es einfacher zu machen, oder aufhören, eifersüchtig auf diejenigen zu sein, die gerne putzen, und mich wie ein kleines Kind zu fühlen.

Ich muss meine Kinder dazu zwingen, dass sie ordentlich sind. Muss ich mich selbst auch zwingen? Die reinste Hölle! Klar kann ich mich nicht darüber ärgern, dass ich meine Kinder zur Ordnung zwingen muss, aber dann werde ich wie sie. Ein schlechter Scherz. Ich habe Marsha so sehr dafür gehasst, dass es ihr wichtiger war zu putzen, als Beziehungen mit ihren Mitmenschen aufzubauen, und das alles immer perfekt sein musste.

Es ist meiner Meinung nach richtig, günstig und einfach, eine Eigenschaft zu verwerfen, die nur eine Reaktion und das Gegenteil einer Verbesserung ist. Die echte Verbesserung wäre, es einfacher zu machen, ordentlicher und ehrlicher in dieser Hinsicht zu sein und auch noch Spaß daran zu haben.

Und dann verstand ich.

Nicht nur, dass ich eigensinnig, verwöhnt und kindisch sein kann – was ich Marsha am meisten übelnahm, war, dass sie lieber putzte, als eine enge Beziehung mit uns einzugehen.

Einen Zusammenhang, den ich mir ausgedacht habe.

Nicht ihre Wahrheit. Nicht einmal die Wahrheit. Die Wahrheit, die ich mir ausgesucht habe. Eine, die ich gesehen, verurteilt und aufgeschrieben habe. Die meinen Widerwillen gegen das Putzen entschuldigte. Wie passend.

Eine Wahrheit, die auf einem reinen Syllogismus beruhte. Ein großes Wort für schlechte Logik. Ein Wort, dessen Definition vielleicht das Beste ist, was ich auf der Uni gelernt habe. Und das meine ich ernst. Mein Syllogismus lautet etwa so:

> *Marsha ist eine Putzfanatikerin. Marsha hat nur drei Freunde; also haben alle Putzfanatiker nur drei Freunde.*

Und dann:

> *Die kleine Lauren will aber intime Beziehungen. Zu viel Sauberkeit verhindert intime Beziehungen. Ergo kann die kleine Lauren nicht putzen.*

Voilà. Für die kleine Lauren ergab dieser Zusammenhang Sinn. Baby Lauren konnte jetzt das machen, für das sie bekannt war: enge Beziehungen haben, nicht putzen, ihre Mutter verantwortlich dafür machen und es für sich zu einem Prinzip machen.

In diesem Moment verstand ich, dass die echte Weiterentwicklung der Eigenschaft meiner Mutter eine Mischung aus zwei Punkten ist: Putzen lieben und mit anderen Leuten eng verbunden sein. Meine Mutter nicht mehr für den Zusammenhang verantwortlich machen, den ich gesehen habe. Mich bei ihr entschuldigen, dass ich meinen Dreck an ihr abgewischt habe. Und um ebenjenes zu tun, was auch für euch gilt.

Versprechen geben.

Ich sorgte dafür, dass mich mein Balg ihn Ruhe ließ, um meinen Traum zu verwirklichen, nicht nur ein ordentliches Haus, sondern auch eine engere Beziehung mit meiner Mutter zu haben. Ich traf mich mit ihr, um ihr meine Säuberung vorzulesen. Ich gab mir außerdem das Versprechen, in den drei Wochen vor dem Treffen einmal in der Woche drei bis vier Stunden das Haus zu putzen. Und ich bekam Unterstützung von Maggie, der wunderbar talentierten Tante meines Mannes, die ein besseres Ordnungssystem in unserem Haus einführte.

Und du kannst dir nicht vorstellen, was mir beim Putzen passiert ist. Solange ich Musik hörte, konnte ich tatsächlich nichts Schlechtes übers Putzen sagen. Mir machte es sogar (irgendwie) Spaß. Vielleicht habe ich wirklich das Putz-Gen meiner Mutter. Ich habe selbst den therapeutischen Teil verstanden, dass sich Frieden und Befriedigung danach einstellen. Etwas, das die kleine Lauren auf keinen Fall entdecken wollte. Niemals.

Und wisst ihr, was nach dem Putzen auch besser aussah? Meine Mutter. Nachdem ich meiner Mutter die Säuberung vorgelesen und mich dafür entschuldigt hatte, reagierte sie in einer Art und Weise, die ich mir in meinen kühnsten Träumen nicht hätte vorstellen können. Sie hielt einen Moment inne und sagte: „Du hast recht. Ich habe das von meiner eigenen Mutter gelernt. Nachdem meine Schwester Barbara gestorben ist, konnte meine Mutter nichts anderes tun als putzen. Sie konnte sich nicht mit ihren Gefühlen oder meiner Erziehung auseinandersetzen. Ich sollte wirklich engere Beziehungen zu anderen Menschen eingehen."

Als ich in diesem Moment meiner Mutter gegenübersaß, konnte ich die ganzen Glaubenssätze, die ich von meiner Mutter erschaffen hatte, als das erkennen, was sie wirklich waren: ein geistiges Fegefeuer. Wie ich alles immer ordentlich, aber nicht wirklich sauber hielt; eine solide, aber nicht überragende Ordnung; immer nur 6,5/7 von 10 und an manchen Tagen (wenn die Putzfrau kam) eine 8.

Nachdem ich das Fegefeuer als das erkannte, was es wirklich war, veränderte sich die Liebe, die ich für meine Mutter hatte. Die Liebe, die ich mir immer von ihr gewünscht hatte, war zum Greifen nahe. Ich hatte nur nichts dafür getan, um sie anzunehmen, sondern war zu einem kleinen Schweinchen geworden. Und faul.

Nachdem sich meine Mutter das alles angehört hatte, trafen wir uns jede Woche, um eine tiefere Beziehung aufzubauen. Keine kleinen Schritte, sondern ein richtiger Satz. Einer, der ohne eine Säuberung und den Willen, meine eigene Dreckbrühe näher zu untersuchen, nicht möglich gewesen wäre.

Frühjahrsputz

In jedem Bereich, in dem du dich nur mit einer 6 bewertet hast, solltest du über eine Säuberung nachdenken. Damit meine ich, dass es an der Zeit ist, das ganze Drama rauszulassen. Um ein für alle Mal mit einer langjährigen Beziehung Schluss zu machen – die mit deinen Glaubenssätzen.

Du erzählst eine Geschichte auf eine bestimmte Art und Weise. Die Art, wie du wütend wirst, wie du Dinge siehst, deine Perspektive auf den Alltag. Und genau diese Art des Denkens musst du vollständig begraben, musst sie hören, erkennen, benennen, dich (irgendwann) über sie lustig machen, damit du sie ändern kannst.

Aber Lauren, wenn nicht nur ich so denke? Wenn mein Umfeld mit mir übereinstimmt und mein Vater wirklich ein [hier Wort einfügen] ist?

Du solltest mittlerweile wissen, dass unsere engsten Freunde unsere engsten Freunde sind, weil sie nicht nur ähnliche Glaubenssätze haben oder ähnliche Gedanken hegen, sondern auch, weil sie teilweise bizarre und nur scheinbar zufällig erscheinende Ähnlichkeiten mit uns haben (geschiedene oder alkoholkranke Eltern, ähnliche Geschwisterbeziehungen etc.). Auch wenn dir dein vertrautes Umfeld recht gibt, sind deine Gedanken folglich nicht die Wahrheit, sondern nur Gedanken, die du mit anderen teilst.

Weiter unten findest du die Schritte für eine Säuberung.

Keine Sorge, ich werde dir genug Beispiele aufzeigen, dass die Alternative, das heißt, keine Säuberung und auch weiterhin nur mit dir selbst über das Problem zu diskutieren, nicht mehr so attraktiv klingt.

- Schreibe alles auf, was zu einem Thema (einem Lebensbereich oder einer Person) in deinem Kopf herumspukt. Lass alles raus, egal ob auf Papier/dem Computer/was auch immer du willst. Es kann etwas sein, vor dem du Angst hast, auf das du wütend bist, über das du traurig bist etc. Beziehe alles mit ein: Gefühle, Frustration, Schuld, Beschuldigungen, Entschuldigungen, Rechtfertigungen und Zweifel.
- Schreibe deine Säuberung in der ersten Person, zum Beispiel: „Ich hasse Hochzeiten. Ich will nicht hingehen. Ich kann nicht glauben, dass ich dieses Brautjungfernkleid tatsächlich anziehen und sogar noch selbst bezahlen muss und dann am Tisch für die Singles sitze. Sie hatte es immer schon auf mich abgesehen etc."
- Sei ehrlich. Schreibe ALLES auf. Mach dir keine Gedanken, wenn du dir selbst widersprichst. Schreib einfach alles auf, was dir in den Sinn kommt. Erlaube dir selbst, ehrlich, unlogisch, gemein, verrückt und unverständlich zu sein. Du kannst alles sagen, egal wie es in deinem Kopf klingt. Lass einfach alles raus.

Die Säuberungen anderer

Zeit, einen Blick in die Putzeimer meiner Klienten zu werfen. Mal sehen, ob du Katies und Stephanies Probleme erkennen kannst. Suche im Folgenden nach den diesen Kategorien:

- Unlogisch (UL)
- Theorien (T)
- Entschuldigungen (E)

- Eigenschaften (EI)
- Angsthase (A)
- Balg (B)
- Wettermann (WM)
- Fehlende Handlung oder nicht eingehaltene Versprechen (FH)
- Spuk (S)
- Fehlende Informationen (FI)
- Lügen (L)

Als Erstes ein Auszug von Stephanies Säuberung im Bereich „Dating". Vorsicht. Viele unserer Glaubenssätze können richtig loslegen, wenn man ihnen freie Bahn lässt.

Kann ich einfach aufgeben? Wer bitte hat Zeit für diesen Kram!!?? Niemand ist auf diesen Datingportalen unterwegs. Es ist wie beim Viehmarkt. Ein Spiel mit Zahlen. Die Männer auf diesen Seiten sind entweder Verlierer oder schräge Typen – oder beides. Ich kann nicht mit 50-Jährigen ausgehen. Beim Sex brauchen sie erst irgendeine Tablette. Ich habe zu lange und zu hart gearbeitet, um mich jetzt mit dem Erstbesten abzufinden. Wenn er auch erfolgreich ist, dann ist er ständig unterwegs. Können wir etwa über Skype Sex haben? Ich sehe auf Skype nicht mal gut aus. Und die tollen Männer sehen in mir mittlerweile sowieso eine verschrumpelte alte Kuh mit Torschlusspanik, wenn sie mich anschauen. Ich hätte einfach Jason heiraten sollen. Ich hätte mich mit ihm arrangieren können. Niemand ist perfekt, oder? Scheiß auf die Liebe.

Wird ohnehin überbewertet. Du bist unabhängig, erfolgreich und besitzt eine Zweizimmerwohnung in Tribeca. Hör auf zu meckern. Du brauchst niemanden. Alleine bist du besser dran. Viel besser. Akzeptiere es einfach.

Wenn du Single bist (oder es mal warst), kannst du Stephanies Gedanken wahrscheinlich gut nachempfinden. Vielleicht hast du einige dieser Sätze sogar selbst schon gesagt oder mit Freunden in der Bar auf sie angestoßen.

Oder?

Aber weil du und ich auf der Suche nach den versteckten (oder ja nicht so versteckten) Punkten in der Säuberung sind, lass uns mal sehen, was wir ausgraben können.

Wie in all unseren Säuberungen finden sich auch in Stephanies ein paar unserer liebsten Entschuldigungen, Konzepte und Eigenschaften, mangelnde Logik und zäher Spuk. Die Kombination, die unser Lieblingsglaubenssatz immer wieder wie unser Lieblingslied aufs Neue abspielt.

Immer und immer wieder.

Auch wenn wir einen tiefen Wunsch haben – so wie Stephanie, die endlich die große Liebe finden will –, können wir unsere Theorien nicht ablegen, um ihn zu erfüllen. Und auch wenn wir behaupten, dass wir unsere Gedanken verändern wollen, muss das nicht unbedingt stimmen.

Wenn du dich zurücklehnen und deine Säuberung wie eine Straßenkarte zu einem deiner Glaubenssätze lesen kannst, den du in einem

Bereich hast, dann hast du die Kontrolle über ihn. Du kannst den giftigen Einfluss und die Macht, die dein innerer Dialog über dich hat, verringern und dir helfen, das Problem aus einer anderen, konstruktiven Perspektive zu betrachten.

Du kannst entscheiden, was du denken willst.

Du kannst entscheiden, was in deinen Gedanken vor sich geht. Du kannst erkennen, was du dir seit Jahren zu einem bestimmten Thema gedacht hast, um mit Absicht an einem bestimmten Punkt stehen zu bleiben.

Du hast verstanden, dass deine Gedanken deine Realität formen. Du siehst deinen inneren Dialog, deine Taube[21], als den Busfahrer deiner Handlungen. Du erkennst, welche Informationen du angesammelt hast, die keinesfalls auf logischen Zusammenhängen, der Realität oder den Tatsachen basieren, sondern darauf, was deiner Meinung nach passiert ist.

Und dem solltest du nicht unbedingt vertrauen.

Oder besser: Du solltest dir nicht unbedingt vertrauen. Egal wie abweisend das jetzt klingen mag, es ist die beste Neuigkeit seit Langem. Sie verleiht dir die Macht, dein niederes Selbst aus deinem Ratgeberstab zu werfen. Es gibt dir Kraft, ein für alle Mal Nein zu sagen!

In welchen Konzepten ist Stephanie gefangen?

---

21) *Falls du Mo Willems' preisgekröntes Kinderbuch* Don't Let the Pigeon Drive the Bus! (Lass die Taube nicht den Bus fahren) *nicht kennst, schau es dir an. Es wurde mir von einem guten Freund vorgestellt, Professor Jim Phills, damals an der Stanford Graduate School of Business, der mir sagte: „Diese Taube ist dein unerzogener innerer Dialog."*

• Niemand ist auf diesen Datingportalen.

• Es ist wie beim Viehmarkt.

• Es ist ein Spiel mit Zahlen.

• Beim Sex brauchen sie erst mal irgendeine Tablette (Viagra).

• Ich sehe auf Skype nicht mal gut aus.

• Ich bin verschrumpelt und alt.

Wie sieht es mit Stephanies Lieblingsentschuldigungen aus? Zeige mit dem Finger auf:

• Zeit,

• Arbeit,

• Arbeit,

• Arbeit (ha!),

• Männer,

• Skype,

• Erektionsstörungen (ziemlich unter der Gürtellinie),

• Alter.

Kannst du aus der Säuberung erkennen, von welchem Spuk Stephanie verfolgt wird?

• von Männern (besonders Jason)

• von ihr selbst mit Blick auf das Alter

Bevor Stephanie zu einer Säuberung bereit war, konnte sie nicht erkennen, dass sie das Spiel „Liebe" mit Absicht verlieren wollte. Glaubst du, ihr Ratgeberstab (ihre Glaubenssätze) wollte wirklich beweisen, dass Liebe magisch, einfach und auch für sie möglich war?

Auf keinen Fall.

Sobald du hundertprozentig verstanden hast, wer oder was tatsächlich die Fäden in der Hand hält, kannst du deinen Ratgeberstab endlich feuern, deine inneren Untermieter rauswerfen (Angsthase, Balg, Wettermann, Doppelagent, PR-Agent etc.), alle, die sich als Hochzeitsplaner ausgeben. Und kannst ein für alle Mal den Weg in Richtung Traumerfüllung einschlagen. Indem du zum Beispiel neue Konzepte aufstellst und diese beweist oder – oh nein, nur das nicht – endlich Spaß am Daten hast.

Leiden ist keine Option. Leiden muss fragwürdig werden.

Sich bekennen

Nachdem ich meine Klienten gebeten habe, alles über ein Thema aufzuschreiben, ihr Geschreibsel noch einmal durchzugehen und zu entschlüsseln, gebe ich ihnen eine Aufgabe namens *Widerworte*, in der sie auf jede Zeile ihrer Säuberung fettgedruckt und IN GROSSBUCHSTABEN eine Antwort geben. Sie werden ihr eigener Anwalt, der Ermittler im Auftrag des höheren Selbst. Du musst dich deinen Gedanken stellen und mutig genug sein, um mit Logik gegen alle unlogischen Punkte anzukämpfen. Um deine Theorien und Lügen zu widerlegen. Du stichst Löcher in dein selbst deklariertes, scheinbar unlösbares Problem.

Schauen wir uns mal an, wie sich Stephanie in Sachen Widerworte (in Großbuchstaben) zu ihrer Dating-Säuberung geschlagen hat:

Kann ich einfach aufgeben? Wer bitte hat Zeit für diesen Kram!!??
HALT MAL DIE LUFT AN, ICH KANN MEINEN JOB IM SCHLAF. ICH HABE GENUG ZEIT, WENN ICH WIRKLICH WILL.

Niemand ist auf diesen Datingportalen.
FALSCH. ZWEI MEINER BESTEN FREUNDINNEN HABEN TOLLE MÄNNER IM INTERNET GETROFFEN. ALSO?

Es ist wie beim Viehmarkt.
KLAR, ABER ICH BIN QUALITATIV GANZ VORNE MIT DABEI.

Ein Spiel mit Zahlen.
VIELLEICHT, ABER FANG AN ZU SPIELEN UND HAB SPASS.

Die Männer auf diesen Seiten sind entweder Verlierer oder schräge Typen – oder beides.
PFUI, BIN ICH FIES. ECHT? WIRKLICH? ICH WEISS NICHT, WIE MAN TYPEN AUSSORTIERT UND DABEI AUCH NOCH SPASS HABEN KANN.

Ich kann nicht mit 50-Jährigen ausgehen.
DANN EBEN NICHT.

Beim Sex brauchen sie erst irgendeine Tablette.

IGITT. ICH KLINGE WIE MEINE MUTTER. DAS IST EINFACH GEMEIN.

Ich habe zu lange und zu hart gearbeitet, um mich jetzt mit dem Erstbesten abzufinden.

DANN MACH ES NICHT.

Wenn er auch erfolgreich ist, dann ist er ständig unterwegs. Können wir etwa über Skype Sex haben? Ich sehe auf Skype nicht mal gut aus.

LÜGE. WENN ICH MEINE HAARE NICHT IMMER SO ZUSAMMENKNOTEN WÜRDE, WENN ICH NACH HAUSE KOMME, WÜRDE ICH RICHTIG GUT AUSSEHEN.

Und die tollen Männer sehen in mir mittlerweile sowieso eine verschrumpelte alte Kuh mit Torschlusspanik, wenn sie mich anschauen.

DER MANN MEINES LEBENS WÜRDE DAS NICHT TUN.

Ich hätte einfach Jason heiraten sollen. Ich hätte mich mit ihm arrangieren können.

STIMMT NICHT. ES WAR GUT, ICH HATTE SPASS, ES HAT FUNKTIONIERT, ABER ES WAR NICHT TIEF GENUG. ICH HABE MICH NICHT SO GEFÜHLT, WIE ICH MICH FÜR DEN REST MEINES LEBENS FÜHLEN WOLLTE. WENN ES SICH SO ANFÜHLEN SOLL, DANN HABE ICH EIN PROBLEM.

Niemand ist perfekt, oder? Scheiß auf Liebe. Wird ohnehin überbewertet. Du bist unabhängig, erfolgreich und besitzt eine Zweizimmerwohnung in Tribeca. Hör auf zu meckern. Du brauchst niemanden. Alleine bist du besser dran. Viel besser. Akzeptiere es einfach.

PUH, ICH BIN SO EINE IDIOTIN, DIE SICH IMMER NOCH ÜBER ALL DIE DINGE AUFREGT, DIE NICHT GEKLAPPT HABEN, UND SICH NICHT MIT IHNEN AUSEINANDERSETZEN WILL. UND IMMER MIT DEM FINGER AUF ANDERE ZEIGT, NUR NICHT AUF SICH SELBST. UND WEIL ICH MEINE ARBEIT LIEBE, GERNE GELD VERDIENE UND EINFLUSSREICH UND UNABHÄNGIG BIN, KANN ICH MICH DAHINTER VERSTECKEN UND MUSS MICH NIEMALS DAMIT AUSEINANDERSETZEN, WAS ICH WIRKLICH WILL: LIEBE, FAMILIE UND DINGE, FÜR DIE ES SICH ZU LEBEN LOHNT – NICHT NUR FÜR MICH UND MEINE KARRIERE.

Siehst du, wie viel Spaß Stephanie tatsächlich mit ihren Widerworten hatte und damit, ihren Angsthasen zurück in den Käfig zu sperren, ihr höheres Selbst gegen ihr niederes Selbst auf die Kanzel zu schicken und plötzlich zu wissen, wie man den Fall gewinnt?
Einen viel besseren Fall – ihren Liebes-Traum.

Schauen wir mal Katies Säuberung an. Katies erster alkoholfreier Saint Patrick's Day, seit sie etwa 16 war. Natürlich war Katies Trink- kumpan – ihr Balg, das sie „Lucy" getauft hat – nicht begeistert. In dieser Säuberung hat Katie auch alle Elemente markiert, die zwischen den Zeilen rumheulen (Wettermann, Balg, Angsthase, Eigenschaften, Theorien, unlogisch, Lügen).

Wenn du bereit bist zu erkennen, welchen Job deine Gedanken wirklich haben, kannst du deinem Ratgeberstab endlich richtig zuhören und alles tun, was du im Sinne deines Traums machen solltest.

Ich bin unglücklich. Ich habe nichts als meine Arbeit. Ich arbeite und arbeite und bekomme nichts zurück (WM). Gar nichts. Alle anderen haben eine Fluchtmöglichkeit. Ich nicht. Ich gebe mein Bestes, damit sich etwas ändert (WM). So werde ich niemals nach New York kom- men. Ich hätte niemals Autorin werden sollen (UL/A). Niemand weiß, wie es ist, diese Reise allein machen zu müssen (A/T/E).

UND ich habe alle diese Versprechen gemacht, seitenweise Verspre- chen, an die ich mich halten muss, und ich habe alles aufgeschrieben und vergesse es trotzdem manchmal oder sage nur, ich rufe jemanden an und vergesse es. Saint Patrick's Day ist mein Tag. Es war schon immer mein Tag. Ich bin zu 100% Irin (WM). Ich will einfach nur aus- gehen und etwas trinken (B). Ich will heute nicht Katie sein. Ich will einfach nur verschwinden (A/B).

Wie hat sich Katie bei ihren Widerworten geschlagen?

Ich bin unglücklich.
LÜGE. ICH BIN SO GLÜCKLICH WIE SEIT JAHREN NICHT MEHR. ICH HABE 28 KILO ABGENOMMEN. ICH BIN STOLZ AUF MICH. ICH LIEBE MEINE ARBEIT. ICH WILL EINFACH NUR WAS TRINKEN. LUCY (MEIN BALG), DU SAGST ECHT ALLES, UM MICH ZUM TRINKEN ZU KRIEGEN.

Ich habe nichts als meine Arbeit. Ich arbeite und arbeite und bekomme nichts zurück. Alle anderen haben eine Fluchtmöglichkeit. Ich nicht.
NOCH EINE LÜGE. ICH HABE VIEL FREIZEIT. UND WOVOR WILLST DU ÜBERHAUPT FLIEHEN, KATIE-GEFÜHL?

So werde ich niemals nach New York kommen. Ich hätte niemals Autorin werden sollen.
ICH LIEBE DAS SCHREIBEN. UND UM EHRLICH ZU SEIN, ICH HABE EINFACH NUR ANGST DAVOR, DEN SCHRITT ZU MACHEN UND NACH NEW YORK ZU GEHEN.

Niemand weiß, wie es ist, diese Reise allein machen zu müssen.
WAS SOLL DAS EIGENTLICH? ICH BIN LIEBER ALLEIN. UND ICH HABE VIELE LEUTE, DIE MICH LIEBEN UND FÜR MICH DA SIND. ALLES LÜGEN. VIELE LEUTE HABEN SCHON SCHEIDUNGEN HINTER SICH GEBRACHT. WOW. LAUREN HATTE RECHT. ICH KLINGE WIE DIESE TAUBE.

Und ich habe alle diese Versprechen gemacht, seitenweise Versprechen, an die ich mich halten muss, und ich habe alles aufgeschrieben und vergesse es trotzdem manchmal oder sage nur, ich rufe jemanden an, und vergesse es.

HÖR MIT DEM MECKERN AUF, LUCY. ICH HABE DURCH MEINE VERSPRECHEN ABGENOMMEN. DIE CHECKLISTEN HABEN MIR DAS LEBEN GERETTET. ICH BIN SO GLÜCKLICH WIE SEIT JAHREN NICHT MEHR. ICH SEHE SUPER AUS. HÖR AUF, DEINE FAULHEIT UND GEBROCHENEN VERSPRECHEN ZU ENTSCHULDIGEN.

Saint Patrick's Day ist mein Tag. Ich bin zu 100% Irin.

JA, ES WAR SCHON IMMER MEIN TAG, UM MICH ZU BETRINKEN UND ZU FEIERN UND DER REALITÄT ZU ENTFLIEHEN. ICH MUSS NICHT MEHR FLIEHEN. ICH MAG MEIN LEBEN. UND ES IST SCHOCKIEREND, WIE SEHR DER SÄUFER IN MIR IRLAND ZU MÖGEN SCHEINT.

Ich will heute nicht Katie sein. Ich will einfach nur verschwinden.

KEIN WUNDER, DASS ICH DEN KAMPF MIT DEM ESSEN UND DEM ALKOHOL STÄNDIG VERLOREN HABE. DIESES GEFÜHL IST BRUTAL. LUCY HAT ALLE ARGUMENTE EINES SUCHTKRANKEN, UM SICH NICHT MIT DEM LEBEN AUSEINANDERSETZEN ZU MÜSSEN, SONDERN STATTDESSEN ZU ESSEN ODER ZU TRINKEN. HAU AB, LUCY. ICH BIN GLÜCKLICH. ICH WAR NIE GLÜCKLICHER, NICHTS ZU TRINKEN. NIE.

Siehst du, wie sich Katies Eigenschaften − Märtyrer, einsamer Wolf und Opfer − hier bestens präsentieren? Um an Alkohol zu kommen, haben sich ihre Glaubenssätze eine gute Strategie überlegt, um sie von ihren Versprechen, nichts mehr zu trinken, abzuhalten und dabei noch anderen die Schuld zu geben − der Scheidung, dem Job, der Tatsache, dass sie niemand verstehen kann.

Katie hat in ihrer Säuberung die Ursache für ihre Wut nicht erwähnt. Es war keinesfalls so, dass ihre Versprechen bezüglich des Alkoholkonsums (die sie selbst aufgestellt hat!) besonders streng waren oder ich sie wegen des Alkohols unter Druck setzte. Das tat ich nicht. Katie hatte einfache Regeln. Allerdings hatte Katie nicht nur ihre Versprechen bezüglich des Trinkens nicht eingehalten, sondern es monatelang auch versteckt gehalten und mich belogen. Schließlich war ich mit meiner Geduld am Ende. Wenn es ihr nicht möglich war, ihre Versprechen bezüglich des Alkoholkonsums einzuhalten, müsste ich sie als Alkoholikerin betrachten. Als sie die Säuberung durchführte, war Katie mitten in ihrer selbst gewählten Konsequenz. Sie hatte weiterhin Party gemacht und mich belogen und das hieß: kein Alkohol für ein Jahr.

Wenn unser innerer Dialog unsere Träume nur genauso motiviert unterstützen würde wie unsere Laster!! Unser innerer Dialog hat aber leider viel mehr Interesse daran, eine kleine Mitleidsfete zu veranstalten, als sich unserem Angsthasen und unserem Balg in den Weg zu stellen. In den meisten Fällen haben Mitleidsfeten schließlich nicht nur ein großes Buffet, sondern, wie in Katies Fall, auch eine offene Bar!

Das Trommel-Du

Bist du bereit? Es wird Zeit, deine Glaubenssätze auf die Welt loszulassen. Das ist die Möglichkeit, um herauszufinden, was dein wilder und meinungsschwerer Kopf wirklich von einer Sache hält, und dir klarzumachen, was deine Glaubenssätze für Tricks auf Lager haben, um dir weiszumachen, dass du wenig Macht darüber hast, was deine Gedanken dir sagen.

AUFGABE FÜR KAPITEL ACHT

Diese Aufgabe soll dir helfen, mehr über die tief sitzenden negativen Konzepte herauszufinden, die dir einreden, dass du manche Dinge in deinem Leben nicht haben kannst.

1. Folge den Schritten in diesem Kapitel und führe eine Säuberung über eine Person, eine Situation, einen Bereich deines Lebens etc. durch, mit dem du ein Problem hast oder in dem du dich festgefahren fühlst. Schreibe alles auf, was zu diesem Thema in deinem Kopf herumspukt. Es kann etwas sein, über das du wütend, traurig, besorgt etc. bist. Beziehe Frustrationen, Schuldzuweisungen, Schuldgefühle, Entschuldigungen, Rechtfertigungen, Zweifel und sonstige Gefühle mit ein. Bring deine Gedanken in ihrer reinsten, unkontrolliertesten Form aufs Papier. Deine Säuberung ist eine Art Tirade. Schreibe in der ersten Person. Dies ist ein sicherer Ort, um alles zu sagen, egal wie es in deinem Kopf klingen mag.

2. Aus deiner Säuberung kannst du unglaublich viel über dich selbst und die Situation erfahren. Lies deine Säuberung aufmerksam und markiere die folgenden Elemente:

   • Entschuldigungen (E)

   • Angsthase, Balg, Wettermann (A/B/WM)

   • Eigenschaften (EI)

   • Lügen (L)

   • Spuk (S)

   • Unlogisch (UL)

   • Theorien (T)

   • Fehlende Handlung oder Versprechen (FH)

   • Fehlende Informationen (FI)

3. Nachdem du all diese Elemente markiert hast, mach eine Liste für jedes einzelne Element. So kannst du alle deine Eigenschaften auf einen Blick sehen, kannst in deiner Säuberung genau hören, wo dein Angsthase mit dem Fuß auf den Boden gestampft, dein Balg gemeckert, du hochtrabend dahergeredet, gelogen und unlogische Aussagen gemacht hast.

4. Nachdem du deine Säuberung analysiert hast, gib Widerworte in jeder Zeile, indem du aufzeigst, wieso die Zeile nicht stimmt oder wie du die Aussage anders formulieren könntest, damit du dich nicht mehr als das Opfer darstellen kannst.

5. Mach eine Liste mit Handlungen, die du nach deiner Säuberung in Angriff nehmen willst, zum Beispiel mit der entsprechenden Person zu sprechen, herauszufinden, wie sich ein Ereignis in der Vergangenheit wirklich zugetragen hat, ein Familienmitglied

zu befragen, Versprechen zu machen. Alles, was dich der Wahrheit näherbringt.

Zu deiner Verteidigung

Du hast eine innere Stimme, die genau weiß, wie du auf deine Säuberung reagieren sollst. Sie klingt wahrscheinlich genau wie das, was du deinen Freunden erzählst, wenn sie dich um Rat fragen. Aber wenn es um dich selbst geht, schweigt sie.

Lass sie reden.

Wenn du deinen inneren Dialog hören kannst, dann kannst du dich auch mit ihm auseinandersetzen. Du kannst die dunkelsten Konzepte aus deinem Unterbewusstsein ans Licht zerren und erkennen, wie sie deine gegenwärtige Realität manipulieren. Wie Katie kannst du deinen Dreck als solchen verstehen und in ihm lesen. Du kannst den günstigen Handlungen folgen, um dich aus dem Loch zu ziehen, in dem du gerade sitzt.

Du kannst gegen deine Glaubenssätze in den Krieg ziehen. Du kannst traurige Lieblingslieder hören, deine Lieblingsthemen, deine Schmerzen pflegen, auf die du dich immer verlassen kannst. Aber du hast genauso viele Beweise, ihnen die Luft rauszulassen.

Stelle deiner Säuberung deine Wahrheit gegenüber und lass deine Wahrheit triumphieren!

Zeit für dein QUIZ! Auch wenn dieses ganze Kapitel schon ein bisschen wie ein Examen war.

Dein Partner geht dir auf die Nerven. Schlimmer als sonst. Und auch wenn du nach Kapitel drei (Das Gelobte Land) alle Vorsicht über Bord geworfen hast und dir versprochen hast, einmal die Woche Sex mit ihm zu haben, ist es schon Sonntag. Und jetzt willst du nicht nur keinen Sex, sondern auch deine Konsequenz nicht einhalten (über die du letzte Woche noch gelacht und mit der du angegeben hast) und nicht auf *Game of Thrones* verzichten. Was machst du?

A. Schluck deine Wut runter, sei freundlich, tu so, als hättest du Migräne, schaue Game of Thrones und schreibe die Migräne auf deine Lügen-Liste. Dafür ist sie schließlich da.

B. Wer braucht schon Papier? Sage deinem Partner alles, was dich stört. Er hat es verdient.

C. Sage nichts, sei weiter genervt und schaue kein *Game of Thrones*. Diese Staffel ist sowieso nicht so toll, und die Wahrscheinlichkeit ist groß, dass Khaleesi in der heutigen Episode sowieso nicht auftaucht.

D. Sieh ein, dass du faul bist, spring unter die Dusche, zieh dir was Schickes an und verführe deinen Partner, wenn es an der Zeit ist.

E. Setze dich an den Computer, zünde eine Kerze an und leg los. Säubere. Meckere. Fluche. Lass es raus. Besser auf dem Papier als direkt deinem Partner gegenüber. Schau dir an, was wirklich los ist, und setze dich damit auseinander. Hoffentlich bist du rechtzeitig fertig, um noch einen schnellen Quickie zu initiieren, bevor *Game of Thrones* anfängt.

Antwort: D (und/oder E) – für Detritus, ein elegantes Wort für „Mist!".

Manchmal haben die Dinge, die du während deiner Säuberung ent-deckst, tatsächlich etwas mit der Sache zu tun, über die du dich so aufgeregt hast. Manchmal auch nicht. Manchmal ist es nur dein Angsthase oder dein Balg, die dich, wie in diesem Fall, von deinem Sex-Versprechen abhalten wollen und es dabei auch noch schaffen, die Schuld auf deinen Partner zu schieben.

Kapitel neun – Die große Wäsche
DEINE DRECKIGE WÄSCHE WASCHEN UND WEGRÄUMEN

Der Altar

In einer glücklichen Beziehung mit deinen Eltern, Kindern, Geschwistern, besten Freunden, Kollegen etc. zu sein und zu bleiben und eine glückliche Liebesbeziehung zu führen, braucht Übung und Verantwortung. Der Grund, weshalb viele Beziehungen mit der Zeit zerbrechen, ist unsere Unwissenheit, wie wir mit aufkommenden Problem umgehen und sie lösen sollen. Das Ergebnis: Wir haben eine laaaaaaange Liste mit Beschwerden über die andere Person. Und das heißt? Mittlerweile solltest du im Fach „Was passiert, wenn man schlechte Gedanken lange Zeit brüten lässt" Bescheid wissen, oder? Sie wachsen. Sie breiten sich aus. Und werden zu deiner Wahrheit.

Ich bin mir sicher, dass jeder von euch eine Liste von all den Dingen hat, die dein Partner, deine Eltern, dein Kind, dein Chef „falsch" machen. Du kannst diese Liste als Waffe nutzen. Oder aber als Möglichkeit, um eine erwachsene und erfüllende Beziehung zu schaffen. Wenn es Bereiche in diesen Beziehungen gibt, unter denen du leidest, hast du ja womöglich schon aufgegeben, daran zu glauben, dass man etwas ändern kann.

Aber man kann.

Schließlich bist du der Chef. Du hast die Wahl, die Verantwortung für dein Leben entweder anstrengend oder befreiend zu finden.

Du (und nicht diese Taube) sitzt auf dem Fahrersitz deines Busses. Du sitzt am Steuer deines Lebens und deiner Beziehungen.

Du bist der Autor.

Die meisten von uns tolerieren Beziehungen, die einfach nur „okay" sind? Aber wenn wir in Wahrheit nicht besonders glücklich in diesen Beziehungen sind oder sie uns nicht inspirieren, dann haben wir höchstwahrscheinlich eine lange Liste mit Problemen und Ärgernissen. Viele von uns haben zwei Gesichter, und unsere Gedanken über Personen haben nichts mit unseren tatsächlichen Aussagen über diesen Menschen zu tun. Das schafft zwei Realitäten: eine nach außen gerichtete, falsche, und eine nach innen gerichtete, echte. Um weiterhin gesunde Beziehungen führen zu können, müssen wir Probleme ansprechen und sie lösen, sobald sie auftauchen.

Es gibt kein einfacheres Rezept, um zu lieben. Solange wir nicht die tiefe, ehrliche Wahrheit darüber sagen können, was für uns nicht funktioniert, gewinnen wir unsere Intimität nicht zurück.

Dreckige Wäsche

Eine Liste voller Beschwerden über eine Person beeinflusst dich, auch wenn du es nicht wahrhaben willst. Nachdem du deine Säuberung in Kapitel acht durchgeführt hast, sollte die Liste über eine andere Person einfach zu schreiben (und befreiend) sein.

Weißt du, woran du erkennen kannst, wie „echt" deine Liste ist? Dein innerer Dialog hat schon angefangen, sich zu überlegen, in welcher Geheimsprache du diese Liste schreiben wirst, nur für den Fall, dass irgendjemand diese Liste finden sollte. Du suchst nach Wegen, um dich zu verstecken. Schon wieder.

Aber hier liegt das Problem. Falls du nicht bereit bist, deine Liste öffentlich zu machen (oder Angst davor hast, dass andere eine Liste über dich haben könnten), steckst du in der Welt von „Des Kaisers neue Kleider" fest. Wenn du eine Liste hast, dann haben sie auch eine. Und umso mehr du an den Fehlern einer Person festhältst, umso weniger bist du daran interessiert, etwas anderes zu sehen. Es wird zur Wahrheit über diese Person. Glaubst du wirklich, dass die Person, über die du eine Liste führst, das nicht weiß?

Stell dir vor, wir alle würden über alles sprechen. Lügen und Verstecken wären keine Option mehr.

Wäre es nicht viel einfacher, nicht zu kontrollieren, was man sagt oder nicht sagt? Den Deckmantel, dass man eine andere Person beschützen will (und damit alles beschützt, was man aus Angst nicht sagen, denken oder machen kann), einfach abzulegen? Falls du transparent sein müsstest, wäre deine Fassade schon lange verschwunden. Diese Fassade ist dir sehr wichtig. Sie beschützt nicht nur deine Glaubenssätze, sie entschuldigt auch deine Kekse, Cocktails und Fernsehabende, die du dir gönnst, anstatt Sex etc. zu haben.

Wäre es nicht befreiend, wenn du keine Liste mehr führen müsstest, weil du all die Dinge sofort ansprichst? Weil es nichts mehr gibt, was du – der Boss in deinem Leben – nicht aussprichst?

Die Liste mit der dreckigen Wäsche ist eine Zusammenstellung all der Dinge, die dich an einer Person stören. Es ist deine Möglichkeit, mit alten Verletzungen, Streitereien und Ärgernissen aufzuräumen, die deine Beziehung trüben. Erst dann kann sie ehrlich, intim, witzig und erfüllend werden. Wenn du die Liste schreibst, legst du deine tiefsten Gedanken und Gefühle offen. Manches willst du nicht aussprechen, weil es dir Angst macht. Manches ist gemein. Manches würde im Laufe dieser Aufgabe verschwinden, weil du realisierst, dass du gar nicht wirklich daran glaubst. Manches ist für dich wahr und tief und erfordert Arbeit.

Vergiss nicht, dass es nicht darum geht, jemanden anzugreifen. In deinen Beziehungen mit Menschen, die dir so wichtig sind, dass du für sie diese Liste schreibst, bist du authentisch. Glaub mir, es funktioniert.

Zugegeben. Ich weiß, wie gruselig das ist. Auch wenn es nach einer super Idee klingt, immer die Wahrheit zu sagen, hat dein innerer Dialog gerade ziemliche Zweifel und plappert dazwischen.

Vertrau mir. Versuche es.

Hier die Schritte, wie man eine Liste dreckiger Wäsche über eine Person zusammenstellt.

1. **Lass los und schreib's auf.** Dies ist deine Chance, dich deiner eigenen Wahrheit zu stellen. Bring alles aufs Papier, was du über deine Person denkst. Lass dein Unterbewusstsein und dein Bewusstsein einfach machen. Wir verstecken unsere Probleme, weil wir sie für wirr, gemein, rücksichtslos und scheinheilig halten. Wir lassen niemanden hören oder sehen, was wir zu uns selbst sagen. Aber jetzt hast du die Chance, alle Gedanken aufs Papier zu bringen. Keine Sorge, DIESE Liste wird niemand sehen. Sie ist nur für dich. Deine eigene „So bist du"-Liste. Deine Chance, mit allem aufzuräumen, was in deinem Kopf über die andere Person herumspukt. Für manche ist es ein Exorzismus. Achte darauf, alles in deine Liste einzubeziehen, was dich

   • verletzt,
   • verärgert,
   • verfolgt,
   • noch immer traurig macht,
   oder was du
   • versteckt hältst,
   • noch nicht geklärt hast,
   • nicht loslassen kannst

   Bis du dir all das nicht von der Seele geschrieben hast, wirst du nicht erkennen können, was wahr und was nur dummes Gerede ist. Diese Liste ist deine Chance, dich der Wahrheit zu stellen.

2. **Tritt einen Schritt zurück.** Mach einen Spaziergang. Atme in eine Papiertüte. Was auch immer du brauchst, um dich von der Liste zu distanzieren, die ja scheinbar auf deiner Realität basiert – um später zu ihr zurückzukommen und sie mit freiem Kopf noch mal betrachten zu können.

3. **Loslegen.** Jetzt, wo du von deiner Liste einen Schritt zurückgetreten bist, überarbeite sie, sodass sie wahrheitsgetreuer ist. Sei genauer, ausbalancierter und gerechter. Sei erwachsener und beginne die Perspektive der anderen Person miteinzubeziehen. Dann schreibe die Liste erneut, unter Berücksichtigung der Version der anderen Person. Verändere sie so, dass du die Wahrheit sagen und gleichzeitig die andere Person besser verstehen kannst. Nehmen wir an, du bist frustriert, weil es sich so anfühlt, als ob dein Partner kein Interesse mehr an Sex hat und nicht versteht, wie anstrengend es ist, sich den ganzen Tag um ein Baby zu kümmern.

Wenn du auch die andere Seite berücksichtigt, dann müsstest du zugeben, dass du, obwohl du gerne Mutter bist, die letzten neun Kilo noch nicht verloren hast. Du bist todmüde, nicht nur wegen deiner Mutterpflichten, sondern auch weil du bis spät aufbleibst, um Candy Crush zu zocken. Und wenn dein Partner nach Hause kommt, hast auch du keinen Bock mehr auf Sex. Wie viel ehrlicher ist diese Version als der ursprüngliche Punkt „Du findest mich körperlich nicht mehr attraktiv", der auf deiner Liste gelandet ist? Eben.

4. **Habe Mitgefühl.** Es stimmt, dass die Doppelgesichtigkeit und das Sammeln von Beweisen gegen jemanden, der dir wichtig ist, unserer Spezies eigen ist. Diese Liste ist aber nicht dafür da, dass du dich

später schlecht fühlst. Ganz im Gegenteil. Du sollst dadurch einen Einblick in dein Selbst gewinnen und deine Glaubenssätze in Aktion erleben, in deine gegenwärtige Realität eintauchen. Ist dein innerer Dialog der Meinung, dies sei eine gute Idee? Auf keinen Fall. Dein innerer Dialog will weiterhin so tun, als ob alle Punkte auf deiner Liste absolut richtig sind. Hör nicht auf ihn. Lächle deine Untermieter an und erkenne sie als das, was sie wirklich sind.

5. **Bleibe bei der Wahrheit.** Schau dir auf deiner Liste an, in welchen Bereichen du gerne übertreibst, Wörter wie „niemals" und „immer" verwendest. Auch wenn es sich wie ein immer anfühlen mag, verliert deine Aussage an Glaubwürdigkeit. Die andere Person wird die Aussage nicht als ernsthafte Kritik verstehen, sondern als ungerechten Angriff. Von deinem Instinkt her würdest du sagen: „Du bist immer so gemein, wenn wir uns streiten." Selbst wenn es sich wahr anfühlt, ist es doch ein bisschen zu allgemein. Es ist besser, es detaillierter zu beschreiben wie zum Beispiel: „Ich hasse es, dass du nach zwei Dritteln unserer Auseinandersetzungen gemeine Dinge sagst wie ‚Du bist ein schlechter Vater' oder ‚Wenn du das wirklich von mir denkst, solltest du vielleicht die Scheidung einreichen', aus dem Zimmer stürmst oder einfach auflegst.

6. **Lass nichts aus.** Achte darauf, dass du nichts auslässt, selbst wenn du das Problem schon mit der anderen Person besprochen hast. Wenn du immer noch daran denkst, dann gehört es auf die Liste. Beziehe alle Bereiche deiner Beziehung mit ein. Welche Beschwerden, Meinungen und Probleme hast du in den 12 Bereichen deines Lebens aus der Tabelle von Kapitel eins?

7. **Gib Beispiele.** Sei detailliert. Wenn du die Liste später gemeinsam mit der anderen Person durchgehst, dann soll sie genau wissen, was du meinst. Beziehe mit ein, was die andere Person tut, nicht tut, sagt, nicht sagt oder andeutet. Schaut sie dich auf eine bestimmte Art und Weise an? Hat sie eine Gewohnheit, die dich nervt? Achte darauf, dass die Liste auch wirklich Sinn ergibt. Die Person, der du sie vorliest, sollte am Ende keine Fragen mehr haben. Oder denken:

• Hä?

• Wann habe ich das denn gemacht?

• Immer?

• Klar, aber ich habe mich doch verändert.

Falls du glaubst, dass dein Gegenüber eine dieser Reaktionen auf deine Liste haben könnte, dann geh noch mal zurück. Wie war die Situation wirklich? Was sagt seine Reaktion über deine Version der Geschichte aus? Was wäre eine Wahrheit, auf die ihr euch einigen könnt?

8. **Bleibe im Hier und Jetzt.** Falls du ein Problem aufschreibst, über das ihr schon gesprochen habt, es aber immer noch nicht völlig geklärt ist, benenne es. Bleibe im Hier und Jetzt. Zum Beispiel: „Seit du zugenommen hast, finde ich dich nicht mehr attraktiv. Und auch wenn ich weiß, dass du auf Diät bist und schon abgenommen hast, sind die Dinge immer noch nicht wie früher." So hat die andere Person nicht den Drang, „Ja, aber" zu sagen. Sie kann deine Erfahrung verstehen und deine Wahrheit erkennen. Und falls deine Gewichtszunahme dich selbst stört und du deinen Körper in der Zeit,

in der du mit anderen Dingen beschäftigt warst, durchaus vernachlässigt hast, dann würdest du zwar gerne „Wie kannst du
nur?" rufen, aber du weißt genau, dass der andere recht hat.

9. **Lass es trotzdem auf der Liste.** Auch wenn du glaubst, dass eines
deiner dreckigen Wäschestücke scheinheilig, kindisch oder gemein
klingt und du es lieber streichen würdest, solltest du es trotzdem
auf deiner Liste lassen.

10. **Beobachte.** Wenn du an deiner Liste arbeitest, wirst du feststellen,
dass sich manche Probleme lösen oder verschwinden, sobald du
sie aufschreibst oder mit einem guten Freund besprichst. Vielleicht
hast du nicht mehr das Bedürfnis, über diesen bestimmten Punkt
zu sprechen. Benenne diese Punkte auf deiner Liste als „gelöst".
Schreibe auf, was du daraus gelernt hast. Auf der anderen Seite
gibt es Probleme, die noch offensichtlicher und lauter werden.
Diese zeigen dir auf, woran besonders gearbeitet werden muss.
Das ist normal und Teil des Prozesses.

Ich will ehrlich zu dir sein: Der Prozess, deine Doppelgesichtigkeit abzulegen und mit einer Stimme zu sprechen, ist nicht einfach. Aber es
ist der beste Schritt, den du jemals gehen wirst. Die beste Schlucht,
die du jemals überqueren wirst. Du wirst einen spirituellen Moment
erleben. Und du wirst eine wahre und authentische Stimme in unserer
Welt werden.

Für diejenigen unter euch, die Angst haben, diesen Schritt zu machen,
folge den Schritten und mach eine Liste. Egal was dabei herauskommt,
es ist gut, um für dich eine Balance zu finden. Und wenn der beste

Vertrag, den du gerade mit dir eingehen kannst, die Akzeptanz deiner Doppelgesichtigkeit ist, du sie aber noch nicht auflösen kannst, dann ist das immer noch ein großer Schritt in deiner Entwicklung.

Die dreckige Wäsche anderer Leute

Du kannst in Beziehungen alles haben, was du willst. Aber um solche Beziehungen aufzubauen, musst du die Beziehung als heilig verstehen, dich mit der Wahrheit in der Beziehung auseinandersetzen, deine Fakten und deine Glaubenssätze auf dieselbe Spur bringen. Du übernimmst die Verantwortung dafür, wie wenig logisch die Wahrheit bislang verwendet wurde.

Dein Partner und du erreichen auf diese Weise dasselbe Level an Genauigkeit – oder Ungenauigkeit. Ihr müsst beide eure Glaubenssätze überarbeiten, um eine gemeinsame Wahrheit zu schaffen. Schließlich ist die Wahrheit keine Solo-Show.

Die Wahrheit muss zwischen zwei Menschen leben. Auf der einen Seite haben wir die Fakten, auf der anderen Seite deine Glaubenssätze über diese Fakten. Durch das Schreiben und Aufräumen deiner dreckigen Wäsche bringst du euer beider Glaubenssätze in Einklang. Wenn du bereit bist zu verstehen, dass deine Perspektive nicht mehr und nicht weniger ist als deine eigene und nicht unbedingt auch die Gefühle der anderen Person widerspiegelt, hast du weniger zu tragen (wenn man das so sagen kann). Du bekommst die Chance, in die Haut der anderen Person zu schlüpfen, ihre Perspektive zu verstehen und Mitgefühl zu empfinden. Und du kannst erkennen, dass du diese Gespräche führen musst. Dass die Wahrheit eine tiefe und wichtige Komponente in unserem Leben ist, kommt weiß Gott nicht überraschend, oder?

Was, wenn Spiritualität Integrität ist? Wenn Integrität bedeutet, dass man ganz genau weiß, wer man ist? Durch unser Handeln? Wenn es bedeutet, dass man das einfordert, was man will? Und es natürlich auch bekommt.

Du hast mittlerweile sicherlich eine ziemlich genaue Vorstellung davon, dass Donnas Liste über ihren Ehemann John recht lang ist, oder? Ironischerweise sind wir alle der Meinung, dass unsere Liste außergewöhnlich und schockierend ist. In Wahrheit zeigt sich aber nur, wie verletzlich, aufrichtig, verzeihlich und sogar liebenswert die Punkte sind, egal wie schwer es war, sie aufzuschreiben.

Schauen wir uns an, was Donna über John aufgeschrieben hat. Nach der Lektüre der vorangegangenen Kapitel sollte nichts davon eine große Überraschung für dich sein. Auch für John nicht. Glaubst du wirklich, John weiß nicht, was für ein Typ er ist? Das Einzige an dieser Liste, das ihn vielleicht überrascht hat, ist, wie gut Donna ihre Wut verstecken konnte. Ich wollte, dass Donna ihre Liste als Brief an John formuliert. Auch wenn es für manche ein wenig formal klingt, ist es so später einfacher, die Liste der anderen Person vorzulesen. Und ich meine tatsächlich „vorlesen" und den Brief nicht per E-Mail, WhatsApp oder per Post zu schicken. Wenn es aber einfacher für dich ist, die Liste als Liste zu schreiben, dann kannst du das natürlich auch tun. Egal, wie du es machst, lies in den vorangegangenen Kapiteln nach, wie man schwierige Gespräche führen, seine Lügen beichten, den Spuk auflösen sollte etc. Und halte die Schritte ein.

Auch wenn du eine Liste dreckiger Wäsche aufräumst, du sollst keine Beziehung zerstören. Im Gegenteil, du sollst einen ehrlichen Umgang erreichen.

Lieber John,

ich schreibe diese Liste, um ein für alle Mal meine still vor sich hin meckernde Märtyrerin zu verbannen. Sie hört zu, beschwert sich und leidet leise vor sich hin. Sie verurteilt gerne, stellt sich als das Opfer dar und zeigt mit dem Finger auf andere Leute, während diese (vor allem du) mit ihren eigenen Problemen zu kämpfen haben. Ich arbeite mit meinem Coach daran, Versprechen abzugeben und Konsequenzen festzulegen, die sich mit dem Meckern, Leiden und Stillschweigen beschäftigen. Ich darf nicht mehr schweigen, wenn ich das Gefühl habe, dass etwas nicht stimmt oder ich mit etwas unzufrieden bin. Ich darf mich nicht mehr zurücklehnen, andere verurteilen oder beschuldigen oder dir dabei zuschauen, wie du mit deinen eigenen Problemen untergehst. Die Angst, dir oder jemand anderem die Wahrheit zu sagen, weil du vielleicht wütend werden könntest, ist keine Entschuldigung, nichts zu sagen. Und auch kein Maßstab für ein gutes Gespräch.

Ich verzichte auf mein Recht, meine Meinung oder Gedanken herunterzuschlucken. Ich will offener und liebevoller zu dir sein. Es tut mir leid, dass ich dir all das vorgeworfen habe, wie bei einem

Aktenordner, dem man ständig etwas hinzufügt. Ich weiß genau, dass ich dich nicht die Liebe meines Lebens habe sein lassen. Und umso unehrlicher ich dir gegenüber bin, umso weniger hast du die Chance, mein wahres Ich zu lieben.

Bitte hör dir an, was in diesem Brief steht. Ich bin mir bewusst, dass ich dir nicht geholfen habe, als du ein Problem hattest, sondern deinem Leid nur zugeschaut habe. Ich habe mir zwar gewünscht, dass die Dinge anders verlaufen, aber ich habe von meiner Seite aus nichts getan, um etwas zu ändern.

Wir haben schon angefangen, über viele Punkte dieser Liste zu sprechen. Ich weiß, dass auch du eine Liste über mich hast, und ich will sie mir gerne anhören. Diese Liste beendet mein Recht, einfach nur mit dem Finger auf dich zu zeigen, zu schmollen und nicht der beste Freund, Partner, Liebhaber und Kamerad zu sein – alles Rollen, die ich von dir erwarte. Los geht's.

Ich habe das Gefühl, du glaubst, für dich gelten andere Regeln als für die anderen:

Zum Beispiel kann man dein Arbeitszimmer nicht betreten, ohne über irgendwas zu stolpern, aber alle anderen müssen ein ordentliches Zimmer haben. Die anderen sind faule Schweine, die sich um nichts kümmern, du aber nicht.

Unsere schlampige Familie:

Wenn die Kinder den Schinken mit den Fingern essen, ist das auch nicht anders, als wenn du deinen Salat mit den Händen isst. Deine Gewohnheit ist sogar noch schlimmer, weil Schinken tatsächlich Fingerfood ist. Salat aber nicht.

Dein Kleiderschrank ist nur ordentlich, weil unsere Putzfrau sich darum kümmert. Selbst sie regt sich darüber auf, wenn du deine frisch gebügelten T-Shirts auf den Boden pfefferst. Selbst sie sagt (allerdings nicht laut), dass dein Kleiderschrank aussieht wie der von den Kindern. Ja, ich verstehe die Ironie sehr gut: Wir haben eine Putzfrau, die zusammen mit mir über dich meckert.

Unsere merkwürdigen Regeln übers Fluchen:

Du darfst den ganzen Tag fluchen und den Kindern sogar sagen, was für eine Scheiße sie bauen, aber sie dürfen das nicht? Ist das gerecht?

Dein Gemecker:

Du beschwerst dich darüber, dass die Kinder ständig meckern und stöhnen, obwohl du dich ebenfalls über alles beschwerst. Über die Kinder, das Chaos, deinen ehemaligen Geschäftspartner und sogar über unser Hotelzimmer im Paradies (Fiji). Auch wenn das Zimmer hellhörig war, hast du dich selbst dann noch beschwert, nachdem wir das Zimmer gewechselt haben. Habe ich jemals etwas über dein Gemecker gesagt? Nein. Ich habe stattdessen in meinem Kopf über dein Gemecker gemeckert, aber nicht erkannt, wie ähnlich ich dir bin. Du beschwerst dich wenigstens laut.

Manchmal bist du kaltherzig oder gemein:

Die Stimmung kippt häufig, wenn du nach Hause kommst. Die Kinder und ich sind in Alarmbereitschaft. Oft schleichen wir uns vom Abendessen weg. Aber ich verstehe auch, dass meine leidende Märtyrerin es genießt, mit einem schlechten Gefühl vom Tisch aufzustehen und kein Wort zu sagen. Sie schaut dir zu, wie du einen schlechten Vater abgibst, genauso wie es mein Vater auch getan hat.

Wie ich mich fühle, wenn du „Waruuuuuuuuuum?" brüllst:
Wenn irgendetwas passiert (der Hund pinkelt auf den Boden, es gibt einen Kratzer an der Wand, ein Loch im Boden oder eine Delle in meinem Auto), dann geht es immer um MEIN Auto, MEINEN Hund, MEINEN Boden und du willst genau wissen, was da passiert ist. Es fühlt sich aber nicht so an, als würdest du nach dem Warum fragen, sondern eher nach „Wer ist schuld?" oder „Wem kann ich die Schuld geben?".
Vermittle ich dir das? Nein.
Bin ich für das Haus, den Boden, den Hund verantwortlich? Ja. Wenn ich mit dem Finger auf deine Empfindlichkeit deuten und sie als unberechenbar und ungerecht beschreiben kann, muss ich dann einsehen, dass ich dich für Dinge verantwortlich mache, die in meinen Aufgabenbereich fallen, um die ich mich aber nicht ausreichend kümmere? Nein.

Nachdem ich diese ganze Liste geschrieben und einen Schritt davon zurückgetreten bin, kann ich erkennen, dass ich nicht in deinem Team war. Es gab zwei Teams: ich, die Kinder und sogar die Putzfrau – gegen dich.
Ich verspreche dir, John, ab jetzt werde ich mich nicht mehr nur über dein Gemecker beschweren, sondern wirklich etwas dagegen unternehmen. Ich verspreche, dass ich dir sage, wenn mir ein

Punkt von dieser Liste auffällt, und nicht einfach still vor mich hin leide in der Hoffnung, dass dir schon irgendwann auffallen wird, dass du mich verletzt hast, wenn ich nicht „Aua" sage und dich weiterhin mit verkrampftem Lächeln anschaue. Ich werde dich nicht mehr auflaufen lassen und mich und die Kinder als deine Opfer verstehen, obwohl wir selbst Täter sind.

Ein Verbrechen bleibt ein Verbrechen, trotz Maulkorb.

~~Hiebe~~ Liebe für deinen Partner

Der erste Schritt, um eine Beziehung zu reparieren, die du wirklich reparieren willst, ist einen Schritt zurückzutreten und all das ins Auge zu fassen, was ihr fehlt und was wiederhergestellt werden kann. Als ihr die Beziehung begonnen habt, gab es ein echtes Level an Verständnis und Liebe, und es ist wichtig, sich wieder daran zu erinnern. An die Zeit, als ihr euch wirklich kennenlernen wolltet. Es war aufregend, beste Freunde zu werden und alles zu teilen. Ihr seid eine tiefe Verbindung eingegangen und habt daran gearbeitet, damit die Beziehung funktioniert. Aber dann, mit der Zeit, trat das Zuhören und Aufeinander-Achtgeben immer mehr in den Hintergrund.

Das erste Kribbeln hat sich gelegt oder die Beziehung wurde ein bisschen langweilig. Du hast dich weniger reingehängt.

Irgendwann gab es diesen Punkt. Oder?

Vielleicht weißt du sogar, wann du es zum ersten Mal bemerkt hast, aber du erinnerst dich nicht mehr an den Auslöser. Als die Kinder auf die Welt kamen? Als das Geld knapp wurde? Als du Stress auf der Arbeit hattest? Als ein pflegebedürftiger Elternteil bei euch eingezogen ist? Wenn du in deiner Partnerschaft unglücklich bist und eine lange Liste mit dreckiger Wäsche hast, dann ist die Wurzel des Problems wahrscheinlich die, dass der Vertrag, den du mit deinem Partner in den verschiedenen Bereichen eurer Beziehung eingegangen bist (zum Beispiel Kinder, Geld, Sex, Romantik etc.), gebrochen wurde oder sich irgendwie verändert hat. Wir gehen ständig ausgesprochene oder unausgesprochene Verträge ein, die meisten von uns sind sich dessen nur nicht bewusst. Aber es gibt sie.

In jeder guten Beziehung gibt es auch eine geschäftliche Seite. Es gibt Abteilungen, die gut organisiert werden müssen, sonst kann die Beziehung nicht aufblühen. Jedes Paar muss sich die Arbeit teilen und festlegen, wer für Finanzen, Essen, Ferien, Romantik und sogar für die blöden Schulprojekte verantwortlich ist. Leider ist die Arbeit nur selten gleich verteilt. (Aber, Ladies, wollt ihr wirklich, dass euer Partner eure Kinder anzieht?)

Eine Partnerschaft ist nicht nur eine intime Beziehung, sondern auch eine Geschäftspartnerschaft. Es ist wichtig, eine Beziehung auch in diesem Sinne zu führen, weil das Geschäft sonst misslingt. Aber wer soll für welche Abteilung verantwortlich sein? Es ist ein bisschen kompliziert (natürlich nicht!). Schritt eins: Finde heraus, wer in welchem Bereich besser ist, und – voilà – diese Person ist auch dafür verantwortlich! Falls sich schwer herausfinden lässt, wer besser ist, wird der Bereich der Person zugeteilt, die sich am meisten über ihn beschwert.

Auf Donnas Liste haben die meisten Punkte mit Johns Rolle als Vater und seiner Schlampigkeit zu tun. Und auch wenn John glaubt, dass Donna für die Bereiche Kinder und Hausarbeit verantwortlich ist, beschwert er sich ständig darüber, wie Donna ihre Abteilungen führt. Aber will John diese Abteilungen wirklich übernehmen? Sollte er? Er beschwert sich zwar, aber ich glaube, Donna würde ihn niemals zum Manager machen. Und du auch nicht, oder?

Kannst du erkennen, dass Donna ihre Rolle als Manager noch nicht vollständig eingenommen hat?

Aber immer langsam mit den jungen Pferden. Auch als Manager muss Donna nicht alles machen, ein guter Manager kann delegieren. Aber sie muss sichergehen, dass alle Abteilungen unter ihrer Führung gut laufen. Sie muss die Aufgaben von John klar definieren. Doch dafür müsste Donna erst mal ihren Mund aufmachen, mit dem Reden und dem Delegieren anfangen und aufhören, in ihrer Beziehung das Opfer zu spielen. Donna kann nicht Mutter-weiß-Alles, Manager und unzufriedener Mitarbeiter zugleich sein. Ihre Firma (Kinder und Ehe) kann sich sonst nicht entfalten.

Diese ganze Situation erinnert stark an die „Firmen", in denen Donna und John aufgewachsen sind. Und solange Donna nicht lernt, mit ihren authentischen Gefühlen und Meinungen über John umzugehen und sie auch auszusprechen, bleibt sie in einem Fegefeuer gefangen, das tief in ihrem Magen brodelt. Wortwörtlich.

Nachdem Donna John ihre Liste vorgelesen hatte, haben sie ausgemacht, sich sechs Monate lang jeden Sonntag zusammenzusetzen.

Während dieser Treffen gingen sie jeden Punkt auf ihren Listen durch und besprachen die anstehenden Probleme. Am Anfang dauerten diese Treffen zwei Stunden (es gab VIEL zu besprechen). Sie sprachen über ihren Vertrag, teilten die Bereiche ihrer Ehe neu auf und entwickelten Versprechen und Konsequenzen für die ganze Familie, auch die Kinder.

Wenn ich einem Paar helfe, ihren Vertrag neu zu verhandeln, dann achte ich darauf, dass sie keine Schlupflöcher lassen, damit es in 5, 10 oder 20 Jahren keine Möglichkeit gibt, den Vertrag zu brechen, zu ändern oder sogar ihn ganz fallen zu lassen. Je besser du die Übereinkünfte zwischen dir und deinem Partner verstehst, desto schneller verstehst du, wenn etwas schiefgeht oder die Beziehung zu zerbrechen droht. Ich habe herausgefunden, dass jede Beziehung repariert werden kann, solange die Partnerschaft auf einer soliden Basis aus Liebe, dem Wunsch nach einer gemeinsamen Zukunft und der Bereitschaft besteht, daran zu arbeiten.

Donna und John arbeiten daran.

Wenn die Punkte auf der Liste, an die du dich so lange festgeklammert hast, abgearbeitet sind, kann deine Beziehung wirklich außergewöhnlich werden. Es gibt immer eine konkrete Anzahl an Punkten, die repariert werden muss, und bei den meisten klappt das auch! Es gibt wirklich ein „Und sie lebten glücklich bis an ihr Lebensende". Aber nur, wenn du realisiert, dass deine Beziehung wichtiger ist als deine individuelle Perspektive.

Darin liegt die wahre Definition von „Gemeinschaft".

Unter der Kapuze

Und jetzt verdau das erst mal *(Hier geht's lang #12)*!

Was, wenn du dir genau das aussuchst, was du in deinem Leben noch nicht verarbeitet hast? Mit anderen Worten: Du gehst eine Partnerschaft mit einer Person ein, die auf derselben Entwicklungsstufe ist wie du. Keiner von euch, so sehr ihr das auch glauben wollt, ist besser als der andere. Ein Ei gleicht dem anderen.

Manche von uns suchen sich unterbewusst sogar Partner aus, die noch mehr verdrängen, damit wir uns hinter ihrem Verhalten verstecken können und uns nicht mit unserem eigenen auseinandersetzen müssen. Und auch wenn wir glauben, dass wir uns von unserem alten Apfelbaum aus Kapitel fünf entfernt haben (du weißt schon, die Familie und so) und unsere eigene Apfelsorte züchten, bin ich sicher, dass all unsere Wege zurück zu unserer Familiengeschichte und zu unserem alten Apfelbaum führen.

Genau. Zurück zu genau diesem Apfelbaum.

Es ist selten Zufall, wie oder warum du dir eine bestimmte Person ausgesucht hast. Die einzige Überraschung ist, wie wenig wir unsere Herkunft und unsere Muster analysiert haben.

Da wir gerade vom Aussehen sprechen, schauen wir uns doch mal die Liste an, die Katie über ihren Ex-Mann Shaun geschrieben hat. Ich habe Katie gebeten, eine Liste zu machen, inwiefern sie und Shaun sich ähnlich sind – wie ein Ei dem anderen.

Klar war Katie begeistert von dieser Liste, wie du dir sicher vorstellen kannst.

KATIES UND SHAUNS ÄHNLICHKEITEN

- Wir sind beide in einem katholischen Elternhaus aufgewachsen und das Jüngste von vier Kindern.
- Wir sind beide intelligent, kreativ und arbeiten beim Film.
- Wir sind beide arrogant und wütend auf die Welt. Er trägt seine Wut nach außen, während ich meine verstecke.
- Wir haben durch die Ehe beide eine Staatsbürgerschaft gewonnen, ich die irische, er die amerikanische.
- Wir hatten beide ein Geheimnis, als wir geheiratet haben. Er war sich unsicher wegen seiner sexuellen Präferenz, hat das aber versteckt. Ich war nicht in ihn verliebt und wollte ihn nicht heiraten.
- Wir haben beide unsere Väter geheiratet. Mein Vater ist arrogant und trägt seine Wut gerne nach außen. Und Shauns Vater wählte Alkohol als Fluchtmethode und ist für lange Zeit darin abgetaucht, so wie ich.
- Wir haben beide die Ehe unserer Eltern wiederholt. Die Ehe meiner Eltern wirkte auf mich wie eine geschäftliche Übereinkunft, aus der beide Parteien versuchten, das Beste zu machen. Die Ehe seiner Eltern war gewalttätig, voller Wut und Streit, so wie unsere.

Krass, oder?

Kannst du erkennen, dass Katie und Shaun, ohne es zu merken, in die Fußstapfen ihrer Eltern getreten sind? Shaun wählte Katie, eine traurige Geheimniskrämerin, die ihre Gefühle herunterschluckte und sie in Alkohol und Essen erstickte, genau wie sein Vater. Und Katie durchlebte noch einmal die Situation ihrer Mutter, einer traurigen Frau, die in einer Partnerschaft mit einem Mann lebte, den sie nicht liebte. Mit Shaun konnte Katie weiterhin das Opfer ihres eigenen Lebens sein, genau wie sie das bei ihrer Mutter erlebt hatte. Das Opfer von Shauns Narzissmus und Arroganz. Katie hatte eine Entschuldigung, weiterhin zu lügen, sich zu verstecken, zu essen und zu trinken. Sie konnte ja Shaun die Schuld dafür geben.

Ich meine, wer passt besser zu jemandem, der es allen recht machen will, als ein Narzisst?

Wenn Katie nur mit dem Finger auf Shauns Lügen zeigte, musste sie ihre eigenen nicht sehen. Wenn sie nur auf Shauns Wut zeigte, musste sie sich mit ihrer eigenen nicht auseinandersetzen. Wenn sie nur auf seine Geheimnistuerei zeigte, konnte sie ignorieren, dass sie ihn ausgesucht hatte, um sich hinter seinem Verhalten verstecken zu können.

Nachdem Katie die Ähnlichkeiten zwischen sich und Shaun erkannte, konnte sie Mitgefühl für sich und für Shaun empfinden. Sie konnte ehrlich sein und sich entschuldigen. Sie konnte sogar verstehen, wieso sie Shaun geheiratet hatte. Und als sie begann, mit ihrem Ex Gespräche über all diese Dinge zu führen, konnte sie sich selbst heilen und sich und Shaun befreien.

Diese E-Mail hat Katie an Shaun geschrieben, nachdem sie versucht hatte, sich ihm persönlich zu öffnen, er mit der Situation aber nicht umgehen konnte und das Gespräch abgebrochen hatte.

Lieber Shaun,

es gibt so viele Dinge, über die ich mit dir reden, für die ich mich entschuldigen will. Wir waren bisher nicht in der Lage, uns persönlich zu treffen, ohne dass das Gespräch eine ungute Wendung genommen hat, und deshalb habe ich entschieden, dir eine E-Mail zu schreiben, um dir zu erzählen, was mit mir los ist, wie ich mich fühle und was ich dir sagen will.

In den letzten sechs Monaten habe ich mich und mein Leben genau betrachtet. Ich verstehe langsam, wer ich in den letzten 35 Jahren gewesen bin. Ich habe viele Dinge getan, auf die ich nicht stolz bin. Dazu zählt auch die Art, wie ich dich behandelt habe. In meinem ganzen Leben war ich nicht ehrlich und habe Menschen die Wahrheit über mich verschwiegen. Diese Person will ich nicht mehr sein. Ich will mich nicht mehr vor der Welt verstecken. Ich will ehrlich, echt und wahrhaftig sein.

Und deshalb teile ich mein wahres Ich mit all den Menschen, die ich kenne. Ich beichte alle Lügen, die ich in meinem Leben erzählt, und alle Geheimnisse, die ich vor anderen verborgen habe. Während der letzten elf Jahre warst du einer der wichtigsten Menschen in meinem Leben und ich will mich für mein Verhalten und die Person entschuldigen, die ich war, als wir noch zusammen waren. Ich möchte beichten.

Es tut mir wirklich leid, dass ich dich während unserer Ehe und während des Scheidungsprozesses verletzt habe. Es tut mir leid, dass ich mich in den letzten Jahren dir gegenüber kalt und dis-

tanziert verhalten habe. Du hast so oft versucht, meine wahren Gefühle herauszufinden, aber ich war nicht bereit. Ich wünschte, ich wäre es gewesen. Es hätte so vieles verändert. Es tut mir leid, falls ich dir das Gefühl gegeben habe, nicht geliebt worden zu sein. Du hast so viel Liebe in dir und ich habe das ignoriert.

Die zwei Jahre seit unserer Trennung waren nicht einfach für uns. Ich habe deine Perspektive nicht berücksichtigt. Ich habe nur meine Seite gesehen. Ich war egoistisch. Ich habe nicht darüber nachgedacht oder mich darum gekümmert, was du durchgemacht hast. Es ging immer nur um mich. Es tut mir leid, dass ich gemeine und verletzende Sachen gesagt habe. Du kennst mich besser als jeder andere, und wenn ich verletzt bin, dann schlage ich zurück oder sage gar nichts mehr. Und das habe ich getan. Es tut mir leid.

Unsere Ehe war eine ziemliche Achterbahnfahrt, aber egal was zwischen uns passiert ist, wir waren immer Freunde. Und so soll es bleiben.

Als Erstes möchte ich, dass du weißt, dass du mir wirklich wichtig bist und ich immer nur das Beste für dich wollte. Aber wenn ich vor zehn Jahren wirklich ehrlich gewesen wäre, hätten wir nicht geheiratet. Ich hatte Angst, dir die Wahrheit zu sagen. Ich habe eigentlich immer Angst, jemandem die Wahrheit zu sagen. Ich halte mich zurück und sage nichts. Und ich weiß, dass du das auch weißt. Ich wusste nicht, wie ich dir sagen sollte, dass ich nicht wirklich in dich verliebt war. Ich wollte dich nicht verletzen. Es gab zwar eine Liebe, eine Freundschaft, Spaß und ein gemeinsames

Ziel, aber du hast trotzdem nicht die Wahrheit darüber gesagt, wovor du Angst hattest, und ich habe nicht die Wahrheit gesagt, wovor ich Angst hatte. Gemeinsam haben wir eine Fassade errichtet, genau wie unsere Eltern. Und anstatt zu versuchen, das zu verstehen, habe ich einfach dich für alles verantwortlich gemacht. Als du angefangen hast, zu deiner Sexualität zu stehen, konnte ich alle Probleme einfach auf dich schieben, und das war unehrlich. Ich weiß, dass du mich geliebt hast, aber wir haben niemals über Sexualität gesprochen oder die Tatsache, dass du deine Green Card erhalten hast und ich meine irische Staatsbürgerschaft bekommen habe oder darüber, dass mein Herz und meine Gedanken die meiste Zeit woanders waren.

Als du damals an Thanksgiving aus London nach Los Angeles geflogen bist, um mir einen Antrag zu machen, war ich baff. Du hattest hin und wieder erwähnt, dass du dir eine gemeinsame Zukunft vorstellen könntest, aber ich hatte keine Ahnung, dass du mir einen Heiratsantrag machen wolltest. Und ich war wütend auf dich, weil du mich überrascht und mich vor 50 anderen Leuten gefragt hast. Ich hatte das Gefühl, dass du es deshalb öffentlich gemacht hast, damit ich nicht Nein sagen konnte. Ich habe niemals über deine Perspektive nachgedacht. Es war sehr romantisch, nach Los Angeles zu fliegen, eine Party zu planen und mich zu überraschen. Aber ich habe es immer nur als deinen Plan gesehen, mich zum Ja zu zwingen. Und ich habe Ja gesagt. Ich wollte deine Gefühle nicht verletzen oder dich bloßstellen oder mich unwohl fühlen oder ehrlich zu dir sein.

Selbst nachdem ich die Hochzeit in Maryland abgesagt habe und wir wieder „nur" zusammen waren, habe ich immer noch versucht herauszufinden, was ich tun wollte. Ich wollte nicht wirklich heiraten. Meine Karriere war für mich das Wichtigste und ich wusste, dass du das auch weißt. Aber in Vegas habe ich trotzdem eingewilligt, dich zu heiraten.

Sechs Monate vor unserer Hochzeit habe ich dich betrogen. Ich habe mit einem Typen geschlafen, der mir total egal war. Du warst in London. Wir hatten uns am Telefon über die Hochzeit und unsere gemeinsame Zukunft gestritten. Ich fühlte mich unter Druck gesetzt, die Hochzeit zu planen, in die ich eingewilligt hatte. Ich ging in eine Bar und dieser Typ setzte sich neben mich. Ich gab dir die Schuld dafür, dass ich dich betrogen habe. Unsere Hochzeit begann mit einer Lüge, die viel Schaden angerichtet hat. Aber wenn zwei Menschen heiraten, dann sollten sie ehrlich zueinander sein. Das waren wir nicht. Jedenfalls ich nicht.

Ich habe noch mehr vor dir versteckt. Zum Beispiel hatte ich an unserem Hochzeitstag einen Zusammenbruch. Wir hatten uns im Casino gestritten (bevor wir die Hochzeitsurkunde geholt haben), ich bin in mein Zimmer gegangen und zusammengebrochen. Ich wollte nicht heiraten. Ich wusste, dass es nicht funktionieren würde. Ich wusste, dass wir Kommunikationsprobleme hatten. Ich wusste, dass ich nicht in dich verliebt war. Nach ein paar Stunden habe ich mich beruhigt und trotzdem geheiratet.

Nichts davon war fair dir gegenüber.

Wenn ich ehrlich zu dir gewesen wäre, hätten wir uns vielleicht nicht all diese Schmerzen zufügen müssen. All die Dinge, die ich dir angetan habe, tun mir wirklich sehr leid, Shaun. Jetzt kann ich mich als die Person sehen, die ich bin, und ich möchte am liebsten weinen, weil ich mich nie verstanden gefühlt habe und nie den Schaden sehen konnte, den ich der Beziehung zugefügt habe. Ich dachte, die Wahrheit wäre nicht wichtig. Ich habe nicht als ganze Person gelebt und die Wahrheit nicht respektiert. Und ich weiß, dass vieles davon (und unsere familiären Hintergründe) zu unserer problematischen Beziehung geführt hat. Es tut mir leid, wie ich dich behandelt habe, und bitte um Entschuldigung für die Schmerzen, die ich dir zugefügt habe. Ich bitte um Entschuldigung für alles, was ich gesagt, getan, versteckt, erzwungen und zerstört habe, und für jede Verletzung, die ich dir zugefügt habe.

Jetzt kannst du entscheiden, ob du mir vergeben willst oder nicht, aber ich kann endlich meinen Anteil erkennen und es tut mir sehr leid, dass ich dich für alles verantwortlich gemacht habe. Das war nicht gerecht.

In Liebe,
Katie

Nachdem Katie verstehen konnte, dass sie nicht das Opfer ihrer Ehe war, änderte sich ihre Sichtweise. Sie konnte ihre Macht zurückgewinnen. Sie konnte sogar zugeben, dass sie von Anfang an vermutet hatte, dass Shaun in Bezug auf seine Sexualität gelogen hatte. Bei ihrem zweiten Date fragte ihn Katie, ob er bisexuell sei. Er verneinte und sie glaubte ihm.

Aber schau dir noch mal das Kleingedruckte im Handbuch der Anonymen Lügner an. Kann jemand, der selbst aktiv entscheidet, wer etwas wissen darf und wer nicht, jemals einen anderen Lügner entlarven? Antwort: Nein.

Katie konnte verstehen, wie sie Shaun benutzt hatte und dass sie nun die Wahl hatte, entweder ihre Stimme zu finden und endlich laut auszusprechen, was sie dachte, oder eben nicht. Katie brauchte sehr lange, um sich der endgültigen Wahrheit über ihre und Shauns Beziehung zu stellen. Selbst nachdem Katie stark abgenommen, jede Aufgabe in diesem Buch hinter sich gebracht und endlich das Selbstbewusstsein hatte, das zu ihrem Aussehen passte, wollte sie nur noch „Mr. Samstagabend". Ein Typ, der seine Aufgabe am Samstagabend erfüllte, vielleicht noch mal an einem Dienstag im Monat, der aber auf keinen Fall Streicheleinheiten oder eine Beziehung wollte.

Jedes Mal, wenn Katie der Meinung war, sie hatte jemanden gefunden, der auf diese Beschreibung passte, sah sie sich bei allen (drei) mit Erektionsstörungen konfrontiert, auch wenn sie alle schworen, dass so etwas noch nie vorher vorgekommen sei.

Mittlerweile weißt du, was ich von Zufällen halte.

Selbst Katie konnte nicht anders, als lächelnd zugeben, dass es wahrscheinlich an ihr lag. Dass sie und ich wahrscheinlich etwas übersehen hatten, da der Weg, auf dem sie sich gerade befand, im Nichts endete. Wenn irgendwas da oben Katie nicht hat davonkommen lassen, dann nenne ich das den göttlichen Geist. Du darfst das gerne anders nennen. Auf keinen Fall schien es mit „Samstagabend" zu klappen.

Nach drei Pleiten telefonierten wir und sprachen über ihr Liebesleben. Es war nicht das erste Mal, dass wir dieses Gespräch führten. Aber es war das erste Mal, dass sie wirklich darüber nachdachte. Und nachdem sie alle Punkte verbunden hatte und schließlich zu einem Ergebnis kam, brach ihre Stimme und sie sagte ganz leise: „Oh Gott. Ich wollte es niemals wahrhaben. Aber so muss es wohl sein. Ich glaube, ich bin lesbisch." Und schlagartig wurde aus ihrer Angst pure Freude. Und dann wieder Angst. Und dann wieder pure Freude.

Ein paar Tage nach diesem Gespräch aßen Katie und ich gemeinsam zu Abend. Sie war ein neuer Mensch. Sie wirkte befreiter, leichter und entspannter. Zum ersten Mal schien sie sich wohl in ihrer Haut zu fühlen.

Die Elternfalle

Egal ob du sie liebst, sie nicht ausstehen kannst, bei ihnen lebst oder tausend Kilometer von ihnen entfernt bist oder ob sie bereits verstorben sind, du stammst von ihnen ab und du bist Teil deiner Beziehung zu ihnen. Und solange du dich nicht mit dieser Beziehung auseinandersetzt, ob sie nun gut, schlecht oder ganz schlecht ist/war, kommst du nicht aus deiner Ausgangssituation oder deiner Reaktionsstimmung raus, in der du dich befindest, wenn es um die Gestaltung deiner Traumpartnerschaft geht.

Es gibt viele Dinge, die wir über unsere Familie denken, über die wir aber mit niemandem sprechen, nicht einmal mit unseren Eltern. In der Elternbrief-Aufgabe wirst du die Möglichkeit bekommen, deinen Eltern die Wahrheit über deine Kindheit mitzuteilen. Du kannst beschreiben, wie dich diese Erfahrungen geformt haben und wie du sie interpretiert hast. Du kannst eine Zeitreise machen, deine Kindheit besuchen und dich an die Momente erinnern, in denen du dich von deinen Eltern ungeliebt, ausgegrenzt oder allein gelassen gefühlt hast. Der Brief ist ein wichtiger Schritt, um fundamentale Fehleinschätzungen über deinen Charakter zu beseitigen.

Es gibt in deinen Erinnerungen Momente mit deinen Eltern, die der Wahrheit nicht entsprechen. Mit dieser Aufgabe kannst du die Wahrheit herausfinden. Du kannst endlich genauer hinhören und hinsehen. Für manche von euch könnte die Sache, für die du deine Eltern bestrafst, genau das Fegefeuer sein, in dem du gegenwärtig lebst. Die Verbindung zwischen unserm Selbsthass und dem Hass gegenüber unseren Eltern ist enger, als wir glauben. Wir müssen sie verstehen, um unsere Träume zu verwirklichen und ein gutes Leben zu leben.

Falls wir die Eigenschaft ablegen könnten, die uns davon überzeugt, unsere Eltern seien der Weg ins Gelobte Land, könnten wir dann nicht endlich die Verantwortung für das übernehmen, was vor uns kam und mit uns als neues Upgrade kommen wird?

Und wäre es nicht besser, wenn wir glauben könnten (selbst die Zyniker unter uns), dass wir nicht prädestiniert sind, an dem zu scheitern, was uns mitgegeben wurde, genauer gesagt das Betriebssystem unserer Eltern (siehe Kapitel eins bis acht)?

Ich bitte dich erneut, einen guten Anwalt zu engagieren, nicht nur für dein höheres Selbst, sondern auch für deine Eltern.

Mir ist klar, dass manche eurer Eltern wirklich schlimme Dinge gesagt und getan haben. Dieser Brief ist der Start, deine Familiengeschichte umzuschreiben und eure Beziehung zu heilen. In diesem Brief kannst du endlich alles sagen, was zu deinen beiden Elternteilen schon immer sagen wolltest. Es ist das Ende deiner und ihrer Doppelgesichtigkeit. Jeder Elternbrief ist anders. Jeder ist wichtig. Jeder bedeutet eine Möglichkeit, neu zu verkabeln, was schon lange falsch gekabelt war, und zu wachsen, direkt vor deinen Augen. In diesem Brief gibt es vier Hauptphasen. Jede Phase bedeutet Korrekturen und Umschreibungen und, falls du mit einem Psychologen oder Coach arbeitest, viele Gespräche mit ihnen.

Phase eins ist die Chance, all das loszuwerden, was du von deinen Eltern denkst.[22] Du kannst alles sagen, fragen oder erzählen, das du bis zu diesem Moment aus Angst verschwiegen hast. Alles, was dich verletzt, wütend oder traurig gemacht hat, das du nicht verzeihen oder verstehen kannst. Dies ist deine Möglichkeit, jeden Gedanken aufzuschreiben, den du jemals über sie gedacht hast.

Hier geht's lang #3 und #5: Mach dir nicht so viele Sorgen und fang an. Sie werden den Entwurf aus Phase eins niemals zu Gesicht bekommen. Diese Version dient dazu, dass du alles loswerden kannst, was dir in Kopf, Herz oder Magen (falls du Donnas Strukturen hast) herumspukt.

---

22) *Auch wenn diese Briefe in erster Linie für Eltern gedacht sind, so können sie auch an Geschwister, Nachwuchs, beste Freunde etc. verfasst werden. An alle, die dir wichtig genug sind, dass du mit ihnen ein Problem entwickeln konntest.*

In Phase zwei gehst du durch alle Ungereimtheiten in deinem Brief. Du nimmst die Rolle eines Journalisten ein und checkst die Fakten. Nach deiner Säuberung in Phase eins hast du in deiner Geschichte sicherlich ein paar Löcher.

Du musst herausfinden, was du noch nicht weißt. Du wirst all die Dinge beachten müssen, die du in diesem Buch schon gelernt hast, und verstehen, dass du schon immer mehr Probleme deiner Eltern mit dir herumgetragen hast, als dir bewusst war. Dies ist deine Chance, deine versteckte Wahrheit aufzudecken.

In Phase drei findest du heraus, welche echten Fragen du hast, und führst Gespräche, um den Fragen auf den Grund zu gehen. Du kannst deine eigene Version aufrollen und alle Punkte verbinden. Du kannst die Perspektive deiner Geschwister, Tanten, Onkel etc. kennenlernen, aber du solltest im Hinterkopf behalten, dass jeder von ihnen seine eigene Wahrheit hat. Dein höheres Selbst und dein Journalist müssen jetzt ein Team bilden und all das herausfinden, was du nicht weißt. Sobald du einen Hinweis hast, kannst du analysieren, was dich wirklich ärgert, und es gerecht nacherzählen.

In Phase vier verscheuchst du die Taube aus dem Bus und schreibst schließlich den Brief. Es hilft dir zu verstehen, dass das Sprichwort „Gleich und gleich gesellt sich gern" auch hier anwendbar ist, selbst wenn deine Eltern wirklich schlimme Dinge getan haben. Du kannst erkennen, wie ungerecht und lieblos du dich ihnen gegenüber verhalten hast, ohne die ganze Wahrheit zu kennen.

Dieser Prozess ist letztendlich ein Lichtblick für die Zukunft. Die neue Generation wird dafür verantwortlich sein, eine gesunde Beziehung mit ihren Eltern aufzubauen, die auf Liebe und Ehrlichkeit basiert.

Bis jetzt haben viele von euch in einem apokalyptischen Szenario gelebt, dass euch eure Eltern nicht vergeben oder sich entschuldigen werden. Dieser Prozess ist so machtvoll und tief, dass er dir ein für alle Mal aufzeigen wird, wie dominierend deine Glaubenssätze waren. Wenn du bereit bist, dich einzubringen, dann wird dich dieser Prozess zu einem neuen, erwachseneren Zustand führen, indem du aufwachst und die Verantwortung für deine Glaubenssätze bezüglich deiner Familie übernimmst.

Es gibt eine Netflix-Dokumentation namens My Own Man, produziert von Edward Norton und verfasst und umgesetzt von David Sampliner, einem meiner Klienten. In ihr geht es um einen Brief an den Vater. Sampliner reiste mit dem Film durchs Land und brachte Schülern die Macht der Vergebung und Akzeptanz bei.

Diejenigen, die tragischerweise einen oder beide Elternteile verloren haben und glauben, dass dieses Kapitel deshalb nicht an sie gerichtet ist, lasst euch gesagt sein: Es ist auch für euch.

Wenn wir nach dem Tod unserer Eltern von ihnen befreit wären, dann hätte ich deutlich kürzere Gespräche mit Klienten. Eltern, die schon lange tot sind, oder biologische Eltern, die wir nicht kennen, sie alle sind wichtig. Wir können sie spüren.

Unsere Eltern sind immer bei uns.

Erwachsen werden mit Stift

Es wird wieder Zeit für die anderen. Das Letzte, was meine Klienten tun wollen, egal ob sie nun 21 oder 61 sind, ist über Geheimnisse zu sprechen, schon gar nicht mit ihren Eltern. Vielleicht läuft es gerade gut mit ihnen oder zumindest gut genug oder besser als je zuvor. Vielleicht war die Beziehung immer gut und du siehst kein Problem, über negative Erfahrungen hinwegzusehen, die vor langer Zeit passiert sind und die du schon vergeben hast.

Vergeben und vergessen.

Viele von euch haben schon eine ganze Menge Arbeit geleistet und sind mit ganzem Herzen der Auffassung, dass ihre Eltern das Beste getan haben, was sie konnten. Das glaubst du wirklich. Aber: Bedeutet der Glaube daran, dass unsere Eltern „das Beste getan haben, was sie konnten", wirklich Vergebung oder gibst du ihnen nur eine „Verlasse das Gefängnis"-Karte wie bei Monopoly? Und schreibst du dir damit nicht eine „Verlasse eine wahrscheinlich sehr unangenehme und verletzende Konversation mit deinen Eltern"- Entschuldigung?

Die Zeit zurückzudrehen und dich weiterzuentwickeln gehört zum Erwachsenwerden dazu. Deine Eltern und du können eure Lebensgeschichten auf denselben Nenner bringen, so gut es eben geht. Nicht als Hin und Her gegenseitiger Vorwürfe, sondern verantwortungsbewusst, voller Akzeptanz und Vergebung.

Für diesen Brief an deine Eltern gibt es allerdings eine Ausnahme: Ein Elternteil ist emotional instabil. Kannst du in diesem Fall normale Standards heranziehen? Nein. Falls du gewisse Dinge mit deinen

Eltern nicht ansprechen kannst (oder es schon versucht hast und nur auf taube Ohren gestoßen bist), klopfe dir trotzdem auf dir Schulter, weil du es versucht hast.

Allein diese Tatsache macht dich schon zum Helden: in deinen Augen und den Augen deiner Kinder und deren Kinder.

Du lebst die Veränderung, die du in anderen sehen willst.

Dies ist der Weg, aus dem sich immer wiederholenden Leben. Dies ist die Fernbedienung, die dir den Zugang zu der Play-Taste deines Lebens gibt. Diese Taste existiert nicht, wenn du weiterhin sauer auf deine Eltern bist und ihnen nicht vergeben kannst.

Sonst gibt es nur Wiederholungen.

Schauen wir uns einmal Stephanies Brief an einen Elternteil an. Diese leicht verkürzte Version klingt auch nach vielen Versionen perfekt imperfekt, ganz nach Stephanie. Die Autorin ist ebenso kalt und verurteilend wie ihre Mutter. Sie muss sich in der Beziehung mit ihren Eltern viel mehr entschuldigen und viel mehr Verantwortung übernehmen als jemand mit einer traurigeren Kindheit. Denke daran, dieser Prozess des Schreibens und Umschreibens ist ein wichtiger Teil der Aufgabe.

Schauen wir uns mal Stephanies Brief an ihre Mutter an.

Zugegeben, er ist lang. Aber er ist es wert, sehr oft gelesen zu werden. Wenn du dein Balg zum Schweigen bringen musst, das wegen einer langen Lektüre mit den Augen rollt, tu es bitte. Wir alle wissen, dass es viel lieber Zeit auf Facebook (hüstel, hüstel) verbringt.

Liebe Mama,

ich schreibe dir diesen Brief, um unsere gemeinsame Geschichte zu heilen. Dieser Brief ist eine Chance für mich, Verantwortung für mein Verhalten, meine Angst und mein fehlendes Mitgefühl zu übernehmen und mich fürsorglicher, liebenswerter und verständlicher dir gegenüber zu verhalten. Dies ist meine Art, endlich erwachsen zu werden und die ständige Anspannung abzulegen, die ich schon immer in deiner Gegenwart gespürt habe und von der ich weiß, dass auch du sie bemerkt hast.

Ich weiß, dass du schon immer eine bessere Beziehung mit mir wolltest und ich sie nie zugelassen habe. Das tut mir leid. In diesem Brief muss ich dafür Verantwortung übernehmen, ehrlich sein und mich dafür entschuldigen, ihn nicht früher geschrieben zu haben. Es ist höchste Zeit. Umso mehr ich an mir selbst arbeite, umso mehr verstehe ich dich und kann dich und deine Liebe für mich erkennen. Und ich will meine Liebe nicht länger zurückhalten. Einmal bist du im Krankenhaus zusammengebrochen und ich habe dich aufgefangen. Du hast mir direkt in die Augen gesehen, und auch wenn du nicht mehr in der Lage warst, deinen eigenen Körper aufrecht zu halten, so warst du dir doch (glaube ich) vollständig deiner selbst bewusst. Keiner von uns beiden wusste, ob es jetzt das Ende ist, und in diesem Moment habe ich dich wirklich erkannt.

Ich habe deine Liebe und deine Verletzlichkeit gesehen und werde diesen Moment nie vergessen. Ich will, dass du wie an jenem Tag meine Liebe jeden Tag so spüren kannst. Ich glaube – auch wenn du unglaublich stark und beeindruckend warst –, dass ich dich durch meinen Willen am Leben gehalten habe, damit ich dir diesen Brief schreiben kann. Und du Liebe fühlen kannst.

Um die Beziehung mit dir zu schaffen, die ich mir wünsche, muss ich in diesem Brief beginnen, dir gegenüber zu hundert Prozent ehrlich und offen zu sein. In diesem Brief werde ich für all die Momente, in denen ich dich verurteilt habe, Verantwortung übernehmen und bei dir um Verzeihung bitten, und ich werde auch anerkennen, für was ich dir dankbar bin.

Nichts in diesem Brief soll dich verletzen. Ich gebe dir keine Schuld. Dieser Brief soll meinem Recht ein Ende setzen, dich für meine eigene Kaltherzigkeit und meine Angst vor Intimität verantwortlich zu machen.

Zuerst will ich die Dinge aufzählen, für die ich dich verurteile. Ich habe mich nie mit dir hingesetzt, um eine Lösung für sie zu finden, das war herzlos und ungerecht. Ich habe mich zurückgelehnt und ein Urteil abgegeben, ohne etwas zu sagen. Das tut mir leid und ich übernehme hiermit die volle Verantwortung.

Ich habe dich dafür verurteilt,

1. Papa zu verurteilen.
Als ich jünger war, und manchmal sogar noch heute, habe ich dich dafür verurteilt, dass du Papa verurteilt und von oben herab behandelt hast. Ich verstehe heute, dass Papa nicht unschuldig daran ist und dass ich kein Experte in Sachen Ehe und Beziehungen

bin. *Aber im Laufe meines Lebens habe ich dir kaltherzig dabei zugeschaut, wie du mit den Augen gerollt, das Gesicht verzogen, ihn mit Worten und Gemecker niedergemacht und ihn sowohl privat als auch öffentlich verhöhnt hast.*

Du hast ihn dumm und fett genannt, hast seine Versuche, Diät zu halten, ignoriert und ihn angemeckert, anstatt ihn zu unterstützen. Ich habe mir selbst gesagt, wie schwer es ist, sich das anzuschauen. Aber jetzt habe ich verstanden, dass ich dich zum alleinigen Sündenbock machen konnte, um mich nicht mit meinem Verhalten auseinandersetzen zu müssen. Ich verhalte mich genauso und es ist mir bis vor Kurzem nicht einmal aufgefallen!

Ich kann außerdem erkennen, dass ich im Laufe meines Lebens Beziehungen mit Männern geführt habe, bei denen klar war, dass sie mich enttäuschen würden, so wie Papa dich enttäuscht hat. So konnte ich in meinem Kopf genau dieselben Aussagen über sie treffen wie meine Mutter, wie unfähig, wie blind, wie abwesend sie doch waren. Ich will Verantwortung dafür übernehmen, dass ich dich für diese Dinge verurteilt und mich dabei als das „Opfer" präsentiert habe. Ich habe in genau der gleichen Geschichte gelebt und jetzt, da ich an meinem Leben arbeite, kann ich erkennen, wie diese Glaubenssätze mein Leben geformt haben.

2. in der Beziehung geblieben zu sein.

Ich habe dich und Papa verurteilt, weil ihr euch nicht habt scheiden lassen. Ich habe mir zusammengereimt, dass ihr beide davon besessen wart, für die Nachbarn gut auszusehen. Ihr seid wegen des Geldes, der Außenwirkung und der anderen zusammengeblieben, was in meinen Augen die falschen Gründe sind. Ich erinnere mich an Situationen, in denen wir zusammen etwas unternommen haben und ich das Gefühl hatte, dass wir eine tief verbundene Familie waren. Aber sobald wir wieder im Auto saßen, herrschte plötzlich eine aggressive Atmosphäre. Einer von euch fing an zu erzählen, wie wütend er wegen irgendwas war, obwohl er so etwas in der Öffentlichkeit niemals sagen würde.

Sich jedes Mal fragen zu müssen, ob so etwas wieder passiert, war einfach schrecklich. Es tut mir leid für all die Dinge, die ich dieser Wut hinzugefügt habe. Ich kann erkennen, dass ich ebenfalls dafür verantwortlich war, mich aber immer als das Opfer gesehen habe, euch verurteilt habe und wütend auf euch war.

Lange habe ich ein Leben geführt, das darauf ausgerichtet war, in der Öffentlichkeit gut auszusehen und attraktiv nach außen zu wirken. Ich schäme mich dafür, wie oft ich mich privat schlecht verhalten habe. Das passt nicht zu meinem Leben und hat mich krank gemacht. In den letzten Jahren habe ich so viel gelernt und mein Leben neu gestaltet, damit ich stolz auf die Person sein kann, die ich bin, voller Freundlichkeit und Ehrlichkeit, ein Mensch, der auf sein Herz hört und endlich damit aufhören kann, das Opfer zu spielen, während im Hintergrund die Geigen säuseln.

3. nicht liebevoll und gut genug zu sein.

Ich habe dich dafür verurteilt, Papas Aufmerksamkeit nicht verdient zu haben. Du warst für mich die Schuldige, weil du ihn nicht genug geliebt oder den Hausfrieden gestört hast. Ich weiß, dass ich keinerlei Mitgefühl für dich hatte und dir die Schuld gegeben habe, wenn du nach Aufmerksamkeit gesucht hast. Und später war ich mit Männern zusammen, die ihre Liebe nicht offen zeigen konnten, so wie du es mit Papa nicht konntest.

Mit diesem Brief und dieser Beichte will ich mit diesem Muster brechen. Ich habe für dieses Verhalten, immer vage zu bleiben und in der Liebe nur zu nehmen, niemals mit irgendetwas zufrieden zu sein, nur dich verantwortlich gemacht. Jetzt verstehe ich, dass ich genau das Gleiche tue. Ich suche mir entweder Männer aus, mit denen ich nicht zufrieden sein kann und die ich dafür verurteile, oder Männer, die sich mir gegenüber so verhalten.

4 Aufmerksamkeit zu suchen.

Ich habe dich dafür verurteilt, dass du immer nach Aufmerksamkeit gesucht hast. Dieser Punkt nimmt viel Raum ein. Ich kann mich an Situationen, sowohl im familiären Kreis als auch in der Öffentlichkeit, erinnern, in denen ich dir ungerührt dabei zugeschaut habe, wie du Mahlzeiten unterbrochen hast (so habe ich es empfunden), um auf ein Gericht hinzuweisen, oder dich irgendwie in das Gespräch gedrängt hast (dito). Das tut mir leid.

An mir ist mir das gleiche Verhalten aufgefallen, egal ob ich bei Freunden bin oder auf einem Date. Ich habe mir einen Job gesucht, der mich zur Hauptperson macht. Ironie des Schicksals, oder? Anstatt Mitgefühl für dich zu empfinden oder zu akzeptieren, dass es dein Herzenswunsch (wie jedes anderen Menschen auch!) war, ge-

liebt und beachtet zu werden, habe ich es als egoistisch betrachtet und mit dir nie darüber gesprochen. Das tut mir leid. Es hat viele unserer Gespräche und Erlebnisse beeinflusst, und damit soll Schluss sein. Mach, was du willst, denn ich bin hier, um dich zu lieben.

5. mir näher sein zu wollen.

Ich habe dich dafür verurteilt, dir eine engere Beziehung mit mir zu wünschen. Vor langer Zeit habe ich so getan, als ob ich dir näher sein wollte, obwohl das eigentlich gar nicht so war. Es war unmöglich, dir nahe zu sein, da ich dich immer für dein Verhalten Papa gegenüber verurteilt habe. Auf diese Weise konnte ich meine Kaltherzigkeit entschuldigen. Ich wollte dich nicht umarmen, wenn du sauer warst und dich über ihn beschwert hast (auch wenn ein Teil von mir spüren konnte, dass deine Wut und deine Probleme vollkommen angemessen waren).

Und auch wenn ich oft selbst ein wütender, meckernder Lügner war, so habe ich dein Verhalten als noch schlimmer empfunden und dich dafür verurteilt, dass du anders warst als ich. Ich wollte keine Intimität, weil es einfacher für mich war, deine Liebe auf Distanz zu halten und mich an meinem Ärger festzuklammern (und dich dafür verantwortlich zu machen). So musste ich mich nicht damit auseinandersetzen, wie ähnlich wir uns sind mit meiner Neigung zu Misstrauen, Meckern oder Distanzierung. Ich konnte auch an dem Glaubenssatz festhalten, dass dein Versagen als Mutter mich zum Opfer gemacht hat und ich mein Herz nicht entdecken musste.

6. Gerüchte zu verbreiten.

Eine andere Sache, für die ich dich verurteilt habe, vor allem in der Vergangenheit, ist das Verbreiten von Gerüchten über andere Leute. Ich erinnere mich an Situationen, in denen du dich sehr herablassend über Freunde geäußert hast, zum Beispiel im Auto oder Zuhause, und wenn sie fünf Minuten später angerufen haben, dann warst du plötzlich total freundlich. Das fühlte sich für mich falsch an und passte zu der Meinung, die ich von dir hatte. Aber dann habe ich genau das Gleiche auch gemacht.

Ich liebte Geheimnisse in meinem Leben (Zigaretten, Gras, Affären, Gerüchte), weil ich durch sie das Gefühl hatte, Kontrolle zu haben. Heute kann ich erkennen, wie falsch ich mich in manchen Situationen verhalten habe. Es tut mir leid, dass ich dich verurteilt habe, denn indem ich mit dem Finger auf dich gezeigt habe, ist mein eigenes Verhalten weniger aufgefallen.

7. wie du mit Geld umgehst.

Eine andere Sache, für die ich dich verurteilt habe, ist dein Umgang mit Geld. Ich weiß aus deinen Aussagen, dass wir nicht viel Geld hatten, aber ich genoss den Luxus unserer Urlaube, meine Aufenthalte im Ferienlager und meine Elite-Universität. Dieser Konflikt hat nur mit mir zu tun, doch für mich wurde daraus ein weiterer Grund, DICH zu verurteilen, anstatt für meine Scham Verantwortung zu übernehmen. Ich habe mich dafür geschämt, den Luxus zu genießen und dabei zu wissen, dass wir es uns eigentlich nicht leisten konnten. Ich habe dich in Gedanken als unaufrichtig be-

zeichnet, dabei war ich unaufrichtig. Am schlimmsten ist, dass ich genau wusste, wie schwer es für dich war. Trotzdem habe ich alles genommen, was du mir gekauft hast.

Ich konnte die Verschwendung genießen und dich dafür verurteilen. Letztendlich hatte ich so die Möglichkeit, mein Handeln zu ignorieren. Ich tat so, als ob du mir diese Dinge aus Liebe ermöglichen würdest, auch wenn ich wusste, dass eure Ehe darunter litt.

Jetzt möchte ich für ein paar Dinge um Entschuldigung bitten. Das hätte ich schon früher tun sollen.

Bitte verzeih mir,

1. nicht netter gewesen zu sein.

Es tut mir leid, dass ich nicht freundlicher war oder dir aufmerksamer und empathischer zugehört habe. Ich weiß, dass du immer nur die Version von mir erlebt hast, die voller Erwartungen an dich war, und das tut mir leid. Ich habe Distanz gehalten, um dich dafür zu bestrafen, was ich dir vorgeworfen habe. Grundlos. Ich weiß, dass du spüren kannst, in welchen Bereichen du mein wahres Ich nicht treffen darfst. Du triffst nur die Version von mir, die dir gegenüber keine Liebe zeigen kann, und ich verspreche dir, dass ich mich weiterentwickeln und dich ganz lieben werde.

2. dir nicht das Ich gezeigt zu haben, das ich anderen zeigte.

Ich gehe immer davon aus, dass du mich sowieso nicht durchschaust. Aber ich habe mir trotzdem gewünscht, dass du mich verstehst. Das tut mir leid. Ich habe die Art gehasst, mit der du mir Ratschläge gegeben hast, und auch dafür bitte ich um Entschuldigung. Ich wollte immer nur den Beifall ernten und ohne deine Hilfe auskommen, und deshalb war ich immer unhöflich, wenn du mir Ratschläge geben wolltest. Ich habe immer geglaubt, dass du auf das Leben eifersüchtig bist, das ich führe. Ein hervorragender Grund, um mich von dir zu distanzieren und mich dir gegenüber überlegen zu fühlen, anstatt mit dir über meine Gefühle zu sprechen. Das tut mir wirklich leid.

3. dass ich geglaubt habe, dir nicht wichtig zu sein.

Ich habe immer geglaubt, dass du mich vernachlässigt hast, als ich ein Kind war. (Du musstest dich um deine kranke Tochter kümmern, ich weiß. Ich sage nur, was ich in dieser Zeit gefühlt habe.) Als du später versucht hast, mir näherzukommen, habe ich mir eingebildet, dass du mir nicht den Raum gegeben hast, den ich brauchte. Vor allem in meinen Zwanzigern, als du engeren Kontakt zu mir gesucht hast, wolltest du, dass ich öfter anrufe, euch öfter besuchen komme. Ich habe mir gesagt, dass du klammerst und dass es sowieso zu spät wäre, um unsere kaputte Beziehung zu reparieren. Mein Verhalten tut mir leid und auch, dass ich so kaltherzig und gemein zu dir war.

4. dass ich dir misstraut habe.

In manchen Situationen hatte ich fälschlicherweise das Gefühl, dir nicht vertrauen zu können. Aus diesem Misstrauen heraus habe ich mir noch mehr Gründe ausgedacht, dich kaltherzig zu behandeln. Ich habe dir nicht geglaubt, dass es dir gut geht, weil ich genau wusste, dass du dich schlecht fühlst, selbst bevor du mir gegenüber ehrlich kommuniziert hast, wie unglücklich du mit Papa warst. Ich konnte es spüren.

Fakt ist: Du konntest es mir einfach nicht recht machen. Selbst wenn du nett zu mir warst, blieb ich distanziert und verschlossen. Ich habe dich nur in der Öffentlichkeit oder vor anderen Leuten gut behandelt, weil ich dir deine Freundlichkeit nicht abnehmen wollte. Immerhin hast du behauptet, dass es dir gut geht, auch wenn es nicht so war. Ich war in der Öffentlichkeit immer freundlich zu dir, weil es gut aussieht, wenn man sich nahesteht. Ich übernehme die Verantwortung dafür, dass ich so eitel war, dass ich in der Öffentlichkeit so nett, aber privat so kalt war, und es tut mir sehr leid. Sehr, sehr leid. Das ist ein wirklich wunder Punkt. Ich will ihn heilen.

Ich kann erkennen, dass die Menschen in meinem Leben, die ich am meisten liebe, diejenigen sind, die ich am meisten auf Distanz halte und denen ich meine Liebe am wenigsten zeigen kann. Ich zeige mit dem Finger auf ihre Suche nach Nähe, auf ihre Schwäche und ihre Bösartigkeit, anstatt mich mit meiner Angst auseinanderzusetzen, mich ihnen zu nähern, gebraucht zu werden und selbst verletzlich zu sein. Intimität basiert auf der vollständigen

Wahrheit, und es ist an der Zeit, mich den Dingen zu stellen, anstatt sie „aus Höflichkeit" nicht auszusprechen.

Ich habe das mit dir gemacht. Ich habe es mit all meinen Ex-Freunden gemacht. Indem ich vor allen Geheimnisse hatte, konnte ich keine tiefe, echte Intimität schaffen. Ich spreche jetzt mit dir darüber, weil ich eine echte Beziehung mit dir will, wie auch in allen anderen Bereichen meines Lebens. Ich habe nicht länger das Recht, andere Menschen für die Erfahrungen in meinem Leben zu beschuldigen.

5. dass ich mich dir gegenüber
nicht ehrlich und verletzlich gezeigt habe.

Es tut mir leid, dass ich niemals Unterstützung bei dir gesucht habe. Ich wollte stärker sein als du. Als du im Krankenhaus warst, spürte ich im Geheimen eine gewisse Macht, weil du meine Hilfe brauchtest, weil ich stärker war als du und weil ich endlich die Oberhand in unserer Beziehung hatte. Du hast mich gebraucht. Das ist schlimm, aber wahr. Aber bitte vergiss nicht, dass dieses Gefühl auch aus meinem Herzen kam und ich unterbewusst unsere Glaubenssätze geheilt habe, als ich dir geholfen, dich berührt und in deiner Heilung unterstützt habe – und ich bitte um Entschuldigung für die Momente, in denen ich mich im Krankenhaus ablenken ließ oder arbeiten musste.

Jeder Tag war eine überwältigende Mischung aus Überforderung und der Angst, dich zu verlieren.

All diese Dinge tun mir wirklich leid. Ich weiß, dass ich lernen will, meine Gefühle zu teilen, meine Vorwürfe loszulassen und meine Stärken, Talente, Erfahrungen und Verhaltensweisen anzunehmen (und die der anderen).

Ich bin traurig darüber, dass all das dazu geführt hat, dass ich mich von dir distanziert und mich geweigert habe, dich wirklich kennenzulernen. Es tut mir leid, dass ich als Erwachsene nicht netter zu dir gewesen bin. Es tut mir leid, dass ich all die Dankbarkeit, die ich dir für all deine Mühe schulde, nicht ausdrücken konnte. Es tut mir leid, dass ich dir manchmal nicht zugehört habe, dass ich deine Meinung nicht verstanden habe. Ich bitte dich um Entschuldigung für all die Momente, in denen ich deine Umarmung abgelehnt habe, dein Essen nicht wollte, keine Zeit mir dir verbringen wollte und deine Liebe nicht akzeptiert habe, sondern dich für die Art und Weise verurteilt habe, in der du sie mir angeboten hast. Ich bin bereit, erwachsen mit dir umzugehen, dir die Wahrheit zu sagen, dich alles zu fragen und dich zu verteidigen.

Danke Mama, dass du der erste sichere Ort warst, den ich kennenlernen durfte. Für mein großartiges Leben, für das Privileg, dir so oft dabei zuschauen zu dürfen, wie du arbeitest, dich bemühst, wenn es dir schlecht ging und wenn es dir gut ging. Für deinen Stolz, dass du mit mir angegeben, alles mit mir geteilt und mir vergeben hast, immer und immer wieder. Danke, dass du mich kennst und mit mir gemeinsam gewachsen bist. Und dass du mich daran erinnerst, dass es immer mehr als genug sein wird, ich selbst zu sein. Genau wie du.

In Liebe,
Stephanie

Bis wir nicht einen Schritt zurücktreten und sehen können, wie stark wir an unseren traurigen Glaubenssätzen und all den Erinnerungen festhalten, die sie untermauern, können wir unsere eigenen Fingerabdrücke am Tatort nicht erkennen. Wir können die Theorien über unsere Eltern und unsere Kindheit nicht erkennen, an denen wir uns festklammern. Wir können unseren Eltern nicht zeigen, wie sie sich anders für uns einsetzen können, aufhören können, vor unseren Augen „zu ertrinken", wenn wir diejenigen sind, die im Rettungsboot sitzen, aber so tun, als wären wir es nicht.

Die Chance, dein erwachsenes und dein kindliches Ich an einen Tisch zu bringen, um diese Briefe zu schreiben, verändert dich von Grund auf. Du hast damit die Macht, die Person zu werden, die du immer sein wolltest.

Wenn du Kinder hast, kannst du wahrscheinlich ohne Weiteres einen Brief aus ihrer Perspektive an dich schreiben. Die meisten von uns wissen, was wir als Eltern für Fehler machen, wo wir uns wünschen, etwas nicht gesagt oder nicht getan zu haben. Auch wenn wir den genauen Wortlaut oder den Ablauf der Situationen vergessen haben – die wir mit ins Grab nehmen –, in denen wir unser Kind verletzten, es gibt nicht einen unter uns, der sich nicht entschuldigen würde, wenn man uns darum bittet.

So weit, so gut. Wenigstens können wir uns alle darauf einigen, dass das die richtige Antwort ist. Besonders wenn uns unsere Fehler als Eltern in einer gerechten und ausbalancierten Art vorgetragen werden – so wie in diesen Briefen – mit dem ernsthaften Wunsch, alle Probleme zu lösen und eine liebevolle, ehrliche und offene Beziehung als Erwachsene mit uns aufzubauen.

Hier ein paar hilfreiche Tipps für den Elternbrief:

1. **Keine Überraschungen.** Die Briefe sollten den Kontext des Briefes erklären und mit einer Vorschau darauf beginnen, was drinsteht. Zum Beispiel: „In diesem Brief möchte ich Verantwortung übernehmen und für Dinge um Entschuldigung bitten, wegen derer ich dich beschuldigt und die ich dir vorgehalten habe. Ich will dir auch meine Gefühle offenbaren, Fragen stellen und ein paar Dinge aufklären, die ich beim Erwachsenwerden erfahren habe."

2. **Nichts schönreden.** Mit anderen Worten: nichts herunterspielen, um Schmerzen zu vermeiden.

3. **Kein ständiges Hin und Her.** Pass auf, dass du keine Komplimente machst und sie im nächsten Atemzug wieder negierst. Mach nur ernst gemeinte Komplimente, sonst kannst du sie gleich weglassen.

4. **Kein bunter Mischmasch.** Negative und positive Gedanken gehören in verschiedene Abschnitte des Textes. Auf diesem Weg können deine Eltern sehen, um welche Gefühle es gerade geht.

5. **Nicht zu viel auf einmal.** Manchmal gibt es viel zu sagen. Du musst dir jede Situation noch einmal vor Augen führen. Aber quetsche nicht alles in den gleichen Satz! Jedes Gefühl, jeder Gedanke und jede Erfahrung ist eine eigene Zeile wert.

6. **Keine Lügen.** Suche in deinem Brief stets nach Widersprüchen. Was entspricht nicht ganz der Wahrheit? Was klingt, als ob es ein Kind geschrieben hat? In diesem Schritt verbannen wir alle unsere fundamentalen Charakterlügen.

7. **Keine Ungereimtheiten.** Dein Brief sollte sowohl deine Verletzungen mitteilen als auch die Verantwortung für deine Rolle in der Beziehung übernehmen. Du suchst nach der Balance in deiner Realität, und wenn eine Seite zu schwer wird, gerät die Wahrheit aus dem Gleichgewicht.

8. **Denk dir nichts aus.** Finde etwas über die Geschichte deiner Eltern heraus. Schreib sie auf. Finde heraus, was deine Eltern durchgemacht haben. Schau dir die ganze Geschichte an, wie sie zu den Menschen wurden, die sie heute sind, damit du sie verstehen und ihnen gegenüber Mitgefühl empfinden kannst.

Viele von uns denken, dass es unsere Eltern unnötig verletzt, wenn wir Geschichten wieder auspacken, die schon lange zu den Akten gelegt worden sind. Aber was, wenn diese lange vergrabenen Verletzungen viel mehr schmerzen, als wir ahnen? Gemeiner sind, als wir dachten? Was, wenn gerade diese Erinnerungen unser Fegefeuer entzünden? Sie genau das sind, was uns davon abhält, unsere Situation zu verändern und unser Leben eigenverantwortlich zu gestalten?

Als Stephanie ihrer Mutter den Brief vorlas, hatte sie über ihre Erfahrungen Folgendes zu sagen:

Es fühlte sich so an, wie als Kind im Auto durch die Waschanlage zu fahren. Meine ganze Welt wurde reingewaschen. Mit jeder Zeile der Vergebung und Entschuldigung wurde jedes Körnchen Dreck, der ganze langjährige Groll davongespült. Es war ein unvergessliches Privileg, dabei zuzusehen, wie sich ihr Gesicht in eine sanfte Ungläubigkeit verwandelte, als ich Verantwortung für meine Rolle in der Beziehung übernahm.

Rate mal, wie sich Stephanies Leben nach den Elternbriefen verändert hat? Hatte sie ein besseres Thanksgiving? Das auch. Aber nachdem Stephanie ihre dreißigjährigen Glaubenssätze über ihre Eltern abgelegt hatte, wurde noch etwas anderes möglich.
Liebe.

AUFGABE FÜR KAPITEL NEUN

1. Wenn du in einer Beziehung oder Partnerschaft mit jemandem bist und dir echte Nähe fehlt, folge den Schritten in diesem Kapitel und mach eine Liste mit dreckiger Wäsche.
2. Schreibe als Ausgleich eine solche Liste über dich aus der Sicht der anderen Person. Was findet dein Partner deiner Meinung nach an dir nicht gut?

3. Besprich mit deinem Partner (wenn du ihn wieder magst), welche Abteilungen es in eurer Beziehung gibt. Teilt diese untereinander auf, damit derjenige für die Abteilung verantwortlich ist, für die er am besten geeignet ist. Verwende die Kriterien aus diesem Kapitel (wer sich am meisten darüber beschwert oder am besten darin ist), um festzulegen, wer welchen Bereich übernimmt.

4. Folge den Anweisungen in diesem Kapitel, um deinen Eltern einen ausgeglichenen, gerechten und erwachsenen Brief zu schreiben. Beziehe Folgendes mit ein:

   • alle Situationen, die dich verletzt haben oder über die du traurig warst;

   • alle Situationen, für die du Verantwortung übernehmen, die du klären oder für die du dich entschuldigen musst;

   • alles, was du vor ihnen geheim gehalten hast;

   • wie du dich mit ihnen in deiner Kindheit und Jugend gefühlt hast.

   • Stelle Fragen über alles, was du immer noch nicht verstehst.

   • Schreibe die ehrlichste Version deiner Erfahrung auf, ohne dich zu verteidigen oder dich zu schützen.

5. Achte auf alle Warnungen in diesem Buch. Nutze diese Aufgabe, um eine engere Beziehung mit den Menschen aufzubauen, die du liebst, und nicht dafür, um sie zu zerstören. Nutze sie, um dich zu öffnen, verständnisvoller zu werden und selbst verstanden zu werden. Entdecke Mitgefühl, Mut, deinen Sinn für Humor und dein Herz. Denke daran, du willst ihnen etwas vermitteln. Vielleicht hast du sie ja deshalb ausgesucht, um all das hier zu lernen, auf deiner Reise mit mir. So wie deine Kinder dich gewählt haben.

Ich glaube, du hast in diesem Kapitel genug durchgemacht. Deshalb gibt es jetzt kein QUIZ. Stimmt natürlich nicht.

Dein _____ [hier einfügen], den du liebst, der aber sicher eine ewig lange Liste mit dreckiger Wäsche über dich hat, seitdem du Gewicht verloren, mit dem Trinken aufgehört und angefangen hast, die Wahrheit zu sagen, kommt dich besuchen. Er will Pizza mitbringen. Du hast keine andere Wahl als:

A. Peperoni draufzulegen. Jawohl. Du kriegst alles: Pizza, die Recht-fertigung für Pizza. Du kannst alles ihm in die Schuhe schieben.

B. „Toll" zu sagen, aber vor seinem Eintreffen zu essen.

C. es zu wagen. Sage ihm, dass er keine Pizza mitbringen soll. Du willst lieber Hühnchen und Salat essen. Ist er nicht auch auf Diät? Versuche, ihn von der Pizza abzubringen. Du weißt, wie schwer es damals für dich war.

D. dich bei Hühnchen und Salat mal richtig mit ihm auszusprechen. Sprich über die dreckige Wäsche, die du angesammelt hast, als Ausgleich zu der Liste, die er hat. Und frage dich am Ende, ob du ihn jetzt, da du keinen Alkohol mehr trinkst, nicht mehr leiden kannst; und setze dich damit auseinander.

E. Ananas draufzulegen. Ist ja schließlich Obst.

Antworten C und D. Nimm die Beine in die Hand und kümmere dich darum. Es kommt keiner und rettet dich. Warum auch? Du bist für dich selbst verantwortlich

Kapitel zehn – Mission Possible: „Ich bin die Möglichkeit"

SEI DU. NUR BESSER.

„Wenn du durch eine unvoreingenommene Beobachtung deiner Reaktionen aufs Leben ein Selbstbild entdeckt hast, das verändert werden muss, gilt es nun, ein Ziel zu formulieren. Das heißt, du musst ein Selbstbild definieren, das du anstelle des Selbst sein möchtest, das du bisher insgeheim warst. Nachdem du dieses Ziel klar bestimmt hast, musst du den ganzen Tag hindurch deine Reaktionen im Hinblick auf dieses Ziel beobachten." [Neville Goddard] [23]

Enthüllung ohne Wenn und Aber

Die Gestaltung deines Lebens ist ein lebenslanger Prozess. Wir entwickeln uns stetig weiter, wir lernen und erschaffen.

23) *So sehr ich Zitate liebe (und offensichtlich zitiere ich Neville Goddard gerne), benutze ich sie nur zu einem Zweck: Goddards kraftvolle Vorträge über die Verwendung unserer Vorstellungskraft zu verbreiten. Wenn es um seine sinnbildliche Meinung zu Religion und Bibel geht, rate ich Kunden jedoch, es mir nachzutun: wegducken und abhauen.*

Wenn du ein paar meiner Impulse umgesetzt hast, dann kannst du ohne Zweifel erkennen, was deine wahre Mission ist, dein Masterplan, und was du tun musst. Entweder das, was du schon tust, oder das, was du noch nicht vollständig tun willst.

Höchstwahrscheinlich hast du inzwischen den Weg vor Augen, den du gehen musst, um deine Träume in den drei Bereichen zu verwirklichen, an denen du im Laufe dieses Buches gearbeitet hast. Du hast sogar einige Versprechen gemacht und hältst sie ein (zumindest die meisten). Du hast eine To-do-Liste. Du hast dich der Realität gestellt und setzt dich mit ihr auseinander. Du weißt, was du tun musst. Und außer dir erinnert dich auch noch jemand anders an deine Versprechen!

Du kannst träumen und die Machenschaften deines inneren Dialogs durchschauen. Du kannst die positiven Ergebnisse sehen, die ein Leben mit persönlicher Integrität mit sich bringt, ob du nun auf drei tollen Dates warst, sieben Kilo verloren hast oder das Gespräch mit deinem Chef geführt hast, das du seit zehn Jahren vor dir herschiebst. Du hast das verlangt, was du brauchst, und es macht dich stolz.

Du nimmst wahr, dass du dich verändert hast. Du hast verstanden, wie du dein System besiegen kannst, was noch vor kurzer Zeit unmöglich schien.

Es hat sich herausgestellt, dass du gar nicht so kompliziert bist. Du musst weiter Diät halten, deinen Alkoholkonsum einschränken und du brauchst einen Plan. Nicht nur darüber, was du tun wirst, sondern auch wie du sein wirst. Diesen Plan hast du jetzt.

Halte dir deine Träume aus Kapitel eins immer wieder vor Augen. Es ist wie die regelmäßige Inspektion deines Autos, auch das braucht manchmal eine Wartung. Du musst Ziele haben, die dir Gänsehaut verschaffen, eine konkrete Flugbahn – eine Beförderung zum Beispiel, eine Beziehung, ein gewisser Wohlstand, dein Traumkörper etc. Erst dann nimmst du dich ernst genug, um diesen Plan selbstverständlich umzusetzen. Du kannst sogar die Ironie erkennen, wie viel anstrengender es war, auf der Stelle stehen zu bleiben, anstatt sich zu befreien. Und das Einzige, was dir noch im Kopf herumspukt, sind meine Worte. Jippieh-jippieh-yay!

Der Tag X

Jetzt, wo du an der Möglichkeit geschnuppert hast, dein eigenes Leben zu gestalten (oder besser: tief eingeatmet hast), sollte ich dir auch beibringen, wie du das Tag für Tag umsetzt.

Ich schreibe jeden Morgen eine Liste namens „Vision für den Tag" (VfdT) und schicke sie per E-Mail an meine engsten Freunde, an die Personen, denen ich Rechenschaft ablegen muss. Dieser Prozess gibt mir nicht nur die Möglichkeit, mit ihnen verbunden zu bleiben, es macht mich auch zum Lenker und Schöpfer meines Tagesablaufs. Meine Handlungen sind nicht mehr eine bloße Reaktion auf die Dinge, die täglich passieren.

Deine tägliche Vision ist eine Übersicht, wie der Tag verlaufen soll, plus deine Einstellung und deine Ziele an diesem Tag. Ob du nun tollen Sex hattest, in einem Meeting die Wahrheit gesagt und damit alle zu der gleichen Ehrlichkeit inspiriert hast, deine To-do-Liste abgearbeitet hast, nur grüne Ampeln hattest oder das beste Geschenk von deiner Schwiegermutter bekommen hast oder eben ein halbes Kilo weniger wiegst etc., du kannst die hervorragende Leistung gestalten, die zu deinen Träumen in den 12 Bereichen deines Lebens passt. Du organisierst und inspirierst dich selbst, hältst dich an deine Versprechen und lenkst dein Leben. Du bist der Autor deiner Glaubenssätze. Wer sonst sollte über deinen Tag bestimmen?

Hier haben wir zum Beispiel eine meiner „Visionen für den Tag":

Montag VfdT

- Das Meeting lief super! Wir haben zukünftige Schritte besprochen und den nächsten Termin ausgemacht.
- Ich habe das Buch fertig geschrieben und an den Verlag geschickt.
- Ich und David hatten einen tollen Abend. Wir haben uns verbunden gefühlt, waren voller Liebe und haben miteinander gelacht.

Du erschaffst deinen Tag, bevor er überhaupt begonnen hat. Ähnlich wie bei deinen Träumen in Kapitel eins wirst du deine Vision für den Tag so schreiben, als wäre sie genau so eingetreten. Am Ende des Tages gehst du deine VfdT noch mal durch und sagst ehrlich (hier ist sie wieder, die gute alte Wahrheit), was wirklich passiert ist. Meine „Ende des Tages"-(EDT)-E-Mail an meine Freunde sieht dann zum Beispiel so aus:

Montag EDT

- Das Meeting lief super! Wir haben zukünftige Schritte besprochen und den nächsten Termin ausgemacht. *JA.*
- Ich habe das Buch fertig geschrieben und an den Verlag geschickt. *Nein. Ich sitze immer noch am zehnten Kapitel.*
- Ich und David hatten einen tollen Abend. Wir haben uns verbunden gefühlt, waren voller Liebe und haben miteinander gelacht. *Ja. Sogar oft.*

Als Autorin meines Lebens kann ich jeden Tag meines Lebens selbstbestimmt beenden. Ich weiß, was ich getan und nicht getan habe, und kann das in den nächsten Tag mitnehmen. Jeder, der meine VfdT liest, weiß genau, wie ich mich geschlagen habe, und ich weiß genau, wie sie sich geschlagen haben. Ich bin in Kontakt mit den Menschen, die mir wichtig sind, und fühle mich ihnen verbunden. Schließlich sitzen wir alle im selben Boot! Ist das nicht toll? Du erschaffst deinen Tag und musst deinen Freunden darüber Rechenschaft ablegen. Und andersherum auch. So eine Herde gefällt mir.

Ausflippen

Du hast großartige Arbeit geleistet. Du bist stolz auf dich. Du fühlst dich leichter. Du bist befreit. Du hast dich nie präsenter gefühlt. Du bist mit deinem höheren Selbst verbunden und kannst sogar darüber lachen, wie tief sich dein niederes Selbst erniedrigen würde.
Oder nicht?

Sicherlich fragst du dich, was mit den wenigen Dingen ist, die du NICHT ändern wirst. Ob du sie nun nicht ändern kannst (wirklich?) oder nicht ändern willst. Zum Beispiel, dass du immer zu spät kommst, super organisiert bist oder gerne mit den Händen isst. Lustige, außergewöhnliche und anstrengende Eigenschaften, die ein Teil von dir sind. Punkt.

Genau, Lauren, was ist mit denen?

Es gibt bestimmte Dinge, Eigenschaften, Angewohnheiten, Kleidungsstil, die ganz und gar „Du" sind. Diese Eigenarten, die dich einzigartig machen und die auf andere vielleicht komisch oder nervtötend wirken, nenne ich die Freak-Flagge.

Die meisten von uns stolpern entweder über unsere Freak-Flagge oder verstecken sich hinter ihr. Aber wir können sie nicht nur auf Halbmast hissen. Entweder präsentieren wir sie voller Stolz, verändern etwas oder falten sie zusammen.

Kannst du dir eine Welt vorstellen, in der jeder voller Stolz sein verrücktes Selbst leben kann?

Das Problem ist, dass die meisten von uns vorgeben, sich verändern zu wollen, obwohl das gar nicht stimmt. Häufig ist es genau das, was uns an anderen Menschen stört. Sie haben eine Freak-Flagge, über die niemand spricht.

Deine Freak-Flagge zu hissen bedeutet, zu dir selbst und anderen ehrlich und offen darüber zu sein, wer du bist. Du übernimmst Verantwortung für die Dinge, die du liebst, die du nicht liebst und entweder an dir veränderst oder nicht. Du musst nicht mehr lügen oder dich schlecht fühlen und kannst deine Doppelgesichtigkeit beenden. Du nimmst Rücksicht auf dein Umfeld, das sich nun mit deiner Freak-Flagge anfreunden kann – oder eben nicht.

Was ist deine Freak-Flagge? Was macht dich außergewöhnlich und ein bisschen schräg? Es kann etwas sein, auf das du nicht besonders stolz bist – eine Angewohnheit, eine schrullige Eigenschaft, von der du dachtest, du würdest sie eines Tages ändern –, aber mittlerweile hast du festgestellt, dass das so schnell nicht geht. Und mit „so schnell" meine ich nie.

Wie geht man mit der Freak-Flagge um? Entweder akzeptierst du sie und hörst auf, dich dafür zu rechtfertigen, oder du entscheidest dich, etwas zu ändern. Dieser Schritt bewirkt ein Wunder.

Der Schlüssel, eine Freak-Flagge zu akzeptieren und stolz und verantwortungsbewusst zu hissen, bedeutet Ehrlichkeit am Beginn jeder Beziehung. Die Beziehung beginnt ohne Lügen und erlaubt deinem Gegenüber, die Flagge zu akzeptieren oder nicht. Klar, das kann auch das Ende der Beziehung sein. Dein PR-Agent ist auf jeden Fall der Meinung, du solltest sie verschweigen. Aber den haben wir ja schließlich in Kapitel sechs gefeuert, nicht wahr?

Da ich dich gerade einen Freak genannt habe, ist es nur gerecht, wenn du meinen triffst (oder ein paar davon)!

Federschmuck

Meine Freak-Flagge habe ich vor einigen Jahren entdeckt.

Es passierte einige Tage vor Burning Man[24], einem Kunstfestival in der Wüste Nevadas, wo ich ein Life Coaching Camp veranstaltete.[25] Bevor wir uns auf den Weg machten, ließen sich einige von uns Haarschmuck machen: Dreadlocks aus Wolle, Perlen, Glitzer, alles, was du dir vorstellen kannst.

Ich ließ mir Federn in die Haare flechten. Ich liebte sie. Mein Ehemann, der, wie du weißt, keinesfalls zu allem Ja und Amen sagt, liebte sie.

Ich war begeistert von meinem neuen Look, bevor mir einfiel, dass ich ihn wohl oder übel auf dem fünfzigsten Geburtstag eines Freundes präsentieren musste. Es war eine schicke Party, es wurde semi-formelle Garderobe gewünscht und ich würde viele Menschen treffen, die ich nicht kannte. Plötzlich war ich beunruhigt. Noch schlimmer, ich fühlte mich wie ein junges Mädchen, wie damals, als ich noch absolut kein Selbstbewusstsein hatte.

Ich überlegte tatsächlich, nicht auf die Party zu gehen.

Klar bin ich hingegangen, aber ich habe den größten Teil der Zeit damit verbracht, jedem die Geschichte von Burning Man und den Federn zu erzählen. Nicht weil sie nachgefragt haben. Das haben sie

24) Selbst die Tatsache, dass ich Burning Man besuche, ist eine Freak-Flagge.

25) Ich lade jeden ein, der mir etwas bedeutet. Linda Colletta, eine meiner besten Freundinnen, talentierte Künstlerin, Marketing-Göttin der Handel Group und die Hüttenmutter des Burning Man, die du nicht auf dem falschen Fuß erwischen willst, veranstaltet es. Mit einer Trillerpfeife im Gepäck.

nicht. Es war völlig irrelevant für mich, ob sie ein Problem mit meinen Federn hatten oder nicht. Ich hatte das Problem. Als ich endlich die Ironie darin sehen konnte, dass ich diejenige war, die wegen meiner Freak-Flagge ausflippte, konnte ich mich etwas beruhigen und mich darüber lustig machen, wie wichtig es mir war, was die anderen Leute (und ich selbst) von mir dachten.

Es wird noch besser. Nach Burning Man musste ich fünf Tage warten, bis Dana, die Frau, die mir die Federn eingeflochten hatte, Zeit hatte, sie wieder abzunehmen. Während dieser fünf Tage, dieser 120 Stunden, musste ich immer ignorieren, was andere Leute von mir dachten, und die Eigenschaft meiner Mutter weiterentwickeln, die ihre Kleidung danach auswählt, was andere von ihr denken.

Ich konnte endlich die Unsicherheit meiner Oberstufentage hinter mir lassen und die alberne Person sein, die ich war und sein wollte. Mit Federschmuck. Seit über vier Jahren trage ich jetzt Federn im Haar. Es gibt natürliche viele Varianten der Freak-Flagge. Manche sind haarig wie meine, andere nicht. Im professionellen Bereich gibt es einige Freak-Flaggen, die nicht gern gesehen werden. Auch dort hisse ich meine Freak-Flagge, zum Entsetzen einiger Kollegen und Klienten. Bereit für die schrägste?

Ich lese keine E-Mails.

Was? Lauren, wie kannst du bitte keine E-Mails lesen?

Genau. Falls du kein Klient bist und mir Hausaufgaben schickst, ist die Wahrscheinlichkeit groß, dass ich deine E-Mail nicht lesen werde. Falls du wirklich mit mir reden musst, ruf mich an oder komm vorbei. Falls du dich wundern solltest, von welchem Elternteil diese Eigenschaft stammt: Da haben wir meinen achtzigjährigen Vater Joel, ein Anwalt für Firmenrecht, der immer noch im Geschäft ist, sich aber sehr gut darüber aufregen kann, dass Menschen heutzutage direkt eine Antwort erwarten, nachdem sie auf den „Sende"-Button geklickt haben. Rätsel gelöst. Mein Mundwerk, meine Präferenzen, meine Retro-Einstellung (alias meine Technologiefaulheit), meine raue Art, meine Starrköpfigkeit und direkte Art, all das habe ich von meinem Vater.

Wünscht man sich, dass ich anders bin? Sicher. Aber es ist so: Ich gebe diesen möglicherweise anstrengenden Charakterzug sofort zu. Weil ich meine Freak-Flagge so stolz hisse, bin ich frei. Ich habe Integrität. Und fast jeder, mit dem ich arbeite, versteht, wie ich ticke, und findet es vielleicht sogar ein bisschen besonders. Ich spare auf diese Weise eine Menge Zeit und Frustration. Anstatt mich für meinen Freak zu schämen oder mich schlecht zu fühlen, übernehme ich Verantwortung und kann gemeinsam mit meinem Umfeld damit umgehen. Ich verstecke nichts. Ich bin direkt, ehrlich und lege Rechenschaft über meine Freaks ab.

Ich achte darauf, dass jeder weiß, wie er mich erreichen kann. Und falls du dich jemals von mir vor den Kopf gestoßen oder auf dem falschen Fuß erwischt fühlst, erkläre ich dir gerne, dass ich eben diese Person bin, diese schräge Type und dass du mich immer per Telefon oder SMS erreichen kannst. Und dich nicht schlecht fühlen musst, wenn du mich hin und wieder an etwas erinnern musst, vielleicht brauche ich das. Und es tut mir leid. Aber so bin ich nun mal. Aber ich halte mich an meine Meetings. Schau in meinen Kalender und mach dich auf in den Core Club (der Name meines Meeting-Ortes in New York).

Los geht's. Geh genau so offen und ehrlich mit deiner Freak-Flagge um wie ich. Hisse sie verantwortungsbewusst und stolz.

Hier ein paar Schritte, die Verantwortung für deine Freak-Flagge zu übernehmen:

1. **Mach eine Liste** der Dinge, die du nicht an dir ändern willst.
2. **Akzeptiere diese Punkte.** Finde deinen Frieden mit ihnen. Lerne über sie zu lachen. Und falls deine Freak-Flagge etwas ist, was weder für dich selbst noch für andere Leute förderlich ist, dann übernimm dafür die Verantwortung und verändere sie. Lass das Gemecker hinter dir. Darunter zu leiden ist schließlich optional.
3. Wenn du deine Freak-Flagge behalten willst, **dann erzähle von ihr.** Zeige sie. Und wenn du sie mit deinem Umfeld austarieren musst, dann tu das. Hisse deine Freak-Flagge, aber wedele damit nicht im Gesicht anderer Leute herum.
4. Nachdem du deine eigene Freak-Flagge gefunden hast, **notiere eventuelle Beschwerden,** die du wegen der Freak-Flaggen anderer vorbringen könntest, die du aber akzeptieren musst. Wenn du ihre Eigenarten nicht akzeptieren kannst, dann sage ihnen das ganz offen. Beende ein für alle Mal deine Doppelgesichtigkeit.

Aufruf zum Kampf

Nach allem, was du gelernt hast, den Punkten, die du verbunden, den Theorien, die du verworfen hast, dem aufgelösten Spuk und den entzifferten Codes kannst du jetzt deine eigenen Geschichten entwerfen, wie dein Leben immer gewesen ist und sein wird. Du kannst für deine eigene Autobiographie Verantwortung übernehmen.

Endlich bist du genau der Mensch, der du behauptest zu sein.

Und jetzt liegt es an dir, was in Zukunft die Wahrheit über dich sein wird. Schließlich bist du derjenige, der seine Autobiographie geschrieben hat, oder? Du hast deine Familie beobachtet. Notizen gemacht. So wie deine Eltern ihre Eltern beobachtet haben und wie deine Kinder dich beobachten. Und Listen machen.

Aber jetzt kannst du bestimmen. Verändern, was aufs Papier kommt. Du kannst deinen jetzigen Zustand verändern und nach deinem neu entworfenen Zustand streben, indem du dir vornimmst, deine neuen Ideale zu leben.

Von nun an bist du dir selbst wichtig genug, um deinen wahren und echten Idealen und Visionen über dein Leben zu folgen. Du kannst darüber schreiben, wer du bist und wie du sein wirst. Du kannst wagen, ausführlich werden und Angst haben, um großartig zu werden, so wie du in Kapitel eins dir selbst erlaubt hast zu träumen. Jetzt wirst du dein eigenes persönliches Manifest schreiben, das wahrhaftigste aller wahrhaftigen Gelöbnisse deiner Beziehung zu dir selbst. Wenn du dein persönliches Manifest schreibst, beziehe die folgenden Punkte in einer geeigneten Form mit ein:

- Wer bist du?
- Worunter willst du einen Schlussstrich ziehen?
- Was willst du nicht akzeptieren?
- Wofür übernimmst du die Verantwortung?

• Was soll in deinem Leben wichtig sein?

• Was soll dein Standpunkt sein?

• Was ist deine nächste Aufgabe?

• Was versprichst du dir?

Die Schritte für dein persönliches Manifest sind absichtlich etwas vage formuliert, da dies eine Chance für dich sein soll, deiner Kreativität freien Lauf zu lassen. Diese Manifeste sollen dich schließlich inspirieren, verletzlich und offen und so verliebt in deine eigene Vision und deine Ideale zu sein, dass deine Freunde nicht mal mehr husten dürfen (kein Witz), wenn du ihnen das Manifest vorliest, weil du sonst darüber nachdenken würdest, sie rauszuwerfen.

Wieder einmal: *Hier geht's lang #1-12:* Tief durchatmen. Ich werde dir genug Beispiele präsentieren, sodass das Schreiben nicht halb so kompliziert sein wird, wie deine ehemaligen Mitarbeiter (Angsthase, Balg und Wettermann) dir gerade einflüstern wollen. Und, wenn du so bist wie ich und Netflix-Serien an einem Stück schaust, weil du Cliffhanger nicht leiden kannst, bekommst du auf diesem Weg auch die Möglichkeit zu sehen, wie es den anderen geht, die sich gemeinsam mit dir auf diesen Weg gemacht haben.

Beginnen wir mit Ethans Manifest:

Ich bin der Zirkusdirektor. Mein Zirkus ist meine Familie, meine Karriere und ich selbst. Für alle drei trage ich die Verantwortung. Ich gebe meiner Kindheit keine Schuld mehr, habe keine Stimmungsschwankungen oder Schmollphasen mehr. Ich habe volle

Kontrolle über mein Leben und erschaffe jeden Tag etwas Wunderbares. Ich bin mutig und entspannt, habe keine Zeit, irgendwo stecken zu bleiben oder nur das Nötigste zu tun. Ich verbringe romantische Stunden mit Regina. Wir essen bei Kerzenschein, nehmen gemeinsam Schaumbäder, haben ein heißes Vorspiel und mindestens zwei Mal (!) Sex in der Woche. Ich verbringe mit jedem meiner Kinder Zeit und male mit meiner Schwiegermutter. Sogar Totempfähle! Ich bekomme die Beförderung und die Gehaltserhöhung, die ich mir nicht länger still erhoffe, sondern verlange. Ich erwarte höchste Leistungsfähigkeit von mir selbst und helfe anderen, das Beste aus ihrem Leben zu machen. Das überarbeitete, arrogante Arschloch hat Platz gemacht für Liebe, Geduld, Freude und Inspiration. Ich akzeptiere das Chaos, die Verrücktheit, Ängste, Trauer und Anstrengung in meinem Leben und in meinem Umfeld und verwandle sie in mitreißende, überschwängliche und furchtlose Heiterkeit. Mein Leben ist wild, wunderschön und außergewöhnlich. Ich begegne mir selbst und meinem Umfeld mit Liebe, Mitgefühl und Respekt. Wir alle fühlen es. Ich unterhalte, führe, mache Witze und verbreite gute Laune. Ich halte alles am Laufen und übernehme mühelos Verantwortung. Keine Ausreden, Schuldzuweisungen, Geheimnisse oder Selbstzweifel mehr. Ich erreiche neue Ebenen der Verbundenheit mit meiner Familie und meinen Freunden und neue Ebenen der Leistungsfähigkeit und herausragende Ergebnisse in meinem Job. Ich habe schier endlose Geduld, einen wunderbaren Sinn für Humor und versprühe überschwänglichen Optimismus. Ich verstehe die Pointen (auch wenn es um mich geht). Immer.

Ethan geht es offensichtlich hervorragend. Man erkennt den Mann vom Anfang des Buches kaum noch wieder, oder? Er hat das richtige Mittel gefunden, um seinen „Schmollidioten" zu bändigen, und muss nicht länger unter ihm leiden.

Wie sieht es mit Donna aus? Das ist ihr Manifest für das kommende Jahr. Sie bezeichnet ihr neues Selbst, das sexy und direkt ist, als „La Femelle". Donnas höheres Selbst ist scheinbar zu einem Teil französisch.

Letztes Jahr markierte das letzte Aufbäumen der „Herunterschluckenden Märtyrerin/Das sage ich später/Ich schaue dabei zu, wie sie leiden"-Donna. Letztes Jahr markiert auch das Ende der Königin Donna, die sich klein macht. In diesem Jahr habe ich die barfüßige, unbeschwerte, humorvolle, sexy Donna das Licht der Welt erblicken lassen, die Frau, die alles anspricht und richtig viel Spaß hat!

Unsere gemeinsamen Abendessen sind nicht nur gesund, sondern sie sind von Spaß, Lachen, Geschichten und Gesprächen geprägt. Ich schaffe eine wunderbare Balance aus Zeit für mich selbst, in der ich lese, spazieren gehe, schreibe oder meditiere, und romantischer Zeit mit John, in der wir gemeinsam spazieren gehen und reden. Ich erlebe spannende Abenteuer mit den Kindern. Wir fahren Fahrrad, wandern, schwimmen oder erkunden die Gegend.

Dieses Jahr habe ich meine Freunde in die Business Class hochgestuft. Und ich bin endlich meine eigene beste Freundin! Mein Coach, meine Lehrerin, Cheerleaderin und meine Freundin. In diesem Jahr wache ich jeden Morgen voller Tatendrang und Freude auf, weil ich den Tag mit meiner besten Freundin verbringen kann: mir selbst. Ich bin stolz auf die Liebe, die ich für mich selbst empfinde. Ich liebe und akzeptiere mein Menschsein mit einem großen Herzen und Sinn für Humor. Jeden Tag spiele ich mit großer Freude „Drei Dinge für mich". Die Strategie ist: „Welche tollen Sachen kann ich für mich selbst tun, die mich sehr stolz und glücklich machen?" Ich liebe meine „La Femelle" - sie spricht alles an und macht ihren Mann verrückt, indem sie feurig und leidenschaftlich immer die Wahrheit sagt. Wenn sie für sich selbst einsteht, zeigen sich ihre lateinamerikanischen Wurzeln. John verliebt sich jedes Mal ein Stückchen mehr in mich und kann mir nicht widerstehen. Er schmilzt wie die Schokolade, mit der er mich füttert.

Siehst du, wie Donna jetzt am Steuer ihrer Ehe steht und für die richtigen Ziele kämpft: ihre Stimme zu finden, für Intimität und Ehrlichkeit? Sie hat die Verantwortung über die richtigen Bereiche in ihrer Ehe – Kinder, Hausarbeit und, nun ja, das Bettzeug – übernommen. Sie bringt ihren Kindern etwas über ihr Erbe bei und erklärt ihnen, warum sie nicht mehr das Opfer spielen und so tun will, als sei sie ein Underdog. Und endlich kann sie in diesem Zusammenhang ihren Angsthasen erkennen. Sie hat die Zügel in der Hand. Und es kommt noch besser: Donnas Krankheit ist auf dem Rückzug, so wie ihre Lügen, ihr Kaufdrang und ihr Gemecker.

Wie sieht Stephanies Manifest aus?

Ich bin eine großzügige, verständnisvolle und liebevolle Führungsperson. Mit meinem Stil, meinem Erfahrungsschatz, meinem attraktiven Aussehen und meinem Grips mache ich die Welt zu einem heißeren (nicht im Sinne von Hölle) Ort! Ich bin von meinem hohen Ross gestiegen und bin mutiger und freundlicher wieder auferstanden. Ich ehre die Schwachen und Verletzten. Ich führe meine Gemeinschaft, meine Firma und meine Familie. Ich habe dazu beigetragen, meine Familie zu heilen. Ich habe mein Herz wiedergefunden und die Liebe zu meiner Schwester neu entfacht. Ich vergebe mir selbst und anderen mit Leichtigkeit. Ich habe nicht mehr das Recht, andere zu verurteilen, nachtragend zu sein und zu meckern. Ich folge der „Dreimal Meckern"-Regel und löse alle Konflikte, die ich mir nicht verkneifen kann, innerhalb von 24 Stunden. Ich schwöre, niemals auf mich oder andere herabzusehen und ihnen niemals den Weg nach oben zu verbauen. Meine Freude und Großzügigkeit durchdringen mein Leben und nähren meine Gesundheit und meine Karriere. Ich bin beliebt und die Balance zwischen Arbeit und Privatleben ist hervorragend. Ich ehre und respektiere freie Zeit, meine und die der anderen. Ich mache alles, was es zu tun gibt, und nehme mir im Ausgleich zu harter Arbeit eine angemessene Auszeit. Ich mache einmal im Jahr lange Urlaub und nehme mir oft lange Wochenenden frei. Ich spreche einmal in der Woche mit meiner Mutter und bin stolz auf unsere tiefgründigen Gespräche. Sie spürt meine Liebe und ich ihre. Jeff und ich sind unglaublich glücklich und sehen den anderen als Helden. Nächstes Jahr werde ich ein Baby bekommen und mich unsterblich in das Kind verlieben. Meine Familiengeschichte wird geheilt sein. Ich hatte nie gedacht (offensichtlich), dass ich mich bei jemandem so zu Hause fühlen kann, aber es gibt keinen besseren Ort als dieses Zuhause. Ich brauche keine roten Zauberschuhe mehr.

Scheinbar konnte Stephanie ihr eigenes Herz weich werden lassen, indem sie mit ihrer Narzisstin und ihrer Opferrolle abgeschlossen und die Liebe bei ihren Eltern wiedergefunden hat. Stephanie hat Liebe gefunden. Die wahre Liebe. Das ganze Paket: einen klugen, heißen Autor, Professor, der auch noch — man kann es kaum glauben — surft. Sie sind verlobt. Absolut das Beste, das ich je über Stephanie notiert habe!

Fehlt nur noch Katie. Wie sieht ihr Manifest aus?

Ich bin eine glückliche, gesunde, selbstbewusste, kommunikative, starke und mutige Frau, die in ihrem Leben und in der Welt an vorderster Front mitmischt. Ich bin tief mit meinem Herzen verbunden, fühle mich frei und verfolge meine Mission, die Welt durch meine Geschichten zu verändern. Ich bin eine Inspiration für mein Umfeld und helfe anderen, ihre Stimme zu finden, gesund zu werden und ihre Geschichte zu erzählen. Ich drücke mich offen und ehrlich aus und führe ein ehrliches und ausbalanciertes Leben in allen Bereichen. Ich akzeptiere mein wahres Ich und ziehe einen

Schlussstrich unter Geheimnisse, Lügen und Selbstzerstörung. Ich bin kein Opfer mehr, keine Märtyrerin, habe keine Angst, meine Meinung zu sagen oder für meine Ideale einzustehen. Ich bin die Autorin meiner Glaubenssätze, in jedem Bereich meines Lebens, von jetzt an und für immer. Ich halte mich an meine Versprechen und habe erkannt, dass sie der Schlüssel zu meinem Glück sind. Ich habe den Brief an meinen Vater beendet und ihn ihm vorgelesen, und ich liebe unsere wöchentlichen Gespräche. Ich halte Lucy, mein Balg, bezüglich Alkohol und Essen an einer kurzen Leine, bis ans Ende meiner Tage. Ich habe eine liebevolle, humorvolle und offene Beziehung mit Freunden, Familie und Kollegen. Ich bin schwer in „Frau Montag bis Sonntag" verliebt. Wir unterstützen, ehren und animieren uns gegenseitig zu Großartigem, immer und offensichtlich, und kommunizieren unsere Wahrheiten. Unsere Liebesgeschichte inspiriert andere, ehrlich zu sich selbst zu stehen. Ich bin stolz darauf, lesbisch zu sein, in meinen Gedanken und meinem Herzen, und liebe mein wahrhaftiges Leben. Ich werde den Rest meines Lebens damit verbringen, meine Lebensgeschichte mit anderen zu teilen und ein positives Vorbild zu sein, um die Welt zu einem besseren Ort für zukünftige Generationen zu machen.

Siehst du, dass Katie, genau wie Donna, für das richtige kämpft? Ihr Recht, ihre Meinung zu sagen. Katie hat nicht nur 37 Kilo abgenommen und ihr erstes Eigenheim gekauft, sie bringt anderen Menschen bei, ihre Lebensgeschichte zu schreiben. Und sie schreibt zurzeit ihre eigene, *Just Breathe*. Sie will das Leben anderer Menschen verändern und ihnen dabei helfen, gesund zu werden, indem sie ihren Mund aufmachen und über Dinge sprechen, anstatt alles runterzuschlucken. Katie und ihr Ex-Mann Shaun sind Freunde geworden, zur großen Überraschung aller, die ihre Scheidung mitbekommen haben. Hier ist eine E-Mail, die Shaun an Katie geschrieben hat, nachdem sie ihm die ganze Wahrheit gesagt hat.

Hi Katie,

ich habe in letzter Zeit oft an dich gedacht. Die Welt sieht für dich jetzt bestimmt ganz anders aus. Eine neue Welt voller Möglichkeiten, spannend und furchterregend. Du bist sicherlich voller Vorfreude und hast aber auch Zweifel, die in den Ecken deines Kopfes lauern. Du wunderst dich bestimmt, wie deine neue Zukunft aussehen wird und was dich erwartet. Im Leben gibt es keine Garantien, aber du bist jetzt bereit und hast den festen Willen, das Leben nach deinen eigenen Bedingungen zu führen. Du akzeptierst das, was passieren wird. Du erfindest dich selbst neu, aber dieses Mal suchst du an der richtigen Stelle, und ich bin mir sicher, dass du deinen Seelenfrieden fühlen kannst.

Ich will dir etwas sagen, was aber keine Lasten auf deine Schultern legen soll. Ich tue es für mich. Auch wenn es etwas mit dir zu tun hat, soll es nichts sein, um was du dich kümmern oder das du als neue Aufgabe sehen musst. Ich will nur einen Teil meiner Selbst mit dir teilen, von einer Seele zu anderen. Ich würde gerne damit beginnen, dir Danke zu sagen, Katie. Danke für all die Dinge, die du in mein Leben gebracht hast, die Liebe und die Tränen, die Freude und die Schmerzen. Selbst für den Schmerz über deinen Verlust bin ich dankbar, weil es zu dem Menschen beigetragen hat, der ich heute bin. Der Mann, der dir jetzt schreibt, würde ohne meine Erfahrungen nicht existieren. Und du, Katie, warst ein wesentlicher Teil so vieler Erfahrungen und Lektionen, die ich gelernt habe, und dafür werde ich dir für immer dankbar sein. Ich trage dich in meiner Seele, weil du sie auf so vielen Wegen mit geformt hast.

Ich möchte, dass du weißt, was für ein unglaublicher Mensch du bist, wie du mein heutiges Leben beeinflusst, wie viel du dazu beigetragen hast. Und das macht dich zu dem wahrscheinlich großartigsten Menschen, der mir jemals begegnet ist. Niemand hat mich mehr berührt als du. Und ich möchte, dass du verstehst, wie sehr ich dich dafür liebe. Eine wahrhaftige und selbstlose Liebe für alles, was du bist, und alles, was du nicht bist – eine Liebe, die nichts von dir erwartet.

Ich liebe dich, Katie. Gott hat mich gesegnet mit dieser Liebe für dich. Und auch wenn wir so weit weg sind von den Menschen, die wir einmal waren, warst du ein Geschenk an mich, das mich niemals wirklich verlassen hat, denn du wirst für immer in meinem Herzen und meiner Seele sein. Das ist ein wertvolles Geschenk voller Freude, das nur von Gott kommen kann.

Alles Gute auf deiner Reise, Katie. Ich wünsche dir so viel Liebe und Glück, und ich werde immer mit großer Ehrfurcht auf die außergewöhnliche Frau blicken, die du bist. Und wo auch immer der

Weg dich hinführen wird, bitte sei dir bewusst, dass ich immer da sein werde, wenn du einen Freund brauchst. Solange ich auf dieser Erde bin, wirst du niemals allein sein.
In Liebe,
Shaun

Es ist erstaunlich, was zwischen zwei Menschen entstehen kann, wenn sie komplett die Verantwortung für ihre Handlungen übernehmen. Sie können endlich die Intimität und die Verbindung aufbauen, die sie schon immer haben wollten, aber bislang waren sie zu sehr mit ihrer eigenen Realität beschäftigt, um sie erreichen zu können.

Wenn wir die Ironie begreifen, dass die meisten von uns nicht annähernd so nett sind, wie sie vorgeben, sondern die Lügner, die Angsthasen, die Bälger, die Freaks und die Wettermänner ihres eigenen Lebens sind – als ob sie keinen Einfluss auf ihr eigenes Leben hätten –, dann können wir endlich das Steuer selbst in die Hand nehmen. Wir können unsere Traum-Beziehungen schaffen, in jedem Bereich, sogar mit unserem Ex.

Nachdem Katie nach 40 Jahren endlich die Wahrheit über ihren Alkoholkonsum, ihre Geheimnisse, ihren Spuk, ihre Eigenschaften und ihre Sexualität auf den Tisch gebracht und sich mit all diesen Dingen auseinandergesetzt hatte, konnte sie endlich sie selbst sein. Katie, die Frau, der Liebe das ganze Leben egal war, wurde bei ihrem ersten Date mit einer Frau vom Blitz getroffen. Kein Witz, sie verliebte sich bis über beide Ohren. Während ich diese Zeilen abtippe, zieht ihre Freundin Kerri bei ihr ein.

Hier ist deine letzte Aufgabe. Viel Spaß dabei. Nicht nur weil du dich gerade mit den anderen vergleichen konntest, sondern weil sie einfach ist und weil es deine letzte Aufgabe ist. Die letzte, die du brauchst. Mein Navigationsgerät sagt mir, dass du es geschafft hast. Dein Ziel liegt auf der richtigen Seite. Du gehst den Weg, den du dir selbst erschaffst.

AUFGABE FÜR KAPITEL ZEHN

1. Mach eine Liste mit den Eigenschaften, die du an dir nicht verändern wirst (deine Freak-Flaggen). Wenn du damit fertig bist, suche dir entweder eine der Freak-Flaggen aus und erzähle jedem davon oder leg sie ab. Lass das Leiden hinter dir.

2. Schreibe dein persönliches Manifest. Schreibe es auf deine Art, aber sorge dafür, dass du die folgenden Fragen beantwortest:
   - Wer bist du?
   - Worunter willst du einen Schlussstrich ziehen?
   - Was willst du nicht akzeptieren?
   - Wofür übernimmst du Verantwortung?
   - Was soll in deinem Leben wichtig sein?
   - Was soll dein Standpunkt sein?
   - Was ist deine nächste Aufgabe?
   - Was versprichst du?

3. Wenn du mit deinem Manifest fertig bist und dich darin verliebt hast, lies es deinen engsten Freunden vor (ja! Vorlesen!). Folge den hilfreichen Hinweisen aus Kapitel eins, um dein Umfeld nicht zu schockieren, wenn du ihnen etwas vorliest, was dir sehr viel bedeutet.

4. Finde einen oder mehrere Freunde, die gemeinsam mit dir Visionen für ihre Tage entwickeln wollen. Überlege dir ein paar Spielregeln, die für alle gut funktionieren. Die Freunde, die mit mir zusammen die VfdT schreiben, haben die Regel aufgestellt, dass wir uns unsere VfdT morgens vor 10 Uhr zusenden. Falls wir es vergessen oder zu spät sind, dann schulden wir den anderen zehn Dollar. Genauso am Ende des Tages. Falls wir vergessen, unsere Abschluss-E-Mail zu schicken, müssen wir auch zehn Dollar zahlen. Klebe einen Notizzettel auf den Computer, falls du oldschool bist, oder lass dich von deinem Handy daran erinnern. Finde möglichst schnell eine Methode, um kein Geld zu verlieren. Die Idee ist klar: Gestalte deinen Tag, ohne pleitezugehen. Denke daran, dabei in der Vergangenheitsform zu schreiben, und beziehe mit ein, wie der Tag verlaufen ist, emotional wie körperlich. Schließlich gestaltest du den Tag.

Man kann mir einiges vorwerfen, aber nicht, dass ich nicht genauso offen über mich spreche, wie ich das von euch verlange. Deshalb liegt es an mir, diese Lektüre mit meinem persönlichen Manifest zu beenden.

Ich träume von einer besseren Welt. Ich helfe Menschen, ihr Glück zu finden, während wir mit Freiheit und Spaß meine Methode anwenden. Ich träume von einer Welt, in der wir aufrichtig die ganze Wahrheit sagen, und zwar auf einem unglaublichen, überraschenden und befreienden Level. Ich bin hier, um der Menschheit zu helfen, sich selbst zu lieben und zu verstehen. Um einen Schlussstrich unter meine Angst zu ziehen, nicht bereit zu sein, nicht die Person zu sein, die ich sein muss, oder meinen Job nicht zu schaffen. Um niemals zu akzeptieren, dass die Menschheit es nicht verstehen will, dass ich und sie alles haben können, was wir wollen. Und ich meine alles. Im Bereich Kinder, Liebe, Familie, Karriere, jeden Tag in unserem Leben. Ich übernehme Verantwortung für alles in meinem Leben und für alles, was um mich herum geschieht. Ich stehe dafür, die Wahrheit mit Liebe zu sagen und gemeinsam mit Menschen Träume zu realisieren.

Mutig und ohne Murren nehme ich meinen Reisekoffer und mache mich auf die Reise, um mehr Methoden zu entwickeln, den Planeten zu retten, während ich weiterhin voller Freude mein Sex-Versprechen einhalte, Sport mache, mit meinen Kindern kuschele, meine Kleiderschränke aufräume, mit Martha Tee trinke, meine Firma immer weiter ausbaue, mehr und mehr Inhalt kreiere und Netflix-Serien anschaue, während ich gebackene Apfelchips mit Zimt esse. Hiermit schwöre ich, dass ich weiterhin träumen, glauben, erschaffen und kläffen werde. Und dich, mich und alle anderen mit Glück segnen.

Zeit für dein letztes QUIZ. Deine letzte Prüfung. Du hast dieses Buch beendet. Endlich. Deine Gänsehaut hat sich seit der Spuk-Aufgabe gelegt. Es war zwar ein langer Weg voller Hindernisse, aber du weißt, es hat sich gelohnt. Denn jetzt:

A. hast du doch die drei Kilo abgenommen, über die du dich seit acht Jahren beschwert hast.

B. hat sich dein Metabolismus plötzlich verbessert, seit du den Keks auf den Teller zurückgelegt und auf den Stepper gestiegen bist.

C. hast du wieder Sex.

D. verstehst du dich wieder mit deiner Tochter. Etwas, was du nicht für möglich gehalten hättest, nicht in den nächsten zehn Jahren, bis zu dem Tag, an dem sie selbst nach einem Kaiserschnitt im Krankenhaus liegt und dir unter Schmerzmitteln mitteilt, wie toll du bist. Vielleicht lag es auch eher an dem Versprechen, dass du nicht ständig mit den Augen rollst, wenn sie einen Fehler macht.

E. hast du deinen gegenwärtigen Organisator in Sachen Sozialleben gefeuert (dich) und erkannt, dass du niemanden kennenlernen kannst, wenn du dich auf der Couch versteckst.

F. hast du die wahre Liebe gefunden: dich.

G. hast du nicht halb so viel Galle hochgewürgt, wie du es bei Option

F. normalerweise machst.

H. hast du alle Antworten.

Antwort: H, alle Antworten. Aber vor allem F für: Jetzt bist du FREI.
~~ENDE~~ ANFANG

ANMERKUNGEN

Epigraph

5   Der Mensch, in seiner Blindheit: Neville Goddard: Grundlagen. New Thought Bulletin, Sommer 1953.

Einleitung

24   Volle 93,2 % davon: MIT-Kursbewertungen, Ein außergewöhnliches Leben leben, 27. Januar 2006.

53   Stepford Ehefrau (Stepford wife). Ira Levin: Die Frauen von Stepford (New York: Random House, 1972.) – Synonym für die perfekte, immer gut gelaunte, unterwürfige und gefügige Hausfrau.

Kapitel drei

119 Newtons erstes Bewegungsgesetz: Sir Isaac Newton's Mathematische Prinzipien der Naturlehre (dt. Übersetzung und Herausgabe durch J. Ph. Wolfers. Berlin 1872)

Kapitel fünf

171 Verhaltensepigenetik: Brian G. Dias und Kerry J. Ressler: Parental Olfactory Experience Influences Behavior and Neural Structure in Subsequent Generations. Nature Neuroscience 17, Nr. 1 (Januar 2014): 89-96.

171 Neurowissenschaftler an der Emory University lehrten: ebd.

174 Phil, der Wetterfrosch (Bill Murray): Und täglich grüßt das Murmeltier (Film), geschrieben von Danny Rubin und Harold Ramis (1993; Los Angeles, Sony Pictures Home Entertainment).

Kapitel sechs

182 Die meisten von uns denken, dass wir freundlich und liebevoll sind: Neville Goddard, Grundlagen. New Thought Bulletin, Sommer 1953.

184 Die „rote Pille" aus Matrix: Matrix (Film), Buch und Regie: Lily Wachowski und Lana Wachowski (1999; Los Angeles, Warner Brothers).

185 Fifty Ways to Leave your Lover/Liar: 50 Ways to Leave your Lover. Song von Paul Simon.

195 Mach einen neuen Plan, Stan. Sei nicht schüchtern, Roy und mach dich frei: Songtext dt. Übersetzung, ebd.

Kapitel sieben

258 Zurück in die Zukunft: (Film), geschrieben von Robert Zemeckis und Bob Gale (1985; Los Angeles, Universal Pictures).

Kapitel acht

277 Du siehst deinen inneren Dialog, deine Taube. Mo Willems: Don't let the pigeon drive the bus! (New York: Hyperion Books for Children, 2003).

290 Khaleesi wird nicht einmal in der heutigen Episode erscheinen: David Benioff und D. B. Weiss: Der Winter naht, Game of Thrones, unter der regie von Timothy van Patten (HBO 2011).

Kapitel neun

294 Bleibt man zurück im Land aus „Des Kaisers neue Kleider". Hans Christian Andersen: Märchen (Kopenhagen: C. A. Reitzel, 1837).

297 Candy Crush spielen. Candy Crush Saga (Videospiel), King Digital Entertainment PLC (2012; London, Activision Blizzard).

324 Netflix Dokumentation: My Own Man. Regie: David Sampliner (2014; New York, Netflix).

Kapitel zehn

345 Durch eine unkritische Beobachtung entdeckt: Neville Goddard Grundlagen. New Thought Bulletin, Sommer 1953.

351 Ein paar Tage vor Burning Man: Burning Man ist ein einwöchiges Festival, das jedes Jahr vor dem Labor Day in der Black Rock Desert in Nevada stattfindet. Die Veranstaltung wird von Zehntausenden von Menschen besucht, die eine temporäre Stadt errichten, die der Gemeinschaft, Kunst, Selbstdarstellung und Selbstvertrauen gewidmet ist.

Glossar

Gegenwärtige Realität (current reality) – unser Ist-Zustand

Wettermann (weather reporter) – unsere Stimme der passiven Hilflosigkeit, mit der wir berichten, was in unserem Leben passiert, ohne die Verantwortung dafür zu übernehmen

Angsthase (chicken) – die Stimme der Angst in unserem Kopf

Balg (brat) – die Stimme des unleidlichen, aufmüpfigen und verzogenen Kindes in unserem Kopf

Überzeugungen (belief) – ein Konzept, das du schon sehr lange hast

Konzepte (theory) – eine Meinung, die du zu einem bestimmten Thema hast und zu der dein Kopf unterbewusst Beweise sammelt

Konsequenz (consequence) – wenn wir ein Versprechen nicht einhalten, müssen wir eine Konsequenz erfüllen

Kumpel mit Verantwortung (accountability buddy) – ein Freund, dem du von deinen Versprechen erzählst und dem du Rechenschaft ablegen musst

Gedankenlogbuch (thought log) – wo du deine Gedanken der letzten zwei Stunden aufschreiben kannst

Zug der negativen Gedanken (negative thought train) – eine große Menge negativer Gedanken

Gedankenmuster (thought patterns) – Muster in unserem inneren Dialog, die unsere Gedanken in eine bestimmte Richtung lenken

Agent (agent) – deine innere Stimme, die für deinen Traum kämpft

Doppelagent (double agent) – hält dich davon ab, deine Träume zu erreichen, da er immer zweifelt und immer nach dem Zweitbesten strebt

Spiritueller Vertrag (spiritual contract) – ein Vertrag, den du mit dir selbst eingehst, wenn du deine Lügen-Liste aufräumst

Spuk (haunting) – eine Erinnerung, die dich immer noch verfolgt

Darmspiegelung der Lebensgeschichte (life story colonoscopy) – das Aufräumen deines Spuks

Säuberung (purge) – du schreibst alles auf, was dich über einen bestimmten Bereich, an einer Person etc. stört, alle deine Gedanken

Syllogismus (syllogism) – eine Verbindung zwischen zwei Tatsachen, die du für dich persönlich herstellst, die aber nicht der Realität entspricht oder auf falscher Logik basiert

Taube (pigeon) – dein innerer Dialog, der anstatt deiner am Steuer sitzt; basiert auf einer Figur aus einem Kinderbuch

Widerworte (talkback) – deine persönlichen Antworten auf deine Säuberung

Visionen für den Tag (daily design) – Konzeption, wie dein eigener Tag aussehen soll

Ende des Tages (end of day) – am Ende des Tages kontrollierst du, ob deine Vision so umgesetzt wurde

Freak-Flagge (freak flag) – Eigenschaften, die dir eigen sind und die du nicht ändern willst

Voller Dankbarkeit und aus der Fülle meines Herzens

Ihr könnt euch sicher vorstellen, wie viel Dank man mir in meinem Leben schon entgegengebracht hat. Aber ich bin auch vielen Menschen Dank schuldig.

Mein Dank gilt meiner Familie, die mich liebt und meine Freak-Flagge toleriert hat, noch bevor ich sie gehisst habe. Meinem Mann David, der die Stange hochhält, über die ich als Partnerin, Ehefrau, Liebhaberin und beste Freundin zu springen habe. Meinen wunderbaren Kindern Kiya, Parker und Daisy, die mich nicht nur erziehen, mich belehren und mich in meiner Entwicklung unterstützen, sondern mir immer wieder zeigen, dass es noch eine Kluft zwischen dem Menschen gibt, der ich bin, und der Mutter, die ich sein will. Meinen Eltern, Marsha und Joel, dass sie die Eltern sind, an denen ich üben konnte, die Wahrheit zu sagen, und über die ich die Wahrheit sagen konnte, die mich lieben und mir immer wieder vergeben. Meiner großen und großartigen Schwester Beth, mit der ich die Handel Group gegründet habe, die immer daran geglaubt hat, dass ich wunderbar bin, auch wenn ich es selbst noch nicht glauben konnte, und die sich unbedingt weiterentwickeln will. Meinem großen Bruder Matt, ein sarkastischer, brillanter und poetischer Mann, der mir beigebracht hat, mit jedem auszukommen, weil ich als Kind nach seiner Liebe und Anerkennung gesucht habe. Meiner mittleren (von vier?, irgendwo dazwischen) Schwester Marnie, die mir geholfen hat, eine Methode zu entwickeln, die Familien heilt, weil ich mir ihre Liebe erst verdienen musste. Sie hat meinen Sinn für Humor, meinen Stil, mein Verständnis von Intimität beeinflusst und geprägt und ich wäre glücklich, wenn wir die beiden letzten Menschen auf der Welt wären (vielleicht nicht gerade sicher, aber sehr glücklich). Sie war die Einzige, die mit mir dieses Buch schreiben konnte. Shir, ein Träumer, ein weiser und fürsorglicher CEO, der an eine bessere Welt glaubt, der sich voller Liebe um alle Frauen im Haus kümmert. Allen Ehefrauen und Schwestern auf dieser Welt: Ihr wisst, wer ihr seid, ihr habt mich immer unterstützt und ohne euch wäre ich niemals so weit gekommen. Meinen Tages-„Ehemännern" Mark, Andy und Jeff und den vielen anderen, die mich lieben, mich immer wieder zur Rechenschaft ziehen und mich im wahrsten Sinne des Wortes nähren. Meinen Geschäftspartnern, Coaches und Coaches in Ausbildung, danke, dass ihr an unsere Sache glaubt, sie weitergebt und Kritik einstecken könnt.

Michelle Howry und dem Team der Hachette Book Group, die meinen Traum respektiert und mich unterstützt haben. Meinem Agenten, Richard Pine von Inkwell Management, den ich liebe und der niemals sterben darf, damit ich alle Projekte umsetzen kann, die ich noch geplant habe, und den ich jedem Autoren als Agenten wünsche. Eliza, die mich während dieses Prozesses immer unterstützt hat. Jedem Klienten in der Vergangenheit und der Zukunft, der mich knurren, mit den Augen rollen, ihm einen grammatikalisch inkorrekten und seltsamen Namen (und dazu noch Angsthase, Balg, Lügner, Taube) geben und mich nicht nur damit davonkommen ließ bzw. lässt, sondern mir auch noch den Beifahrersitz freihält. Jede Geschichte, die ihr mir anvertraut habt, halte ich in Ehren und gebe ihre Botschaft weiter.

Und schließlich geht mein Dank an all die, die ich liebe, aber hier vergessen habe: Bitte lies noch einmal Kapitel sieben über Spuk und Kapitel zehn über Freak-Flaggen und ruf mich an. Und alle, die mich nicht leiden können, es noch nie konnten und es auch niemals werden: Schreibt mir eine E-Mail.

RESSOURCEN

*Wenn du es so weit geschafft hast und immer noch liest, verdienst du nicht nur eine Medaille – sondern einen Martini. War nur ein Scherz! Wie wäre es stattdessen mit einem Geschenk? Verwende den Code **MAYBEITSYOU** für den InnerU.Coach und erhalte 100$ Rabatt* auf unseren kinderfreundlicheren, sanfteren (aber trotzdem knallharten) digitalen Kurs: Inner.U. Besuche HGLife.Coach, um mehr über unsere vielen Angebote zu erfahren, wie z.B.:*

- **Einzelcoaching:** Einzelgespräche mit einem Coach, der unser intensives Entwicklungsprogramm abgeschlossen hat. Vereinbare einen Beratungstermin: *coach@handelgroup.com.*
- **Gestalte dein Lebenswochenende:** ein Wochenend-Workshop, bei dem du intensiv und persönlich an dem arbeitest, was dir am wichtigsten ist oder sein sollte: du selbst.
- **Kostenlose Workshops und Webinare:** hitzige und heiße Diskussionen zu Themen wie Dating, Bewusstseinsmanagement, Zeitmanagement und viele mehr.
- **Inner.U:** ein digitaler Kurs zur Gestaltung deines Traumlebens online. Er beinhaltet mehr als 14 Stunden Audio-Coaching mit mir, Aufgaben, Frage- und Antwort-Anrufe, ein Community-Forum und Preise! (Ja, Preise!)

* Dieses Angebot darf nicht mit einem anderen Angebot kombiniert werden.

- **Newsletter:** Melde dich für unseren wöchentlichen Newsletter an und erhalte wöchentliche heiße Tipps, hilfreiche Hinweise und Anleitungen wie es geht.
- **Corporate Coaching:** Erfahre mehr darüber, wie du die Handel Methode in dein Unternehmen integrieren kannst auf **HGCorp.Coach** oder eine Lerninstitution auf **HGEdu.Coach.**

f @HGlifecoaching **+** @laurenzander

@HGlifecoaching **+** @laurenzander

@handelgroup

Du kannst auch MaybeItsYou.com besuchen, um Erfahrungsberichte von Stars und bekannten Persönlichkeiten zu lesen und das kostenlose Current Reality Quiz herunterzuladen, eine schnelle, einfache und unterhaltsame Möglichkeit, sich selbst zu beurteilen und die Bereiche deines Lebens auszuwählen, an denen du arbeiten musst. Und bitte schick mir deine Geschichten. So sehr ich auch fluche, es ist mir wichtig.

Schreib mir eine E-Mail an *lauren@maybeitsyou.com.*

In Liebe, Lauren

Gerade in der heutigen, schnelllebigen Zeit, in der sich kaum jemand noch die Mühe macht, ein Gericht selbst zu kochen oder sich mit den richtigen Nahrungsmitteln zu beschäftigen, ist die Makrobiotik ein Geschenk, das verbindet. Makrobiotik ist mehr als eine Ernährungsweise. Es ist eine lebensbejahende Philosophie, die Madhavi Guemoes modern und undogmatisch vermittelt. Durch ihre langjährige Erfahrung führt sie die Leser Schritt für Schritt dazu, die Ernährung umzustellen, Hindernisse im Alltag zu überwinden und Techniken wie Yoga oder Meditation in den Alltag zu integrieren. Ein lebensfrohes, urbanes, frisches und ansprechendes Buch der erfolgreichen Bloggerin und Autorin Madhavi, das den verstaubten Ruf der Makrobiotik aufpoliert. Durch zahlreiche, köstliche Rezepte und farbenfrohe Bilder wird dieses Buch zu einem wahren Schatz.

Madhavi Guemoes
Makrobiotik
In Fülle leben
Softcover / € 16,95
ISBN 978-3-95883-230-5
AURUM

Kamphausen.Media